RELIGIÃO E JUVENTUDE

FLÁVIO MUNHOZ SOFIATI

RELIGIÃO E JUVENTUDE
Os novos carismáticos

Diretor Editorial:
Marcelo C. Araújo

Revisão:
Lessandra Muniz de Carvalho

Editor:
Márcio Fabri

Diagramação:
Juliano de Sousa Cervelin

Coordenação Editorial:
Ana Lúcia de Castro Leite

Capa:
Alfredo Castillo

Copidesque:
Paola Goussain Macahiba

Coleção *Sujeitos e Sociedade* coordenada por Brenda Carranza

© Idéias & Letras, 2011

Rua Diana, 592, Conj. 121
Vila Pompeia – São Paulo-SP
CEP 05019-000
Fone: (11) 3675-1319
vendas@ideiaseletras.com.br
www.ideiaseletras.com.br

Fundação de Amparo à Pesquisa do Estado de São Paulo
São Paulo
Rua Pio XI, 1500 – Alto da Lapa
05468-901 – São Paulo-SP
Tel.: (11) 3838-4000 – Fax.: (11) 3645-2421

2ª reimpressão, 2013

Dados Internacionais de Catalogação na Publicação (CIP)
(Câmara Brasileira do Livro, SP, Brasil)

Sofiati, Flávio Munhoz
Religião e Juventude: os novos carismáticos / Flávio Munhoz Sofiati.
– Aparecida, SP: Idéias & Letras; São Paulo: Fapesp, 2011.

Bibliografia.
ISBN 978-85-7698-126-8

1. Juventude – Aspectos sociais 2. Juventude e religião 3. Movimento carismático
– Igreja Católica 4. Sociologia I. Título.

11-12905	CDD-306.63

Índices para catálogo sistemático:

1. Religião e juventude: Movimento carismático:
Análise crítica: Sociologia 306.63

Existe um quadro de Klee intitulado "Angelus Novus". Nele está representado um anjo, que parece estar a ponto de afastar-se de algo em que crava o seu olhar. Seus olhos estão arregalados, sua boca está aberta e suas asas estão estiradas. O anjo da história tem de parecer assim. Ele tem seu rosto voltado para o passado. Onde uma cadeia de eventos aparece diante de nós, ele enxerga uma única catástrofe, que sem cessar amontoa escombros sobre escombros e os arremessa a seus pés. Ele bem que gostaria de demorar-se, de despertar os mortos e juntar os destroços. Mas do paraíso sopra uma tempestade que se emaranhou em suas asas e é tão forte que o anjo não pode mais fechá-la. Essa tempestade o impele irresistivelmente paro o futuro, para o qual dá as costas, enquanto o amontoado de escombros diante dele cresce até o céu. O que nós chamamos de progresso é essa tempestade.

Walter Benjamin
(Tese IX "Sobre o conceito de história")

Agradecimentos

Este livro só foi possível de ser concretizado em virtude do esforço e dedicação de várias pessoas que me ajudaram no processo de análise e construção do texto. Dessa maneira, agradeço primeiramente ao Prof. Dr. Lísias Nogueira Negrão a orientação, a preocupação e o compromisso que teve comigo. Sou muito grato à Profa. Dra. Marion Aubrée, que me orientou no estágio (bolsa-sanduíche) na *École des Hautes Etudes en Sciences Sociales*, em Paris, dando importantes contribuições para este estudo.

Um agradecimento especial à Profa. Dra. Marília Pontes Spósito e ao Prof. Dr. Leonildo Silveira Campos. O diálogo com esses professores possibilitou o fortalecimento e a concretização do trabalho. Agradeço imensamente à Profa. Dra. Maria Helena Oliva Augusto, Prof. Dr. Reginaldo Prandi e Profa. Dra. Brenda Carranza as contribuições finais ao livro.

É primordial o agradecimento à FAPESP pelo financiamento de toda pesquisa e à CAPES pelo financiamento do estágio de doutorado no exterior. Esses investimentos foram fundamentais para o presente estudo.

Por fim, agradeço a meus pais, Antonio e Luiza, e a meu irmão, Anderson, o apoio afetivo. E agradeço, sobretudo, à Carol, o amor de minha vida, o carinho e também o acompanhamento de todo o processo de elaboração deste livro.

SUMÁRIO

Apresentação 13
  por Lísias Nogueira Negrão

Introdução 17

Roteiro para leitura 23

Os principais cenários e personagens do livro 25

Parte I. Sociologia da Juventude Católica
Introdução 29
1. **A juventude no Brasil** 31
   Juventude e história 32
   Juventude e religião...36
   Juventude, educação e trabalho 38
   Juventude e política 43
   Juventude e perspectiva de futuro 45
   Como se organizam os jovens? 50

2. **Os conceitos de juventude e religião** 53
   Juventude...53
   A construção da noção de juventude 54
   Religião 57
   O método compreensivo de Weber 58
   As principais contribuições de Gramsci 70
   Weber e Gramsci como sociólogos da religião......................77
   Primeiras considerações..81

Parte II. Cenário religioso no Brasil

Introdução 89

3. **Elementos do cenário religioso** 91

A secularização e o desencantamento do mundo....................91

À luz do Clássico 92

Racionalização, desencantamento e secularização 93

O reencantamento do mundo 99

Um olhar sobre a realidade brasileira.................................103

Pluralismo religioso no Brasil 107

Tendências do catolicismo brasileiro...................................115

Uma realidade em transformação...122

4. **A Renovação Carismática da Igreja Católica**.........................125

O pentecostalismo católico 125

A teologia carismática...134

As relações na Igreja e na sociedade....................................141

Uma organização autônoma? 150

Considerações intermediárias 151

Parte III. A juventude carismática católica

Introdução..159

5. **Por Hoje Não: jovens, católicos e carismáticos**......................161

A organização da juventude carismática 162

Os elementos de gestação do PHN 171

As Comunidades Carismáticas.. 172

A Canção Nova 176

O PHN: Por Hoje Não vou mais pecar............................... 181

Fundamentos teológicos e morais do PHN 192

Religião e sexualidade: elementos para a compreensão do PHN....202

Um movimento de juventude?..206

6. O grupo de oração Novo Pentecostes.................................211

Juventude e religião numa realidade local 211

O Novo Pentecostes e o PHN 219

Os momentos do Grupo.. 219

O líder carismático 224

As disputas internas 231

A centralidade da música no PHN 234

Os testemunhos dos jovens 240

Duas realidades: Brasil e França 243

O território eucarístico dos carismáticos....................................245

Quem são os novos carismáticos?...249

Bibliografia...261

APRESENTAÇÃO

Os sociólogos da religião quase que invariavelmente, ao realizarem suas pesquisas sobre quaisquer grupos religiosos, defrontam-se com o problema de detectar as causas da adesão aos mesmos, sobretudo no caso de se constituírem em novidade dentro do campo religioso e (ou) de apresentarem altas taxas de crescimento. Foi o que ocorreu com a Umbanda, em meados do século passado, depois com o Pentecostalismo em suas várias manifestações sucessivas desde esta época até os dias atuais. Mais recentemente, a partir das últimas décadas do mesmo século e com a consolidação do pluralismo que já se esboçava, novos grupos, maiores e menores, fortemente ou fracamente institucionalizados e mesmo constituindo-se na forma de movimentos ou comunidades dentro de igrejas mais abrangentes, vêm enriquecer a oferta de alternativas religiosas: as CEBs da Igreja Católica, os candomblés que se difundem pelo sul e sudeste do país, as velhas (budismo, hinduísmo) ou novas religiões orientais (Hare Krishna, novas religiões japonesas, como a Igreja Messiânica Mundial e a Seicho-No-Ie), os circuitos neoesotéricos, as religiões da Oasca, o carismatismo católico, entre outros. Sobre este último, o presente livro é mais uma contribuição.

Os pesquisadores que se debruçaram sobre estes grupos, a partir de orientações teóricas as mais diversas, ao indagarem sobre os motivos da adesão/conversão, mesmo que apelando para razões estruturais mais amplas no plano societário, inconscientes no plano de seus informantes individuais, não deixam de partir em suas análises das razões conscientemente relatadas por eles: são os problemas materiais, sociais e psicológicos que os impeliram na direção de uma solução religiosa. A busca por um sentido mais amplo de vida pode, eventualmente, estar presente, mas são antes os percalços do cotidiano da condição humana que estão na gênese da demanda religiosa. Há inclusive um bordão usado inicialmente por espíritas, kardecistas ou umbandistas, mas que atualmente já é corrente também entre pentecostais: os que procuram os centros ou igrejas "vêm pela dor ou pelo amor, eu vim pela dor". Conforme disse Max Weber, a religião existe prioritariamente voltada para o aquém, "para que vás bem e vivas longos anos sobre a terra".

A pesquisa sobre os jovens carismáticos que culminou em doutoramento realizado junto ao Programa de Pós-Graduação em Sociologia da USP, agora publicada, opera na interface entre juventude e religião e, mantendo a tradição, não deixa de indagar sobre os condicionantes socioeconômicos que predispõem os jovens a se sentirem atraídos pela mensagem carismática que, por seus rigores, em princípio parece tão afastada da visão juvenil. Mas são os depoimentos dos jovens carismáticos, em que revelaram os desajustes por que passaram em suas curtas vidas, seus problemas, o ponto de partida da análise realizada.

Preparando o caminho para se chegar aos fatores sociais condicionantes, o autor inclui toda uma discussão teórica sobre as sociologias especiais envolvidas, ambas muito bem analisadas, utilizando autores de referência clássicos e contemporâneos. No caso da religião, explicita e compatibiliza os principais conceitos de Weber e Gramsci, o primeiro utilizado nas análises internas ao campo religioso e o segundo nos envolvimentos políticos deste com a sociedade envolvente. Para introduzir a discussão sobre o grupo religioso específico selecionado – a Renovação Carismática Católica e, mais restritamente, a Comunidade de Vida e Aliança Carismática Canção Nova –, realiza uma incursão pelo campo religioso brasileiro e, em especial, pelo catolicismo. A questão da juventude é em seguida enfrentada, com a discussão de seu significado e papel na vida social, em especial no mundo moderno e em seu recorte no Brasil contemporâneo.

Partindo de algumas constatações sobre a juventude brasileira atual – sua participação restrita a movimentos no âmbito da religião e da cultura; seu distanciamento em relação à política partidária ou a movimentos ideológicos; sua condição educacional precária; suas dificuldades em adentrar ao mercado formal de trabalho –, conclui-se que a situação social vivida pelos jovens pesquisados, no caso os da RCC, insere-se em um contexto de "crise social, desmonte de políticas públicas básicas, desemprego, violência etc.". Decorre daí a instabilidade no presente, uma situação de risco (Mendola) e a falta de perspectivas quanto ao futuro que o converte em um "presente estendido" (Leccardi), ou seja, uma série de experimentações em que o importante é o momento vivido e a busca da satisfação dos sentidos. Evidentemente que o risco gera problemas pessoais ao jovem: gravidez, assunção precoce de responsabilidades familiares, dependência econômica que onera os pais, vícios comprometedores da saúde e do convívio social.

É neste ponto que a religião entra em cena, com a igreja tornando-se refúgio, possibilitando "o reencontro da identidade e o resgate do projeto de vida" ancorado pelo poder divino. Mas isso tem um preço. Assim como o alcoólico anônimo nega-se a desfrutar da bebida, o membro do PHN afirma que "por hoje não vou mais pecar", aderindo a um código moral rígido, semelhante ao do puritanismo protestante. No campo da sexualidade, tão espontânea sobretudo entre os jovens, ela é proibida na vida pré-matrimonial. Realmente é uma proposta radical, explicável pela afinidade entre a juventude e as experiências radicais, tal como afirma Cecília Mariz. Mas tamanho rigor não pode permanecer durante toda a juventude. Ele é mantido durante o período mais agudo e aflitivo dos traumas na vida do jovem. Superados estes, reconstituída a identidade e recomposto o projeto de vida, a tendência é o relaxamento, sobretudo na esfera erótica, que concorre diretamente com a esfera religiosa no que se refere ao encantamento da vida.

O livro é uma real contribuição ao conhecimento da religião dos jovens em geral e, em particular, dos jovens católicos. Dentro da tradição católica, a radicalização da moralidade é uma atitude apenas requerida de virtuosos, geralmente especialistas (freiras, monges, sacerdotes), normalmente afastados do mundo e de suas tentações. O católico comum é portador de uma moralidade não extremada, mínima ou média, sustentada pela prática sacerdotal da confissão e perdão dos pecados. O movimento PHN é liderado por um leigo e dirigido a leigos que, repetindo o puritanismo protestante, devem viver vida santa no mundo e resistir a suas tentações. Esta é a novidade. Não é apenas por centralizar o culto ao mesmo espírito santo dos pentecostais protestantes que os carismáticos são considerados pentecostais católicos, mas também por impor regras morais rígidas para os adeptos comuns.

Lísias Nogueira Negrão

INTRODUÇÃO

Neste livro proponho-me analisar as relações do pentecostalismo católico com sua juventude, isto é, os católicos da Renovação Carismática Católica – RCC – em sua versão apresentada pelo movimento juvenil católico conhecido como PHN – Por Hoje Não vou mais pecar. Para tanto, busca-se compreender essas relações a partir da influência da Comunidade de Vida Canção Nova, local no qual se desenvolve o PHN, no grupo de oração Novo Pentecostes, da cidade de Araraquara, situada na região geográfica da Diocese de São Carlos, interior de São Paulo.

Diante do exercício de reunir os elementos específicos da religiosidade do jovem e tomando como tema um movimento religioso juvenil, a proposta é identificar os meios utilizados por essa entidade religiosa para atrair os jovens participantes do catolicismo contemporâneo. Assim, investiga-se as práticas religiosas da Igreja Católica – IC, em sua vertente carismática, sendo ela uma das responsáveis pelo remanescer da magia no cenário religioso brasileiro e que tem como centralidade a ênfase na cura divina, no uso dos meios de comunicação de massa e nas práticas de exorcismo, para entender o que os jovens assimilam desse universo religioso.

A cidade de Araraquara é um importante cenário de ação organizada da IC no interior do Estado de São Paulo, sendo que entre os diversos movimentos e pastorais da IC encontra-se a RCC como principal forma de disputa no mercado religioso. Esse movimento é a expressão católica do pentecostalismo, havendo práticas comuns entre ele e as igrejas evangélicas pentecostais, como, por exemplo, a prática da glossolalia, o Batismo no Espírito e as reuniões específicas de curas, tornando-se uma das expressões mais acabadas desse fenômeno, inclusive em sua manifestação mais recente, chamada de "terceira onda" ou neopentecostal.

A opção pelo interior do Estado de São Paulo se deve ao fato de haver poucos estudos desenvolvidos sobre o tema em cidades de porte médio, pois grande parte das análises atuais é explorada a partir do olhar para as igrejas estabelecidas nas grandes capitais e nos importantes centros urbanos. Dessa forma, observa-se uma ausência de estudos de campo no cenário proposto, a fim de ampliar o conhecimento sobre esse fenômeno no Brasil. O tema está também vinculado a um conjunto de circunstâncias que reforçam o interesse em sua análise, como a ascensão das comunidades de vida e a expansão dos sistemas de comunicação católicos.

Optou-se em fazer um recorte sob a perspectiva do religioso a partir da vivência juvenil, isto é, da ação religiosa do jovem católico carismático. Considera-se a fase da juventude como um momento de catalização de uma nova forma de religiosidade, muito explícita no estudo dos movimentos holísticos como, por exemplo, a Nova Era. Entretanto, essa nova perspectiva está presente também no interior do catolicismo carismático e se refere à presença do elemento mágico no seio da religião.

A condição social dos jovens na sociedade é uma das principais circunstâncias desse cenário, já que esta se encontra destituída de um ancoradouro seguro. Assim, também é apresentada uma caracterização dos jovens brasileiros, com suas necessidades e perspectivas. As estruturas sociais, políticas e culturais encontram-se fragilizadas, e uma parcela dessa juventude busca refúgio no universo religioso. Há três grandes ausências no contexto nacional: ausência de educação formal, de empregabilidade possível no mercado de trabalho e de crença no universo político.[1] A precariedade da educação, a restrição de emprego e o esvaziamento ideológico da política colocam essa categoria social em uma situação de grande fragilidade e falta de perspectiva para o futuro. A ida para o religioso é uma das saídas para

---

1 Em relação à educação, vimos em Prandi (1998) que 79,5% dos pentecostais e 63,8% dos carismáticos são analfabetos ou possuem baixa escolaridade. Sobre a questão do trabalho, pesquisa do Dieese aponta que os jovens entre 16 e 24 anos correspondem a 46,4% dos desempregados no Brasil. Ver Pesquisa Dieese, set. 5. Em Sofiati (2004) e em Sousa (1999) há uma análise acerca do debate sobre o distanciamento juvenil do espaço da política.

esse segmento social,[2] sendo as instituições religiosas a principal forma de organização juvenil na sociedade brasileira.

Por isso, há também a intenção de se discutir nesta obra como o mecanismo de formação religiosa respalda as dificuldades enfrentadas na sociedade, caracterizando, a partir da análise do pentecostalismo católico, os aspectos gerais da juventude que participa do movimento PHN. A questão é: como a Igreja, ou melhor, como a RCC percebe ou preenche esse espaço vazio? E qual resposta ela oferece a seu fiel?

Utilizando-se da perspectiva teórica e metodológica de Weber e de elementos da análise religiosa de Gramsci, que são apresentadas na primeira parte desta obra, ouviu-se essa juventude, além dos padres e lideranças do movimento, a fim de perceber o lugar que ocupam em sua igreja e na sociedade contemporânea. Assim, é possível analisar como a religião responde às necessidades colocadas pelas três grandes ausências na sociedade. Busca-se, com isso, entender a religião como um fenômeno social, estabelecendo uma relação de sentido entre a adesão religiosa dos jovens e as condições da formação social brasileira, inclusive as formações ideológicas. Parte-se da premissa de que, no caso brasileiro, existe uma relação causal entre as dificuldades impostas pela sociedade atual e a capacidade de atração das igrejas e correntes pentecostais. Nesse sentido, é possível problematizar a percepção da religião em relação à situação da juventude na sociedade, para verificar como ela responde a essa realidade e que mudanças ocorrem na conduta do jovem.

Um trabalho dessa natureza se justifica em virtude do avanço das correntes pentecostais nas duas últimas décadas e da influência cada vez maior desse segmento no contexto social, cultural e político da sociedade brasileira. Analisar a ação da RCC e sua influência sobre a juventude significa, do ponto de vista sociológico, compreender seu sentido para a

---

2 Outros focos de atração da juventude são: os esportes, as artes, as drogas, a criminalidade, o hedonismo, além dos movimentos laicos de juventude, como, por exemplo, o movimento estudantil, o Hip-Hop, os movimentos de cultura etc.

sociedade, avaliando as potencialidades de ascensão do pentecostalismo católico e suas consequências para o futuro do país. O sucesso desse modelo de igreja e a crise da sociedade urbana, racional e moderna são faces da mesma moeda, cuja medida é a própria crise da razão.[3]

Assim, um olhar atento sobre esse movimento religioso nos permite perceber os jovens e a construção de seus espaços sociais, que estão cada vez mais destituídos de uma proposta de sociabilidade. É fundamental analisar essas práticas religiosas cuja finalidade é levar o fiel para perto do sagrado e da magia com um entendimento submetido pela ideia de encantamento do mundo, deslocando-o, simultaneamente, para longe do universo político e de uma compreensão racional da sociedade.[4] O neopentecostalismo é a face religiosa do neoliberalismo.[5] Portanto, seu crescimento possui implicações que atingem toda a sociedade, principalmente as instituições sociais que garantem a forma de democracia laica presente no Brasil.

Em relação aos estudos sobre a religiosidade dos jovens no Brasil, utiliza-se o pensamento de Regina Novaes para justificar nosso interesse pelo tema:

> Nesse contexto, a religião torna-se um fator de escolha em uma sociedade que enfatiza inúmeras possibilidades de escolhas, mas reduz acesso e oportunidades. Essas informações indicam a necessidade de novas abordagens e técnicas de pesquisa para compreender melhor no que consiste a singular (e internamente diferenciada) experiência religiosa desta geração.[6]

---

3 PRANDI, Reginaldo (1998). *Um sopro do espírito*: a renovação conservadora do catolicismo carismático. São Paulo: EDUSP.

4 A ação política desse indivíduo na sociedade fica restrita ao ato de votar, que muitas vezes é diretamente influenciado pelo líder religioso.

5 MOREIRA, Alberto da S. (1996). "Novas igrejas e movimentos religiosos: o pentecostalismo autônomo". In *Cadernos do IFAN*, Bragança Paulista: EDUSF, n. 15.

6 NOVAES, Regina (2004). "Os jovens sem religião: ventos secularizantes, 'Espírito da época' e novos sincretismos". In *Estudos avançados*, set./dez., vol. 18, n. 52, São Paulo: USP, p. 328.

Além disso, o tema da salvação é importante na análise da ação religiosa por ser o principal fator que traz consequências para o "comportamento prático" na vida do indivíduo. Há, portanto, uma sistematização das ações práticas norteadas por valores estabelecidos pela comunidade de fé. Nesse sentido, a religião exerce influência decisiva sobre a sociedade ao manter um exército de fiéis aptos a cumprirem as orientações ditadas pelo líder religioso. Eis a pertinência em aprofundar o conhecimento acerca das práticas religiosas carismáticas nos dias atuais.

ROTEIRO PARA LEITURA

A fim de facilitar o entendimento deste livro faz-se necessário apresentar uma visão sócio-histórica do pentecostalismo católico a partir da vertente carismática cancãonovista,[1] que discute não apenas a dinâmica interna do movimento carismático, mas também sua relação com a sociedade. Há também a preocupação de compreender a gênese do fenômeno com a perspectiva de encontrar as formas originais da comunidade de fé carismática, em seu trabalho voltado para os jovens. Nesse sentido, o texto apresenta a seguinte estrutura: Na Parte I, intitulada *Sociologia da Juventude Católica*, a proposta é iniciar a análise do tema a partir do resgate sócio-histórico da juventude no Brasil, apresentando os elementos de causalidade entre a realidade juvenil e sua adesão aos movimentos religiosos. Em seguida, apresenta-se os elementos teóricos que possibilitam conceituar juventude e religião no contexto brasileiro. A Parte II, denominada *O cenário religioso no Brasil*, tem como proposta o resgate dos principais elementos da realidade religiosa no Brasil a partir da ideia de pluralidade do mercado religioso e do debate sobre a secularização e o desencantamento do mundo no caso brasileiro, seguida de uma análise do movimento carismático a partir de sua história, teologia e ritos. *A juventude carismática católica* constitui a Parte III. Nesse momento, faz-se análise da presença carismática entre os jovens a partir do movimento PHN – Por Hoje Não vou mais pecar –, que é originário da Comunidade de Vida e Aliança Canção Nova. No final, sistematiza-se um conjunto de observações desenvolvidas no grupo de oração Novo Pentecostes da cidade de Araraquara, elencando os elementos que comprovam a presença dos ideais do PHN na juventude católica.

---

1 Ver OLIVEIRA, Eliane M. de (2009). "A 'vida no espírito' e o dom de ser Canção Nova". In CARRANZA, Brenda et. all. (orgs.) *Novas comunidades católicas*: em busca do espaço pós-moderno. Aparecida-SP: Idéias & Letras.

OS PRINCIPAIS CENÁRIOS
E PERSONAGENS DO LIVRO

Na preocupação de situar o leitor, apresenta-se abaixo as característi-cas dos indivíduos estudados no livro, além dos contextos nos quais estão inseridos.

Comunidade de Vida e Aliança Canção Nova, situada na cidade de Ca-choeira Paulista, no Vale do Paraíba, São Paulo, fica muito próxima da ci-dade de Aparecida e compõe a rota de romeiros que viajam para a região em busca de milagres.

Grupo de Oração Novo Pentecostes, reúne-se toda semana, às segundas--feiras, na Igreja Matriz São Bento de Araraquara. Tem presença de cerca de duas mil pessoas com participação significativa de jovens.

Grupo de Oração Plenitude, um grupo que se intitula carismático e ecu-mênico da cidade de Paris, França. Eles se reúnem semanalmente na Paró-quia *Saint Andre de L'Europe* e é utilizado aqui como um contraponto para o entendimento da RCC no Brasil.

Monsenhor Jonas Abib, fundador da Comunidade Canção Nova. É a liderança máxima de sua comunidade e precursor do PHN, além de ser muito respeitado no interior do movimento carismático católico nacional e internacional.

Dunga, membro da Canção Nova, idealizador e difusor do PHN. É um dos membros mais famosos de sua comunidade, possuindo uma atuação voltada para a evangelização da juventude a partir dos meios de comunicação de massa.

Claudinei, coordenador do grupo de oração Novo Pentecostes. É o jo-vem carismático mais conhecido na Diocese de São Carlos. Seu grupo de oração é frequentado por fiéis vindos de várias cidades da região de Arara-quara em virtude de seus poderes de curas físicas e espirituais.

PARTE I

Sociologia da Juventude Católica

INTRODUÇÃO

O objetivo desta primeira parte do livro é apresentar, no 1º capítulo, um breve resgate histórico da juventude no Brasil a partir dos movimentos de juventude organizados, considerando a larga porcentagem dessa população que se encontra desorganizada. Esse resgate é feito na perspectiva de analisar as pesquisas que apontam as instituições religiosas como as principais organizadoras dos jovens nos dias atuais. Busca-se também confirmar a hipótese inicial da relação causal que há entre a situação social brasileira e a adesão religiosa da juventude apresentado elementos que apontam para essa perspectiva.

O 2º capítulo é constituído essencialmente a partir de reflexões teóricas de que o autor se apropria para desenvolver sua análise. A definição de juventude é feita a partir da obra de Foracchi, e os autores principais para o estudo da religião são Weber e Gramsci. A teoria é construída no sentido de dar unidade ao referencial desenvolvido com base nas tradições sociológicas utilizadas.

1

A JUVENTUDE NO BRASIL

No Brasil, segundo dados do IBGE de 2002, o contingente jovem, de idade entre 15 e 24 anos, corresponde a 20,13% da população, porcentagem que na região sudeste chega a 39,6%. Investiga-se quem são os jovens participantes do cenário religioso carismático e quais suas principais características, necessidades e perspectivas no mundo atual.

A princípio, pode-se afirmar que a maioria dos jovens participantes das igrejas e movimentos pentecostal e carismático advém das classes populares, enfrentam o problema do desemprego e da baixa escolaridade e possuem um perfil de baixa ou nenhuma participação nos espaços da ação política tradicional.[1] Nesse sentido, recorre-se aos teóricos das ciências sociais que discutem o tema, além da atual e abrangente pesquisa *Perfil da Juventude Brasileira*, elaborada pelo Projeto Juventude da Fundação Perseu Abramo,[2] para refletir sobre os principais elementos presentes na realidade juvenil.

Parte-se da apresentação de um breve panorama histórico, um estudo da relação juventude e religião, das dificuldades enfrentadas no campo da educação, do trabalho e da política, finalizando com uma análise da perspectiva de futuro do jovem no Brasil.

---

1 Entende-se por ação nos espaços da política tradicional a militância em partidos, movimentos sociais e movimento estudantil.

2 Os dados da pesquisa estão disponibilizados no livro organizado por Helena Abramo (2005), *Retratos da juventude brasileira*: análises de uma pesquisa nacional. São Paulo, Fundação Perseu Abramo.

Juventude e história

As primeiras experiências de organização dos jovens no Brasil ocorreram sob a égide do movimento abolicionista no século XIX. Os jovens abolicionistas abriram as portas para a ação juvenil, tendo uma atuação radical em defesa dos escravos e organizando inclusive fugas em massa. Nos anos 1920 três grandes movimentos de expressão da consciência política dos jovens foram inaugurados: o Movimento da Semana de Arte Moderna (1922), o Movimento Tenentista (1922) e o Movimento político-partidário que deu origem ao PCB (1922). "Os grupos de jovens se formaram em torno desses movimentos e foram protagonistas de novas ideias, novas concepções de nação e de Estado."[3]

Entre os anos 1930 e 1950 os jovens organizados possuíam como principal característica a solidariedade às classes menos favorecidas e tinham uma atuação política com um recorte de classe social, ou seja, uma atuação ligada ao movimento sindical. Havia também um protagonismo nos projetos unificadores da nacionalidade que tinha como principais movimentos a juventude integralista (1932), o início do movimento estudantil com a fundação da UNE (1937) e o movimento religioso em torno da Ação Católica (1935).

Nos anos 1960 a juventude passou a se apresentar para a sociedade com maior ênfase por intermédio do movimento estudantil, com suas variadas tendências político-ideológicas, e da juventude católica, organizada na ACE.[4] Regina Novaes[5] afirma que esses jovens, principalmente aqueles

---

3 CACCIA-BAVA, Augusto (et. all.) (2004). *Jovens na América Latina*. São Paulo: Escrituras, p. 64.

4 A Ação Católica Especializada era formada pelas juventudes da JAC (agrária), JEC (estudantil), JIC (independente – mulheres de classe média), JOC (operária) e JUC (universitária).

5 NOVAES, Regina R. (2000). "Juventude e participação social: apontamentos sobre a reinvenção da política". In ABRAMO, H. W. et. all. (org.). *Juventude em debate*. São Paulo: Cortez.

organizados em entidades partidárias e sindicais, na tentativa de uma aproximação com setores trabalhistas, apresentavam-se como iguais na relação com a classe trabalhadora, apesar da grande heterogeneidade dos agrupamentos juvenis. Os jovens do movimento estudantil eram provenientes majoritariamente da classe média urbana e questionavam os valores da cultura e da política. Nesse contexto, a influência estudantil era hegemônica e levava para seu interior grande parte dos agrupamentos juvenis existentes como, por exemplo, os jovens católicos da JUC (Juventude Universitária Católica).

Na década de 1970, em virtude da repressão da Ditadura Militar, há em seu início pouca movimentação da juventude. Prevalecia maior articulação no interior da IC a partir dos "Movimentos de Encontro", que possuíam cunho espiritualista e eram comprometidos com a resolução dos problemas psicoafetivo dos jovens. As outras juventudes que resistiram a esse processo, em sua maioria, atuavam nos movimentos clandestinos de luta armada e guerrilha.

Nos anos 1980 há o surgimento das *tribos urbanas*, que são retratadas por Abramo em seu livro *Cenas Juvenis*. A autora destaca o surgimento de agrupamentos de jovens presentes, principalmente, nas grandes cidades brasileiras, como os *punks* e os *darks*. Nos anos 1980 houve o enfraquecimento do movimento estudantil, pois a "identidade estudantil não passa[va] mais pela política, como ocorreu nos anos 60 e 70", acarretando a despolitização desse movimento a partir dessa década.[6] Portanto, a partir dos anos 1980 há o distanciamento da militância tradicional: a referência não era mais o partido e o sindicato, mas o movimento social específico. Nesse processo os jovens passam a assumir novas formas e perspectivas de participação social e política. Dois exemplos desse processo são o nascimento do Movimento Cultural Hip-Hop e a militância das Pastorais da Juventude do Brasil.

---

6   CARDOSO, Ruth & SAMPAIO, H. (1995). *Bibliografia sobre a juventude*. São Paulo: EDUSP, p. 26.

A conjuntura dos anos 1990 traz o perfil de uma "juventude que vive um tempo distante das grandes utopias transformadoras".[7] Os anos 1990 vêm comprovar a tese de que a juventude não é necessariamente portadora de utopias e projetos de transformação. "Intenções, utopias, projetos, rebeldias, transgressões são elementos concretos nas relações vividas por essa faixa etária, mas, isolados como comportamentos próprios dos jovens, não são explicativos das relações que envolvem a juventude."[8] As subjetividades e as condições sociais dos jovens dos anos 1990 estão marcadas por condições diversas e distanciadas dos métodos de realização das utopias revolucionárias. A preservação da individualidade em detrimento de um controle social por parte do grupo é vista como legítima. "Fazer política, para esses jovens, não pode ser um ato que abafe a individualidade, pelo contrário, *o coletivo deve incorporar a forma de ser de cada um.*"[9]

O jovem quer ser autônomo dentro do grupo e, ao mesmo tempo, vê o grupo como referência para o reconhecimento das ideias compartilhadas. A juventude dos anos 1990 é uma geração individualista: não "abre mão" de seus desejos. Sendo assim, não "há causa coletiva que o arrebate para uma condição que tenha como limite rever sua autonomia individual".[10] Entretanto há de se destacar a presença dos *Carapintadas*, protagonistas do movimento de impedimento do exercício da presidência de Fernando Collor de Mello, e a juventude do MST (Movimento dos Trabalhadores Rurais Sem Terra), considerado como um dos únicos movimentos sociais que resistiram ao estabelecimento do neoliberalismo no Brasil. Mas o que passa a predominar nesse período em termos de organização juvenil são os movimentos culturais articulados em torno da música, do teatro e da dança.

---

7 SOUSA, Janice T. P. de (1999). *Reinvenções da utopia:* a militância política de jovens dos anos 90. São Paulo: Hacker, p. 13.
8 Id., Ibid., p. 25.
9 Id., Ibid., p. 194, grifo da autora.
10 Id., Ibid., p. 200.

Diante do exposto, acredita-se que não devemos comparar os jovens dos anos 1960 e 1970 com os jovens dos anos 1980 e 1990.[11] Isso porque ambas as juventudes possuem modos diferentes de participação nos espaços de sociabilidade. Por exemplo, na opinião de Novaes "Os jovens, através de atividades culturais e experimentos sociais, podem trazer para a agenda pública a questão dos sentimentos e contribuir para a mudança de mentalidade".[12] A autora vê como positiva a participação da juventude dos anos 1990 nos movimentos culturais e lúdicos. Por isso, "os conteúdos das ações coletivas dos jovens de hoje não significam nem retrocesso nem avanço, mas o que é possível historicamente sua geração ser portadora".[13]

Para entender as mudanças ocorridas no perfil da juventude nos últimos anos, é necessário observar as mudanças da própria sociedade brasileira, principalmente no que tange a questão educacional, trabalhista e política. Nesse sentido, busca-se analisar esses diferentes temas na perspectiva juvenil. Parte-se do pressuposto de que os espaços privilegiados pela juventude para participação na sociedade se transformaram conforme o desenvolvimento histórico, sendo que nos anos 1960 e 1970 havia o predomínio do sindicato e movimento estudantil, nos anos 1980 dos movimentos sociais e nos anos 1990 os jovens atuam de forma diluída e fragmentada nos movimentos culturais e lúdicos.

Os jovens dos anos 2000 são socializados predominantemente nos movimentos religiosos,[14] principalmente os carismáticos e pentecostais, em sua manifestação mais recente chamada de "terceira onda". É essa a ideia que discutiremos agora para em seguida analisar os temas da educação, trabalho, política e visão de futuro.

---

11 CARDOSO, Ruth & SAMPAIO, H. (1995), op. cit., p. 27-28.
12 NOVAES, Regina R. (2000), op. cit., p. 54.
13 SOUSA, Janice T. P. de (1999), op. cit., p. 14.
14 É importante ressaltar que uma das resistências à essa tendência se consolidou em torno da juventude do Fórum Social Mundial, realizado no Brasil nos anos 2001, 2002, 2003 e 2005. A principal atividade desses jovens foi a organização de acampamentos para debates, eventos e encontros com o objetivo de reconstruir o movimento de juventude de cunho político e social.

Juventude e religião

Os jovens da atualidade mantêm as principais características dos jovens dos anos 1990. A novidade está na crescente adesão aos movimentos religiosos, principalmente às igrejas e correntes do pentecostalismo católico e evangélico. A religião se consolidou como uma das principais formas de organização grupal da juventude. Atualmente 20% dos participantes dos grupos de oração da RCC e dos cultos das igrejas pentecostais são jovens.[15] Além disso, pesquisas recentes apontam que os jovens são organizados principalmente pelas instituições religiosas.[16]

Segundo a pesquisa *Perfil da Juventude Brasileira*, entre os cinco primeiros valores mais importantes para o jovem está o "temor a Deus". Os dados apontam em sua pergunta 12 – Pensando em uma sociedade ideal, qual destes valores você acha que seriam os cinco mais importantes? – para as seguintes respostas: "solidariedade" (55%), "respeito às diferenças" (50%), "igualdade de oportunidades" (46%), "temor a Deus" (44%), "justiça social" (41%), "dedicação ao trabalho" (37%), "respeito ao meio ambiente" (36%), "religiosidade" (29%), "liberdade individual" (27%). Outro ponto importante é que quando a opção é apenas de uma única resposta, "temor a Deus" aparece em primeiro lugar com 17% e religiosidade em quarto com 10% das respostas. Portanto, a pesquisa aponta para um significativo interesse dos jovens com relação ao religioso, propiciando em princípio grandes possibilidades de participação nas igrejas.

No entanto, apenas uma pequena parcela da juventude brasileira (15%) está organizada em alguma associação ou entidade. Mas quando são esti-

---

15 PRANDI, Reginaldo (1998), op. cit., p. 164.

16 Neste capítulo, utiliza-se a pesquisa da Fundação Perseu Abramo para justificar a religião como principal instituição de organização dos jovens na atualidade. Porém, outras pesquisas apontam para a mesma direção. Ver Pesquisa UNESCO (2004), "Juventudes Brasileiras", e pesquisa realizada pela Prefeitura de Araraquara (2007), "Mapa Municipal da Juventude".

A juventude no Brasil

37

muladas a escolher entre uma variedade de possibilidades, 17% diz que "faz parte" de "grupo religioso". A confiança na "Igreja e padres católicos" e na "Igreja e pastores evangélicos" somam um percentual de 48% das respostas. Há de se destacar que os jovens evangélicos estão predominantemente entre os mais pobres e os jovens católicos, apesar de estarem em todas as classes sociais, também são mais numerosos entre os empobrecidos.[17]

Esses dados não apontam para uma participação específica em alguma tradição religiosa. Entretanto, Cecília Mariz[18] constata que há uma atração dos jovens por um tipo de opção religiosa mais radical no sentido de uma participação maior com o sobrenatural, oferecido pelas igrejas e movimentos pentecostal e carismático. Nessas igrejas "o jovem é concebido como alguém mais propenso a atitudes heroicas e a virtuosismos religiosos, que busca a santidade e também a revolução, e que morreria por uma causa".[19] Assim, tem-se uma concepção romântica do jovem: a figura de um herói belo e corajoso.

A autora identifica uma afinidade eletiva entre o jovem e as "experiências radicais". Por isso, a religião do tipo pentecostal de terceira onda e carismática seria uma experiência que responde a essa necessidade genuinamente juvenil. Ela dá como exemplo as "Comunidades de Vida no Espírito Santo" da RCC. Além disso, a inserção na igreja possibilita ao jovem romper com sua trajetória anterior marcada pelas limitações da sociedade moderna em relação aos processos de sociabilidade.

Em seus estudos sobre os jovens de comunidades de vida da RCC diz que:

> Essa opção de romper com a sociedade desviando-se de seus valores é claramente assumida pelos jovens com quem tivemos oportunidade

---

17 NOVAES, Regina R. (2005). "Juventude, percepções e comportamentos: a religião faz a diferença?". In ABRAMO, Helena W. (org.). *Retratos da juventude brasileira*: análises de uma pesquisa nacional. São Paulo: Fundação Perseu Abramo, p. 267-270.
18 MARIZ, Cecília L. (2005). "Comunidades de vida no Espírito Santo: juventude e religião". In *Tempo Social*, vol. 17, n° 2. São Paulo: USP, nov., p. 256.
19 Id., Ibid., p. 257.

de conversar. Essa ruptura é interpretada não como a passagem da vida juvenil/infantil para a idade adulta, mas como a ruptura com uma vida pregressa impregnada de valores mundanos que agora condenam.[20]

A autora apresenta essas experiências religiosas como uma forma de superação de tensões presentes na vida do jovem. Há um relaxamento e uma sensação de força e poder que antes não eram encontrados na vida social. Ela defende a tese da existência de uma subjetividade juvenil funcionalmente religiosa.

> A subjetividade juvenil teria assim uma afinidade eletiva com experiências coletivistas e comunitárias, entendidas por Durkheim (1985) como funcionalmente "religiosas". Devido a esse tipo de afinidade, os jovens seriam os mais aptos a tomar atitudes de heroísmo extremo, a ser revolucionários ou virtuoses religiosos, ou a se engajar em violência radical, optando por vezes pelo que Durkheim chamou de "suicídio altruísta".[21]

Essa subjetividade juvenil não necessariamente religiosa (mas funcionalmente religiosa) possibilita às religiões se tornarem uma das principais formas de socialização do jovem na sociedade. Essa tendência é favorecida pela crise social enfrentada pela sociedade brasileira e pode ser entendida principalmente no que tange o aspecto educacional, trabalhista e político da juventude.

Juventude, educação e trabalho

Os temas da educação e trabalho são os assuntos que mais interessam aos jovens no país. A pesquisa da Fundação Perseu Abramo aponta que respectivamente 38% e 37% dos jovens entrevistados têm preocupação com essas duas questões. No caso do trabalho, tal interesse se dá principalmente pela falta de

---

20 Id., Ibid., p. 265-266.
21 Id., Ibid., p. 269.

emprego e a necessidade de inserção no mercado formal, visto que "o sentido do trabalho seria antes o de uma demanda a satisfazer que o de um valor a cultivar".[22] A pesquisa aponta para um percentual de 64% de jovens desempregados no Brasil, sendo que dos 36% que estão trabalhando 63% pertencem ao mercado informal (os assalariados na cidade sem registros são 37% desse montante). Perguntado sobre quais os principais problemas do país, os jovens apontam em 1° lugar o desemprego com 30% das respostas. Eles também entendem que para melhorar de vida vão precisar encontrar emprego, ou seja, o trabalho se apresenta como questão primordial para os jovens brasileiros dos anos 2000.

Uma análise histórica das políticas sociais no Brasil mostra seu caráter fragmentário e centrado na vinculação do indivíduo ao mundo do trabalho, sendo que os jovens sempre estiveram marginalizados nas redes de proteção social. Assim, o Estado age a partir de interesses particulares de distintos grupos e segmentos sociais (crianças, gestantes, idosos, portadores de necessidades especiais etc) em detrimento de um sistema de proteção social universal e igualitário. Como o jovem enfrenta cada vez mais dificuldades para encontrar um emprego, não há lugar para ele no sistema de proteção social, que tem sua matriz no trabalhador assalariado do mercado formal de trabalho.

> Embora o modelo de Estado desenvolvimentista tenha se esgotado já nos anos 1980, ainda permanece na atualidade a concepção de que gastos na área social são incompatíveis com o projeto econômico vigente, de que a alocação de recursos na área social corresponde a *gastos sociais*, e não a *investimentos sociais*, já que a ação do Estado na área social cada vez mais se desloca do mundo do trabalho como possibilidade de inserção social dos indivíduos.[23]

---

22 GUIMARÃES, Nadya A. (2005). "Trabalho: uma categoria chave no imaginário juvenil?". In ABRAMO, Helena W. (org.). *Retratos da juventude brasileira*: análises de uma pesquisa nacional. São Paulo: Fundação Perseu Abramo, p. 159.

23 COHN, Amélia (2004). "O modelo de proteção social no Brasil: qual o espaço da juventude?". In NOVAES, Regina R. (org.). *Juventude e sociedade*: trabalho, educação, cultura e participação. São Paulo: Fundação Perseu Abramo, p. 169.

Além das dificuldades específicas que a juventude enfrenta, a política global não viabiliza o aumento dos gastos com ações de inclusão social no Brasil, o que gera um cenário de falta de trabalho e de educação precária para a maioria da juventude, principalmente para os pertencentes às classes populares.[24]

Segundo Gaudêncio Frigotto,[25] "O tema do trabalho e da educação dos jovens é fecundo para elucidar a contradição inerente ao sistema capitalista, entre a igualdade formal e a necessidade da desigualdade real entre proprietários dos meios de produção e trabalhadores que vendem sua força de trabalho". Para ele a escola historicamente teve dois objetivos: 1) espaço de incorporação de valores, conhecimento e amadurecimento para a vida adulta; 2) espaço para a disciplina do trabalho precoce e precário.[26] Os jovens das classes dominantes participam do primeiro tipo de escola, enquanto que para os jovens das classes populares fica a educação para o trabalho. Entretanto, é importante ressaltar que para ambas as classes a juventude é uma fase da vida em que se busca, entre outras coisas, a autonomia. Corresponde à fase de construção da identidade onde a escola é um espaço formativo: um espaço de interação e ampliação das experiências vividas na família – espaço de construção da identidade.

A pesquisa *Perfil da juventude brasileira* aponta para um significativo crescimento do acesso à escola nos últimos anos. Todavia, esse crescimento não foi acompanhado pelo aumento dos recursos para educação.[27] Os dados indicam que 63% dos jovens estão estudando, porém, há uma crise da instituição escolar, com precariedade do nível de ensino e com uma situação de grande dificuldade

---

24 Felícia Madeira defende a tese de que o desemprego entre os jovens é estrutural, ou seja, sempre foi alto e continuará sendo independente dos índices de crescimento econômico. Ver CNPD (1998).

25 FRIGOTTO, Gaudêncio (2004). "Juventude, trabalho e educação no Brasil: perplexidades, desafios e perspectivas". In NOVAES, Regina R. (org.). *Juventude e sociedade*: trabalho, educação, cultura e participação. São Paulo: Fundação Perseu Abramo, 194.

26 Id. Ibid., p. 195.

27 Uma discussão detalhada dessa situação encontra-se em CAMPOS, Maria M. (1999), "A qualidade da educação em debate". In *Estudos em Avaliação Educacional*, n. 22. São Paulo, Fundação Carlos Chagas.

A juventude no Brasil 41

enfrentada pelos jovens para assimilar os conteúdos escolares.[28] Isso comprova um cenário de inadequação do sistema educacional brasileiro, cuja consequência é a não conclusão do ensino médio pela maioria dos jovens.

Para explicar a crise do sistema educacional e o "fracasso escolar" no ensino público, recorre-se historicamente a duas posições: a) a tese do capital cultural: afirma-se que no seio das famílias dos setores populares há a frágil incorporação dos valores atribuídos à escolaridade; b) os aspectos estruturais: defende-se que a crise social obriga o jovem a entrar cada vez mais cedo no mercado de trabalho, que o distancia da escola.[29]

As condições de vida e os problemas socioculturais podem interferir no desempenho escolar do jovem, principalmente aqueles oriundos das classes populares. Todavia, esses elementos não explicam o fracasso do sistema de ensino público no Brasil. Entende-se que o fator predominante do fracasso se encontra no interior da própria escola pública. Se os estudantes apresentam problemas externos, oriundas da situação socioeconômica e cultural da família, há na escola a existência predominante de um perfil pedagógico pouco atraente para a maioria dos jovens. Estudos da Comissão Nacional de População e Desenvolvimento, órgão do Governo Federal, apontam que "mais de 80% das crianças que deixaram a escola o fizeram por algum tipo de conflito e rejeição referidos à escola". O trabalho pode distanciar o jovem da educação, a cultura familiar de pouca valorização dos estudos também pode ser um elemento que ajuda a explicar a crise do sistema educacional. Mas a ideia da escola que "forma para o trabalho", predominantemente presente na escola pública, a qual é frequentada pela maioria de jovens empobrecidos, não atrai a juventude e se constitui no principal fator da evasão escolar no Brasil.

---

28 SPOSITO, Marilia P. (2005). "Algumas reflexões e muitas indagações sobre as relações entre juventude e escola no Brasil". In ABRAMO, Helena W. (org.). *Retratos da juventude brasileira*: análises de uma pesquisa nacional. São Paulo: Fundação Perseu Abramo, p. 113.

29 COMISSÃO NACIONAL DE POPULAÇÃO E DESENVOLVIMENTO (1998). *Jovens acontecendo nas trilhas das políticas públicas*. Brasília-DF: vol. 1, p. 446-447.

Diante disso, o trabalho não se apresenta como um valor a ser cultivado pelo jovem hoje, e sim como necessidade a ser alcançada. "Os jovens, pobres e ricos, desejam uma escola onde consigam aprender, mas que também seja um espaço agradável, onde possa encontrar amigos, ouvir música e namorar. É preciso, cada vez mais, que a equipe escolar procure conhecer sua clientela, construindo um ambiente adequado às suas características e interesses".[30] Esse ambiente dificilmente é encontrado na escola pública, que deixa de ser atraente para o jovem hoje.

Apesar da situação descrita acima, em sua análise do tema juventude e educação, Marília Sposito conclui que os jovens:

> Depositam confiança na escola, em relação ao projeto futuro, mas as relações são mais difíceis e tensas com o tempo presente, na crise da mobilidade social via escola. Configura-se, desse modo, uma ambiguidade caracterizada pela valorização do estudo como uma promessa futura e uma possível falta de sentido que encontram no presente.[31]

Significa que, apesar da ampliação do acesso à educação no Brasil, há precariedade em sua qualidade e ineficiência de seu papel principal (visto na ótica do jovem), a inserção no mercado de trabalho. Isso ocorre em virtude da crise atual e da existência de um padrão de crescimento econômico desfavorável à geração de novos postos de trabalho e oportunidades profissionais.

A educação pública se torna desinteressante por insistir apenas na ideia da "educação para o trabalho". Ao não existir trabalho para os jovens, não há também interesse na escola, o que causa dificuldade da ascensão social e até mesmo da inclusão profissional via instituição educacional, apresentando-se como uns dos pilares da falta de perspectiva de futuro dos jovens. Entretanto, antes de adentrarmos nesse tema, é necessário conhecer a questão da participação política (ou não) da juventude brasileira nos anos 2000.

---

30 Id., Ibid., p. 454.
31 SPOSITO, Marilia P. (2005), op. cit., p. 124.

Juventude e política

A política aparece aos olhos da maioria da população como "algo que não leva a lugar nenhum". Na opinião de Renato Janine Ribeiro,[32] isso ocorre pelo fato de que os regimes eleitos no Brasil nos últimos 20 anos não têm conseguido responder aos "reclamos sociais". O advento da democracia como conquista política vista na perspectiva de resolver os problemas sociais, fracassou em seus objetivos. Esse cenário "repercute na imagem popular da política e do político, frequentemente negativa".

Inserida nesse cenário, a juventude vem sendo ao longo do século XX disputada por duas importantes forças mais ou menos antagônicas: a revolução e a publicidade. Constata-se que há uma composição entre essas duas forças, ou seja, se na teoria elas se opõem, na prática são vivenciadas pelos jovens conjuntamente.[33] Entretanto, a política é uma área na qual a juventude não deposita mais suas energias.

> Hoje a participação política dos jovens não chama a atenção como no passado. Falando-se dos jovens de 1968 ou de 1984, a primeira imagem que virá (ou que vinha) ao espírito é a das passeatas na rua; a maior parte deles podia ter outros sonhos, mas a imagem é essa – que não é a que se tem dos jovens atuais, quando a ênfase parece estar em outras relações, mais grupais, menos totalizáveis, de vínculos que vão e vêm, de experiências.[34]

Todavia, a partir da análise do posicionamento do jovem no espectro político, Paul Singer aponta para certo engajamento nos anos 2000. Com os dados da Pesquisa da Fundação Perseu Abramo, averigua-se que apenas 17% dos jovens não sabem se posicionar politicamente diante da realidade.

---

32 RIBEIRO, Renato J. (2004). "Política e juventude: o que fica da energia". In NOVAES, Regina R. (org.). *Juventude e sociedade*: trabalho, educação, cultura e participação. São Paulo: Fundação Perseu Abramo, p. 22.
33 Id., idib., p. 25.
34 Id., ibid., p. 32.

Os outros 83% se declaram de direita, esquerda, centro etc. No entanto, o autor conclui que: "A juventude deseja ajudar o mundo a mudar e pensa em fazê-lo menos mediante a militância política do que pela ação direta. Mas a maior parte dela, antes de poder contribuir para a mudança, tem de ser ajudada".[35] Dessa forma, o fator principal para a não participação política é apontado como a falta de bases materiais mínimas de sobrevivência. A destituição do político por parte da juventude é o produto de um Estado que historicamente se exime da distribuição dos bens sociais.

Alguns dados da pesquisa *Perfil da Juventude* são importantes para entender essa situação. Questionados sobre a intenção de desenvolver trabalho social (ou negócio) no bairro, 78% diz que "nunca pensou" ou "pensou, mas desistiu" de fazer algo. Acerca da perspectiva de influência na política, 55% afirma "não influir", demonstrando sentimento pessoal de pouca possibilidade real de produzir mudanças com sua ação. Outro dado significativo: 85% declaram não participar de grupo de jovens de qualquer espécie. Portanto, a grande maioria dos jovens no Brasil se encontra desorganizada, sendo que dos 15% que participam de alguma organização juvenil, em 1° lugar aparece a igreja com 4% e em 2°, 3° e 4° as organizações artísticas, com 3% para a música, 2% para a dança e 2% para o teatro. Na atual conjuntura, a religião e os movimentos culturais se configuram como os principais meios de organização do jovem na sociedade, lembrando que o movimento estudantil, partidos políticos e movimentos sociais não chegam a pontuar na pesquisa.

Entretanto, observa-se que 54% dos jovens consideram a política "muito importante" e 33% "mais ou menos importante", o que possibilita considerar a tese de Singer como verdadeira: há interesse pela participação, mas não existem condições materiais para tal. Além disso, 52% responderam que "O socialismo continua sendo uma alternativa para resolver os problemas sociais".

---

35 SINGER, Paul (2005). "A juventude como coorte: uma geração em tempos de crise social". In ABRAMO, Helena W. (org.). *Retratos da juventude brasileira*: análises de uma pesquisa nacional. São Paulo: Fundação Perseu Abramo, p. 35.

Porém, apesar de 47% acharem "muito importante" a existência dos partidos para o país, apenas 3% "confiam totalmente" nessa instituição que seria (talvez) o principal instrumento para viabilização de uma transformação social.

Por fim, ressalta-se os perigos que o distanciamento da política pode trazer para o cenário nacional. Maria Victoria Benevides[36] defende a tese de que: "O resultado da apatia pode ser uma atitude na vida social que é o oposto de qualquer ideia de cidadania democrática, que é o das estratégias individuais, do 'salve-se quem puder', excluindo qualquer possibilidade de ação coletiva, de solidariedade". Com o objetivo de compreender melhor essa situação e diante de um cenário de não participação em virtude da descrença no universo político e da falta de condições reais de ação, é necessário discutir como o jovem vê seu futuro na sociedade.

Juventude e perspectiva de futuro

Para entender como o jovem compreende seu futuro é necessário localizar a conjuntura histórica em que vive: crise social, desmonte de políticas sociais básicas, desemprego, violência etc.

O Brasil chegou ao terceiro milênio carregando uma enorme dívida social. Nosso país ainda não se revelou capaz de satisfazer necessidades básicas de milhões de cidadãos. Alimentação, saúde, moradia, educação, segurança e trabalho estão entre os bens existenciais fundamentais que são sonegados ou negados a imensos contingentes de excluídos.[37]

Nesse contexto, a principal característica da modernidade é sua situação de instabilidade e falta de perspectiva de futuro. O signo do risco é tema cen-

---

36 BENEVIDES, Maria V. (2004). "Conversando com os jovens sobre direitos humanos". In NOVAES, Regina R. (org.). *Juventude e sociedade*: trabalho, educação, cultura e participação. São Paulo: Fundação Perseu Abramo, p. 51.

37 ABRAMO, Helena W. & BRANCO P. P. M. (org.) (2005). *Retratos da juventude brasileira*: análises de uma pesquisa nacional. São Paulo: Fundação Perseu Abramo, p. 10.

tral da sociedade atual. "O risco é aqui entendido como uma *interpretação* do enfrentamento do perigo na persecução dos objetivos".[38] No ambiente juvenil o risco se caracteriza principalmente na ideia do estudo como algo necessário para conseguir um bom emprego, mas não suficiente, já que o diploma hoje não proporciona mais uma possibilidade real de inserção profissional. O risco também assume forma relevante na fase juvenil por representar o início de um processo de construção, experimentação e afirmação da própria identidade. Enfim, o jovem dos anos 2000 projeta seu futuro sob o signo do risco.

Salvatore La Mendola[39] apresenta uma caracterização no que se refere ao enfrentamento do risco na atualidade entre jovens de diferentes segmentos sociais. Ele distingue três grupos: a) "os ainda não incluídos": são os jovens inseridos no modelo burguês de transição para a vida adulta no qual há um treinamento predatório e um estímulo para ocupação de posições de poder; b) "aqueles nas fronteiras": são os jovens com expectativa de mobilidade social, mas sem condições reais de ascensão; c) "os excluídos": são os jovens que estão completamente excluídos dos trajetos institucionais de transição para a vida adulta.

A crise que perpassa a sociedade moderna, em seus mais variados aspectos, coloca em foco novos elementos para a caracterização da "dimensão de futuro". O horizonte temporal vem sendo cada vez mais comprimido com o esvaziamento do tempo futuro como espaço propício para a construção de um "projeto de vida". Essas transformações são sentidas principalmente nas vivências da juventude contemporânea, já que a noção de juventude como momento de transição para a vida adulta está se esvaziando.

Carmem Leccardi[40] constrói a ideia de "futuro indeterminado e indeterminável", noção cada vez mais presente na modernidade. "Nesse, há cada

---

38 MENDOLA, Salvatore La (2005). "O sentido do risco". In *Tempo Social*, vol. 17, n. 2. São Paulo: USP, nov., p. 59.

39 Id,. ibid., p. 81-82.

40 LECCARDI, Carmen (2005). "Por um novo significado do futuro: mudança social, jovens e tempo". In *Tempo Social*, vol. 17, n. 2. São Paulo: USP, nov., p. 43.

vez menos espaços para dimensões como segurança, controle, certeza [...]". A autora apresenta uma nova noção que substitui a ideia "pouco funcional" de futuro: trata-se do termo "presente estendido". Significa que o tempo se apresenta de forma fragmentada e a possibilidade de desenvolvimento de projetos se encontra esgotada na modernidade. Nesse processo, a ideia de "experimentação" ganha força e substitui a perspectiva do presente como cenário de construção de uma vida futura estável. No espaço juvenil, essa ideia ganha força, e o presente estendido torna-se o futuro imediato para vivência plena da vida a partir dos impulsos do sentimento. Dessa forma, assiste-se ao esgotamento da perspectiva do futuro como espaço para definição do sujeito. O que vale é o "aqui e agora", havendo supervalorização dos sentidos.

Significa que os passos para o jovem percorrer as etapas naturais para a condição adulta – conclusão dos estudos, inserção no mundo do trabalho, saída da casa dos pais, construção de um núcleo familiar, geração de filhos – estão sendo dificultados. Assim, o prolongamento da fase juvenil se constitui em um aspecto importante em sua caracterização. Além disso, Leccardi chama a atenção para:

> [...] o desaparecimento da possibilidade de ancorar as *experiências* que os jovens realizam [...] no mundo das *instituições sociais e políticas* [...] Para o jovem, no centro dessa crise está a separação entre trajetórias de vida, papéis sociais e vínculos com o universo das instituições capazes de conferir uma forma estável à identidade.[41]

Assim, o jovem se encontra destituído de espaços de sociabilidade e possibilidades de inserção social, visto que:

> A maior parte dos jovens, moços e moças, em resposta às condições sociais de grande insegurança e de risco, encontra refúgio sobretudo em projetos de curto ou curtíssimo prazo, que assumem o "presente estendido" como área temporal de referência.[42]

---

41 Id., ibid., p. 49.
42 Id., ibid., p. 52.

Em contrapartida, Abramo constata que os jovens estão chegando à vida adulta sem passar pelos estágios fundamentais estabelecidos no processo de transição (que se encontra prolongado nos dias atuais): formação escolar, profissionalização, entrada no mercado de trabalho. Ao ser forçado a "pular etapas" em virtude da crise social, o jovem assume responsabilidades da vida adulta, casamento e filhos, prejudicando-se na continuidade de sua formação educacional. Consequentemente tem dificuldades em encontrar emprego.[43] O prolongamento da vida juvenil se configura num aspecto importante e contraditório da crise social, no qual o jovem assume responsabilidades de adulto, mas mantém sua dependência da estrutura dos pais em virtude das dificuldades financeiras. Abramo retrata inclusive "um novo modelo cultural de transição para a vida adulta", em que o fim da juventude não implica necessariamente independência financeira em relação aos pais.[44]

Há, portanto, um processo contraditório no cenário juvenil, que passa pelo prolongamento e encurtamento da passagem da vida juvenil para a adulta. O indivíduo prolonga sua permanência nessa faixa etária na medida em que se mantém dependente dos pais; todavia, pula etapas ao gerar filhos e assumir o casamento sem conquistar sua autonomia financeira.

Maria Helena Oliva Augusto[45] argumenta que "o *futuro possível* [do jovem] depende dos processos em curso na sociedade inclusiva e da posição ocupada pelo jovem na família". Na opinião da autora, a perspectiva de futuro do jovem fica cada vez mais nebulosa diante de uma sociedade permeada de indeterminações e de insegurança nos mais diferenciados níveis da vida.

---

43 Importante ressaltar que mesmo o diploma universitário não é sinônimo de inserção profissional nos dias atuais. Sobre esse assunto ver POCHMANN, Márcio (2004), "Juventude em busca de novos caminhos no Brasil". In NOVAES, Regina R. (org) *Juventude e sociedade*: trabalho, educação, cultura e participação. São Paulo: Fundação Perseu Abramo.

44 ABRAMO, Helena W. & BRANCO P. P. M. (org.) (2005), op. cit., p. 60.

45 AUGUSTO, Maria H. O. (2005). "Retomada de um legado intelectual: Marialice Foracchi e a sociologia da juventude". In *Tempo Social*, vol. 17, n. 2. São Paulo: USP, nov., p. 24.

O comportamento juvenil da atualidade é, então, compreendido como a busca continuamente reiniciada pela *vivência do presente* – percebido como tempo de flexibilidade e de mobilidade, de ausência de compromisso, em que o lazer e a aventura têm um papel predominante e a possibilidade da emergência de perspectivas e dimensões novas para a existência é sempre valorizada.[46]

A procura principal do jovem é por seu processo de inserção na sociedade. A questão é que essa sociedade vive um profundo problema de exclusão. Diante de uma situação de crise, a busca do religioso se configura numa tentativa de reconquistar o futuro como espaço de estabilidade social. Como afirma Novaes,[47] na análise do tema juventude e religião é fundamental que se agreguem os elementos da insegurança e dificuldades de inserção social presentes na Brasil. Para a autora, o futuro é olhado pelos jovens pela ótica do medo. O caminho percorrido nesse processo se dá a partir da crise educacional, da falta de trabalho formal, da não participação política e da falta de perspectiva de futuro. Isso leva preponderantemente às drogas, ao alcoolismo e à prostituição. Nessa situação a Igreja passa a ser o ambiente de reencontro com a identidade e de resgate do projeto de vida.

Assim, a demanda pelo projeto de vida passa a ser ancorada no religioso, tornando-se parte de um projeto divino. A alternativa para um futuro sem projetos, para uma parte considerável dos jovens, é a possibilidade de sua realização numa outra vida, no além. Por isso, a ideia de realização instantânea, diante da possibilidade de inclusão por meio do sagrado, torna as igrejas pentecostais e o movimento carismático espaços potenciais de presença dos jovens, principalmente aqueles que possuem poucos recursos sociais, culturais e econômicos para superar a crise de futuro que se apresenta na sociedade contemporânea.

---

46 Id., ibid., p. 28-29.
47 NOVAES, Regina R. (2005), op. cit., p. 282.

Como se organizam os jovens?

A análise apresentada neste capítulo possibilita a compreensão da relação de causalidade que há entre a realidade social da juventude brasileira e sua adesão às igrejas e correntes do pentecostalismo. O panorama histórico apresentado, apesar de breve, mostra as afinidades de organização presentes nas diversas juventudes nos diferentes momentos históricos. A questão da religião é abordada aqui para descrever as afinidades eletivas existentes entre as características da juventude contemporânea e as igrejas de conteúdos predominantemente magicizados. A atual situação da educação e do trabalho traça um panorama de dificuldades sociais enfrentadas pelos jovens no país e desemboca na questão do distanciamento da ação política tradicional. Por fim, a análise da perspectiva de futuro do jovem nos coloca a questão da necessidade de uma compreensão mais aprofundada da realidade juvenil no Brasil e aponta para a instituição religiosa como importante foco de atração dos jovens.

Além disso, o processo analisado neste capítulo traz à tona a questão dos motivos que levaram os jovens a mudarem seu perfil de organização. Em relação à IC, por exemplo, é preciso entender os motivos que levaram os jovens católicos, que nos anos 1980 participavam ativamente das pastorais sociais e da juventude ligados à Teologia da Libertação, na atualidade aderirem em massa aos grupos de oração, comunidades de vida e aliança do movimento carismático católico. Uma das respostas seria afirmar que nos anos 1970 e 1980 predominavam os movimentos sociais como referência para grande parte da juventude organizada. Nesse período, as pastorais da juventude tinham identificação e organização muito vinculada aos principais setores sociais da esquerda brasileira. Nos anos 1990 e 2000 há o predomínio dos movimentos comunitários cuja característica principal é "a afirmação pública de um conjunto de valores referentes a uma identidade particular e não mais a cidadania enquanto afirmação de direitos civis para todos", predominante dos movimentos sociais.[48]

Nesse sentido, é "sobretudo no campo religioso que se deu a maior expressão desses 'movimentos comunitários' que, em muito, diferem dos 'movimentos sociais'".[49] Essa mudança de contexto influenciou no método e nas opções de organização dos jovens católicos que passaram de uma organização predominantemente política, preocupada com a questão da cidadania (CEBs e pastorais, por exemplo), para uma organização comunitária voltada para a identidade e vida pessoal, presentes nas comunidades de vida e aliança e grupos de oração do movimento carismático católico.

Por fim, faz-se necessário apontar que a busca do religioso na vida juvenil está diretamente relacionada com a busca da autonomia, com a construção da identidade parental (conflito familiar) e social (conflito com o mundo), além do desejo de experimentação de novas sensações e de novas experiências. Esse contexto cria uma religiosidade juvenil diferenciada, que é retratada na análise do movimento PHN como exemplo concreto dessa realidade. Entretanto, antes de apresentar essa análise é necessário elencar os elementos teóricos que permitem desenvolver o presente estudo.

---

48 AUBRÉE, Marion (1996). "Tempo, História e Nação – o curto-circuito dos pentecostais". In *Religião e Sociedade*, Rio de Janeiro, n. 17 (1-2), p. 77.
49 Id,. Ibid., p. 78.

2

OS CONCEITOS
DE JUVENTUDE E RELIGIÃO

Este capítulo inicia com a discussão acerca do referencial teórico que possibilitou a construção da noção de juventude utilizada no presente trabalho. Busca-se articular os termos "jovem", categoria concreta, e "juventude", categoria abstrata, na realidade social dos jovens religiosos. Dessa maneira, apresenta-se a compreensão da noção de juventude para em seguida inserir a discussão acerca do conceito de religião. Como este estudo se enquadra nos marcos da sociologia da religião, valoriza-se a análise da questão religiosa e da maneira pela qual ela é abordada na realidade dos jovens carismáticos católicos.

Juventude

Os jovens são pensados aqui como uma categoria social, sendo ao mesmo tempo uma representação cultural e uma situação social. Conforme a definição de Luís Antonio Groppo,[1] "a juventude é uma concepção, representação ou criação simbólica, fabricada pelos grupos sociais ou pelos próprios indivíduos tidos como jovens, para significar uma série de componentes e atitudes a ela atribuídos". Nesse sentido, a noção de juventude é

---

1 GROPPO, Luís A. (2000). *Juventude*: ensaios sobre sociologia e história das juventudes modernas. Rio de Janeiro: Difel, p. 8.

definida a partir do critério etário, não relativista, e do critério sociocultural, relativista, havendo, dessa forma, uma dupla relação no conceito que significa a *transição* e ao mesmo tempo o *elo* de uma condição etária para outra, isto é, da vida juvenil para a fase adulta.

A partir desse referencial, os fiéis abordados na pesquisa de campo são os participantes do movimento RCC que estão na faixa etária dos 15 aos 30 anos, com predominante atenção àqueles que frequentam as atividades específicas voltadas para a juventude (grupo de oração de jovens, acampamentos e outras atividades). Entretanto, a noção de juventude possui uma complexidade em sua definição, sendo caracterizada por diversas variantes que precisam ser inseridas ao termo, fazendo-se necessário a inserção de outros elementos ao tema.

A construção da noção de juventude

A referência fundamental para a definição do termo é a obra da professora Marialice M. Foracchi, principalmente seus dois livros *O estudante e a transformação da sociedade brasileira* e *A juventude na sociedade moderna,* que tratam da questão dos estudantes e da relação juvenil com a modernidade. Para Foracchi,[2] "juventude é, ao mesmo tempo, uma fase da vida, uma força social renovadora e um estilo de existência", sendo que cada sociedade constitui o jovem a sua própria imagem. Ela argumenta ainda que a definição do conjunto dos jovens enquanto categoria histórica e social ocorre no momento em que esse se afirma como movimento de juventude, pois a noção de juventude é uma criação da própria sociedade moderna. Por isso, é necessário entender a juventude para entender as diversas características dessa sociedade, já que ela compõe o processo histórico e social de

---

2 FORACCHI, Marialice M. (1965). *O estudante e a transformação da sociedade brasileira.* São Paulo: Nacional, p. 302.

Os conceitos de juventude e religião   55

construção da modernidade. Como afirma Augusto:[3] "A mobilização dos recursos e das potencialidades que possui depende diretamente das alternativas abertas aos jovens por sua inserção social, pelas posições que ocupam, pelos caminhos oferecidos para sua trajetória". Dessa maneira, a juventude corresponderia ao momento de descoberta da vida e da história.

A obra de Foracchi é um clássico nos estudos sobre juventude, pois se mantém central para a discussão atual do tema. "Sua reflexão permanece viva e traz contribuições para o campo de conhecimento que tratou".[4] A definição do termo juventude como categoria social é constituída no trabalho de Foracchi a partir de três aspectos: a) o desenvolvimento de relações interpessoais; b) a presença de manifestações vinculadas à situação de classe; e c) a referência aos processos de transformação da sociedade. Augusto[5] argumenta que a articulação desses três níveis permitiu a equação abrangente do processo de construção da categoria juventude.

Na mesma direção de Foracchi, Groppo[6] defende que a própria "criação das juventudes é um dos fundamentos da modernidade". Nesta afirmação o autor também defende a ideia de que não podemos trabalhar com um único conceito de juventude, mas com o termo *juventudes* para compreender a multiplicidade de condições juvenis presentes na sociedade brasileira. Há uma pluralidade de juventudes definidas a partir de grupos sociais concretos que possuem um recorte sociocultural de classe social, estrato, etnia, religião, gênero, região, mundo urbano e rural, sendo que várias juventudes convivem em um mesmo tempo e espaço social, havendo também diferenças entre os jovens que vivem numa mesma sociedade, como no caso da juventude brasileira.

Na perspectiva de Karl Mannheim, há um potencial de mudança inerente na juventude em consequência da originalidade apresentada por uma

---

3 AUGUSTO, Maria H. O. (2005), op. cit., p. 20.
4 Id., ibid., p. 12.
5 Id., ibid., p. 13.
6 GROPPO, Luís A. (2000), op. cit., p. 18.

"geração nova". A juventude possui essa potencialidade revitalizadora pelo fato de não estar completamente envolvida no *status quo* da ordem social, visto que "o fato relevante é que a juventude chega aos conflitos de nossa sociedade moderna vinda de fora. E é este fato que faz da juventude o pioneiro predestinado de qualquer mudança da sociedade".[7] Por esse motivo a juventude se torna apta a simpatizar com movimentos políticos, sociais, culturais e religiosos que estão insatisfeitos ou questionam o estado de coisas existentes. No entanto, essa força transformadora, esse elemento dinâmico, é portador de mudanças tanto progressistas como conservadoras. Como exemplo, tem-se respectivamente a juventude estudantil francesa dos anos 1960 e a juventude alemã nazista dos anos 1940. Para Mannheim[8] a "juventude não é progressista nem conservadora por natureza, porém, é uma potencialidade pronta para qualquer nova oportunidade". Também nessa direção, Foracchi[9] aponta que "juventude e história são entidades que se confundem enquanto manifestação do novo".

O significado da juventude na sociedade moderna muda conforme o contexto histórico, pois sua formação é definida e concretizada a partir daquilo que se espera dessa categoria social. "A juventude pertence aos recursos latentes de que toda sociedade dispõe e de cuja mobilização depende sua vitalidade".[10] Dessa forma, as sociedades dinâmicas utilizam as potencialidades da juventude para produzir transformações. No entanto, essa potencialidade só se transforma em função social quando há um processo de integração desses agentes revitalizadores. Para Mannheim essa situação de agente estranho é apenas uma potencialidade que pode ser suprimida ou mobilizada conforme "influências orientadoras e diretoras vindas de fora", isto é, o contexto histórico e o processo de formação pelo

---

7 MANNHEIM, Karl. (1967). *Diagnóstico de nosso tempo*. Rio de Janeiro: Zahar, p. 52.
8 Id., Ibid., p. 51.
9 FORACCHI, Marialice M. (1965), op. cit., p. 303.
10 MANNHEIM, Karl. (1967), op. cit., p. 49.

Os conceitos de juventude e religião

57

qual passa a juventude são fatores decisivos na definição de sua postura diante da sociedade.

A partir dessas definições, podemos afirmar que, sociologicamente, o jovem é um ser marginal, uma categoria marginalizada. O jovem está naturalmente à margem da sociedade em conjunto com as classes oprimidas, os intelectuais independentes etc. Singer[11] trabalha com a ideia de juventude como "pessoas que estão numa mesma faixa etária" (entre 15 e 24 anos), vivenciando a realidade em "estágios vitais semelhantes". Ele constata que os jovens de hoje nasceram em tempos de crise social. Também é importante ressaltar que "o jovem e seu comportamento mudam de acordo com a classe social, o grupo étnico, a nacionalidade, o gênero, o contexto histórico, nacional e regional etc".[12] Por esse motivo, apresentou-se no início do trabalho um panorama da juventude no Brasil do século XX em suas mais variadas tendências e posturas, mostrando como na contemporaneidade a religião se transformou em um foco de atração. Assim, faz-se necessário neste momento a apresentação de como se trabalha o elemento religioso.

Religião

Em relação à construção dos elementos teóricos para análise da religião no Brasil, inicia-se com a apresentação dos principais conceitos de Weber, com a indicação de alguns elementos de Gramsci e, em seguida, discute-se os elementos que permitem utilizar ambos os autores na análise desenvolvida pelo presente estudo.

O referencial teórico da pesquisa é construído principalmente a partir de dois *corpus* teóricos distintos e com pressupostos diferentes, porém, complementares no que diz respeito à problemática da religião. Como o enfoque do projeto é na análise da relação da religião com sua juventude,

---

11 SINGER, Paul (2005), op. cit., p. 27.
12 GROPPO, Luís. A. (2000), op. cit., p. 10.

parte-se de Weber e são incorporados elementos de Gramsci na perspectiva de ampliar o foco da pesquisa. Assim, Gramsci é utilizado na análise da relação das religiões com a sociedade, isto é, no plano macro, concebendo o aspecto político e ideológico desse fenômeno. A obra de Weber fornece o eixo teórico para análise das relações sociais internas presentes no movimento carismático, sendo, portanto, utilizado no plano micro das relações e das ações dos indivíduos nas igrejas, em seu contexto histórico e cultural.

O método compreensivo de Weber

O autor principal para se pensar a questão religiosa é Max Weber, visto que não se pretende compreender a instituição católica, mas a ação religiosa dos jovens carismáticos. O roteiro weberiano para análise parte da definição dos conceitos sociológicos fundamentais na análise social, definindo de imediato o significado e a tarefa da sociologia: "uma ciência que pretende compreender interpretativamente a ação social e assim explicá-la causalmente em seu curso e em seus efeitos". A ação social, "se refere ao comportamento de *outros*, orientando-se por este em seu curso".[13] Trata-se de uma abordagem sociológica compreensiva e racionalista que busca interpretar o sentido da ação social na realidade por meio da construção de um tipo puro conceitualmente, o *tipo ideal*. Assim, o objetivo do autor em referência é "compreender interpretativamente as ações orientadas por um sentido".[14] O tipo ideal é central na análise de Weber pelo fato de ser um instrumento que busca procurar regras gerais dos acontecimentos humanos. Nesse sentido, os tipos estão relativamente vazios em relação ao conteúdo inserido na história da realidade concreta.

Weber desenvolve sua análise de forma a comparar diferentes processos para compreender o "motivo" ou "impulso" de determinada ação social. A

---

13 WEBER, Max (2004). *Economia e Sociedade:* fundamentos da sociologia compreensiva. Brasília: UNB. Volume I, p. 3.
14 Id., ibid., p. 6.

comparação pode ser feita entre processos diversos ou por meio daquilo que ele chama de "experiência ideal, ou seja, a eliminação *imaginada* de certos componentes da cadeia de motivos e a construção do desenvolvimento *então* provável da ação, para alcançar uma imputação causal".[15]

O autor chama a atenção para a necessidade da interpretação causal correta de uma ação, significando que o desenvolvimento externo e os motivos da ação são conhecidos de maneira exata e compreensível quanto a seu sentido. "Uma interpretação causal correta de uma ação *típica* (tipo de ação compreensível) significa: que o desenrolar considerado típico tanto se apresenta como adequado quanto ao sentido (em algum grau) quanto pode ser confirmado (em algum grau) como causalmente adequado".[16]

É importante observar que Weber pensa a sociedade a partir do indivíduo, da ação de um ou mais indivíduos. "A ação como orientação compreensível pelo sentido do próprio comportamento sempre existe para nós unicamente na forma de comportamento de um ou vários *indivíduos*".[17] Significa que as ações dos indivíduos estão sempre orientadas por um sentido, sendo a tarefa da sociologia a compreensão dos motivos e impulsos que regem esse determinado sentido da ação social. Esse processo interpretativo tem na história o seu principal referencial, já que o autor em questão analisa a ação social inserida em um bloco histórico definido, acompanhando a sequência dos fatos no interior desse processo.

A ação social pode ser determinada de quatro maneiras:

1) *de modo racional referente a fins*: por expectativas quanto ao comportamento de objetos do mundo externo e de outras pessoas, utilizando essas expectativas como "condições" ou "meios" para alcançar fins próprios, ponderados e perseguidos racionalmente, com sucesso; 2) *de modo racional referente a valores*: pela crença consciente no valor – ético, estético, religioso

---

15 Id., ibid., p. 7.
16 Id., ibid., p. 8.
17 Id., ibid., p. 8.

ou qualquer que seja sua interpretação – absoluto e inerente a determinado comportamento como tal, independente do resultado; 3) *de modo afetivo*, especialmente *emocional*: por afetos ou estados emocionais atuais; 4) *de modo tradicional*: por costume arraigado.[18]

Esses tipos de ações são ideais e não se apresentam de forma pura na realidade. Por isso, a ação religiosa – considerando especificamente o caso do catolicismo carismático – pode ser classificada como uma ação racional que, ao mesmo tempo, referencia-se a fins e a valores. Isso pelo fato de que o agente religioso age a partir de suas convicções, sendo uma ação que segue o mandamento no qual acredita. Entretanto, essa ação é racional com relação a fins no que diz respeito aos meios utilizados para alcançar determinado objetivo.

As ações sociais coletivizadas geram relações sociais que consistem em "formações sociais" específicas orientadas por um determinado sentido, como, por exemplo, a Igreja ou a Comunidade de Vida e Aliança do movimento carismático.

Segundo Weber a legitimidade da ordem religiosa é garantida "pela crença de que de sua observância depende a obtenção de bens de salvação".[19] Assim, o agente religioso legitima a vigência da Igreja por conta da crença racional naquilo que reconhece como absolutamente válido. Essa relação social que se define como Igreja pode ser classificada como uma "relação comunitária", pois "repousa no sentimento subjetivo dos participantes de pertencer (afetiva ou tradicionalmente) ao mesmo grupo".[20] Entretanto, há elementos da "relação associativa" na RCC, já que existe também união de interesses racionalmente motivados, com relação a fins ou valores, típicos dessa ação social, como no caso das comunidades de vida e aliança.

A participação na Igreja é limitada a determinadas condições. Weber classifica esse tipo de relação social designando-a de "fechada para fora",

---

18 Id., ibid., p. 15.
19 Id., ibid., p. 21.
20 Id., ibid., p. 25.

já que o conteúdo de seu sentido ou sua ordem vigente exclui e limita a entrada do agente. As igrejas em geral, e o movimento carismático em particular, encaixam-se na definição, são "comunidades de fé" de caráter estrito. É "fechada para fora" na medida em que busca a conversão de novos fiéis, praticando o proselitismo, mas impondo certas regras e doutrinas para a permanência em seu interior. Assim, nas comunidades religiosas a permanência do agente depende de sua disponibilidade para a disciplina e sua conivência com a dominação. No caso do movimento carismático há submissão racional que toma como referência a obtenção de uma graça alcançada ou a ser alcançada, além da ligação da história de vida do jovem a uma história divina.

A dominação legítima é classificada por Weber a partir de três tipos puros (ideais): a) *racional*, ou seja, dominação legal baseada na vigência da ideia de que todo direito pode ser instituído racionalmente e deve ser respeitado por seus membros. O tipo mais puro dessa forma de dominação é a "burocracia"; b) *tradicional*, baseia-se na crença cotidiana das tradições vigentes desde sempre, na qual é decisiva a fidelidade pessoal de servidor ao senhor (ou superior). Para diferenciar essas duas formas de dominação Weber afirma que no caso da tradição "não se obedece a estatutos, mas à pessoa indicada pela tradição ou pelo senhor tradicionalmente determinada".[21] Significa que a diferença principal está na pessoalidade da dominação tradicional em contrapartida à necessidade de um quadro administrativo presente na dominação legal ou burocrática; c) *carismática*, referente à dominação que atribui a uma pessoa poderes ou qualidades sobrenaturais, tornando-o líder, enviado de Deus. O último caso compreende a realidade da Comunidade de Vida Canção Nova, que apresenta Monsenhor Jonas Abib como liderança carismática. Todavia, essa comunidade possui elementos de dominação racional, já que possui uma rede burocratizada para administração

---

21 Id., ibid., p. 148.

dos bens de salvação oferecidos. E a própria liderança de Monsenhor Jonas tem se manifestado a partir de elementos de uma dominação tradicional.

Portanto, o tipo de dominação exercido pela religião se encaixa no tipo de caráter carismático "baseado na veneração extracotidiana da santidade", na obediência "ao *líder* carismaticamente qualificado como tal, em virtude de confiança pessoal em revelação, heroísmo ou exemplaridade dentro do âmbito da crença nesse seu carisma".[22] Todavia, ao se transformar em Igreja, em comunidade de fé, há a rotinização do carisma que provoca modificações substanciais, levando a uma tradicionalização ou racionalização dessa forma de dominação.

A rotinização ocorre a partir do momento em que desaparece a pessoa portadora do carisma e passa a existir o interesse na persistência e reanimação contínua da comunidade, como tem ocorrido na Canção Nova. Assim, surge a necessidade de se estabelecer uma sucessão eficiente, capaz de garantir a continuidade da comunidade em questão. No caso religioso, há duas maneiras comumente utilizada: a) "Por designação do sucessor pelo quadro administrativo carismaticamente qualificado, e reconhecido pela comunidade". Weber lembra que nesse caso "Não se trata de uma seleção livre, mas estritamente vinculada a determinados deveres, nem de votos de maiorias, mas da designação justa, seleção da pessoa certa, do verdadeiro portador do carisma, na escolha do qual pode também acertar a minoria".[23] Um exemplo desse tipo de sucessão parece ser o utilizado pelos bispos católicos na indicação do Papa; b) "Pela ideia de que o carisma seja uma qualidade (originalmente mágica) que, por meios hierúrgicos de um portador dele, possa ser transmitida para outras pessoas ou produzida nestas". As nomeações de sacerdotes e pastores nas igrejas católica e evangélica são exemplos dessa forma de sucessão: "o carisma sacerdotal, transmitido ou confirmado por unção, consagração ou oposição de mão".[24]

---

22 Id., ibid., p. 141.
23 Id., ibid., p. 162.
24 Id., ibid., p. 163.

Os conceitos de juventude e religião

A rotinização do carisma provoca também o processo de rotinização do quadro administrativo que até então se mantinha por meio de receitas ocasionais. Nessa nova conjuntura ocorre "a eliminação de sua atitude alheia à economia" com a adaptação a formas fiscais de arrecadação. "Com a rotinização, a associação de dominação carismática *desemboca*, portanto, em grande parte, nas formas da dominação cotidiana: da patrimonial – especialmente estamental – ou da burocrática".[25] Dessa maneira, o carisma é um fenômeno que está presente no início da formação das religiões, mas cede lugar aos poderes da cotidianização logo que a dominação está assegurada, assumindo um caráter de massificação.

Apesar de toda tipologia apresentada acima, não é possível encontrar, em Weber, uma definição de religião propriamente dita. Isso pelo fato da ação religiosa estar "orientada para este mundo", sendo que o objetivo é compreender o sentido dessa ação específica na sociedade. Portanto, o objeto em questão diz respeito à ação comunitária religiosa e seu sentido no mundo. Por esse motivo, faz-se necessário o acompanhamento desse fenômeno numa realidade social, numa determinada realidade concreta. Por exemplo, o caso observado nesse estudo é a Diocese de São Carlos e o foco é a cidade de Araraquara, com atenção predominante para o grupo de oração Novo Pentecostes.

A ação religiosa é orientada para a sociedade a partir de elementos, práticas e agentes intrínsecos a esse tipo de ação. Nesse sentido, para compreensão da ação religiosa é importante definir esses elementos segundo a tradição weberiana. Os principais são: *carisma* – "um dom pura e simplesmente vinculado ao objeto ou à pessoa que por natureza o possui e que por nada pode ser adquirido"; *espírito* – "é algo que confere ao ser concreto sua força de ação específica, que pode penetrar neste e, do mesmo modo, abandoná-lo"; *alma* – "um ser distinto do corpo, presente nos objetos natu-

---

25 Id., ibid., p. 166.

rais do mesmo modo como existe algo no corpo humano que o abandona durante os sonhos, o desmaio, o êxtase e na morte"; *poderes "suprassensíveis"* – "que podem intervir nos destinos dos homens" e que compreende *demônios*, "poderes sobrenatuarais" e *deuses,* "um poder que decide sobre o decurso de determinado processo concreto".[26] Ele apresenta uma distinção superficial dos poderes suprassensíveis, afirmando que deuses são "aqueles seres religiosamente venerados e invocados" e os demônios "aqueles forçados e conjurados por magia".[27]

As principais práticas religiosas são: a *oração* – "o rezador apresenta ao deus os serviços prestados, esperando contraprestações correspondentes"; e o *sacrifício* – "como tributo" ou como "um 'castigo' imposto a si próprio". Weber afirma que o "afastamento do mal externo e a obtenção de vantagens externas, 'neste mundo', constituem o conteúdo de todas as 'orações' normais"; o *sermão* – "ensinamento coletivo sobre coisas religiosas e éticas"; e a *cura de almas* – "assistência religiosa aos indivíduos".[28]

Os principais agentes da ação religiosa são: *profeta* – "um portador de 'revelações' metafísicas ou ético-religiosas", "o portador de um carisma puramente pessoal, o qual, em virtude de sua missão, anuncia uma doutrina religiosa ou um mandado divino"; *sacerdote* – "funcionários profissionais" [...] "de uma empresa permanente"; *mago/feiticeiro* – "uma pessoa carismaticamente qualificada" para a manipulação dos elementos mágicos; e o *leigo* – pessoa não qualificada para manipulação e apenas um adepto dos elementos mágicos e religiosos.[29] Enquanto o sacerdote reclama autoridade por estar a serviço de uma tradição sagrada e distribui os bens de salvação em virtude de seu cargo, o profeta desfruta de um dom pessoal e sem vínculo com estrutura ou instituição.

---

26 Id., ibid., p. 280-281.
27 Id., ibid., p. 294.
28 Id., ibid., p. 292-293, 318.
29 Id., ibid., p. 280, 294-295, 303.

Os conceitos de juventude e religião 65

A característica decisiva da figura do profeta está na ideia da anunciação de uma verdade religiosa de salvação relacionada à revelação pessoal. Essa verdade religiosa pode provir de uma "profecia ética", com o anúncio de um deus e a vontade dele em exigência de um dever ético de obediência, ou uma "profecia exemplar", com o anúncio sendo feito a partir do próprio exemplo do profeta que apresenta um caminho a ser seguido em direção à salvação. O profeta tem sua importância na ação religiosa pelo fato de propagandear "uma visão homogênea da vida".[30]

Outro ponto importante da ação religiosa diz respeito à relação do sacerdote com seu deus acerca da eficácia de seus poderes sobrenaturais:

> A falta de êxito eventualmente acarreta a morte do mago. Os sacerdotes, ao contrario, têm a vantagem de poder passar de si próprios para seu deus a responsabilidade pelo fracasso. Mas o declínio do prestígio de seu deus significa também o deles. A não ser que encontrem meios para interpretar convincentemente a falta de êxito, de tal modo que a responsabilidade não recaia sobre o deus, mas sobre o comportamento de seus adoradores.[31]

Essa atitude significa a passagem da noção de "coação sobre o deus" para o "serviço ao deus" e provoca o aumento gradual das exigências éticas aos deuses. Entretanto, há, ao mesmo tempo, "a crescente importância da vinculação ética do indivíduo a um cosmos de 'deveres' que tornam seu comportamento previsível".[32] Nesse processo, elabora-se uma ética religiosa que apresenta "agora a observância da lei religiosa como meio específico de conquistar a benevolência do deus". Com essa nova ética, busca-se eliminar aquelas maneiras, vistas agora como primitivas, de influenciar os poderes suprassensíveis. Portadora de um caráter "racional-ético" e ao mesmo tem-

---

30 Id., ibid., p. 307-308.
31 Id., ibid., p. 296.
32 Id., ibid., p. 298.

po "cósmico", a ética religiosa é o código que garante a regularidade e o ordenamento dos acontecimentos universais. Diante dessa nova realidade:

> [...] é possível supor que a derrota diante do inimigo ou outra desgraça que caia sobre o povo não se deve à falta de poder do deus local, mas às infrações pelos seus adeptos das ordens éticas por ele protegidas, que provocam sua ira, cabendo, portanto, aos próprios *pecados*, e que deus, com uma decisão desfavorável, quis precisamente castigar e educar seu povo amado.[33]

A noção de pecado é a principal novidade no surgimento da ética religiosa e o centro da ação religiosa no interior das comunidades de fé, isto é, das igrejas. Ao desvincular o poder do deus da situação do fiel na terra, esse novo código consolida a ideia da necessidade dos seres terrestres se vincularem a leis, regras e dogmas estabelecidos a partir e pelos seres suprassensíveis. Os indivíduos devem agora buscar a "piedade de deus" para alcançar a salvação. Na Parte III deste livro são apresentados alguns exemplos de como esse processo se desenvolve na realidade brasileira, tendo como base a RCC.

A busca da salvação normalmente é percorrida no interior de uma comunidade. Produto da cotidianização do carisma, as comunidades de fé (igrejas) asseguram a "continuidade da revelação e da administração da graça", garantindo a sobrevivência econômica do empreendimento de salvação. Cabe ao sacerdote a tarefa de determinar sistematicamente a doutrina e de eliminar aquilo que não é considerado sagrado, incutindo isto à crença dos leigos. A consequência desse processo é o surgimento de escrituras canônicas e do dogma.

Portanto, a figura do sacerdote é fundamental para a consolidação do empreendimento de fé. Ele é o agente que possibilita a rotinização da doutrina, desenvolvendo uma estrutura que abarca, redimensiona e racionaliza o conteúdo totalizante presente na mensagem do profeta. Configura-se, dessa forma, o trabalho sistematizador do sacerdócio. Sem Monsenhor Jo-

---

33 Id., ibid., p. 302.

Os conceitos de juventude e religião   67

nas, por exemplo, provavelmente a Canção Nova não teria o poder e a abrangência que tem atualmente na gestão dos bens de salvação e na administração de sua rede de comunicação social.

O leigo, personagem assistido na comunidade de fé, no caso do catolicismo carismático, é recrutado principalmente em camadas negativamente privilegiadas da sociedade, isto é, nas classes "médias baixas" e "empobrecidas".[34] Weber explica que esses setores sociais são mais suscetíveis a uma "ética da retribuição". Há também a caracterização desse setor como "profundamente enredado em limitações mágicas", sendo que os "elementos eticamente racionais de uma religiosidade" são menos acessíveis a eles.

> As camadas do proletariado, mais baixas, mais instáveis, para as quais as concepções racionais são menos acessíveis e, ainda, as camadas proletaroides da pequena burguesia, constantemente carentes e ameaçadas de proletarização, podem facilmente ser captadas por missões religiosas, sobretudo quando estas apresentam um caráter mágico.[35]

Weber estabelece uma diferença significativa acerca daquilo que atrai as diferentes camadas sociais para o espaço religioso, afirmando que:

> [...] o sentimento de dignidade das camadas mais privilegiadas [...] baseia-se na consciência da "perfeição" de sua conduta de vida [...] enquanto que todo sentimento de dignidade dos negativamente privilegiados baseia-se numa "promessa" garantida, vinculada a uma "função", "missão" ou "profissão" que lhes foi atribuída.[36]

A noção de promessa dimensiona para o futuro, neste mundo e no além, conforme Weber, a realização do indivíduo e cria a concepção de uma providência divina que confere importância e assegura a dignidade. Dessa

---

34 Todavia, como demonstra Prandi (1996), a RCC está presente também nos setores "médios" e "ricos" da sociedade brasileira.

35 WEBER, Max (2004), op. cit., p. 332.

36 Id., ibid., p. 334.

forma, as camadas sociais positivamente privilegiadas utilizam a religião para legitimar sua situação na sociedade, e as negativamente privilegiadas veem a religião como uma forma de refúgio e busca da salvação do sofrimento. Esses indivíduos despertados pela promessa religiosa se ancoram na crença de que haverá uma retribuição de toda situação vivida nesse mundo. Essa concepção diferenciada entre as camadas sociais permite a utilização da religião como mecanismo de domesticação das massas.[37]

A perspectiva weberiana de análise esclarece que a ideia da compensação futura da situação de sofrimento vivida pelo indivíduo no presente resolve o problema surgido a partir da constatação de que o mundo é imperfeito mesmo tendo sido criado por um deus repleto de perfeição. O "problema da teodiceia" está presente na maioria das comunidades de fé e é resolvido de diversas maneiras a partir do modelo de salvação futuro e da noção de pecado.

Assim, a resolução do "problema da teodiceia" também se constitui num estímulo e numa estratégia de consolidação do compromisso e da permanência do fiel a sua igreja. Vide o movimento carismático que teve seu crescimento mais significativo na passagem para o novo milênio. Na ocasião, final dos anos 1990, diversos setores da RCC tiveram como tema central de evangelização a "Parusia", que significa a Segunda vinda de Jesus Cristo ao mundo.[38]

O fiel aprofunda sua participação absorvendo a ideia do mundo como algo imperfeito criado por Deus, mas que contempla uma existência apenas provisória. A verdadeira vida será contemplada em outra esfera, no além. Lá, o indivíduo será retribuído plenamente de todo sofrimento e dificul-

---

37 Importante frisar que, no caso dos carismáticos, observa-se uma relação de proximidade entre as lideranças da RCC e os setores político-partidários ligados à elite brasileira. Um exemplo dessa realidade é o caso do apresentador de TV, escritor e membro da Canção Nova Gabriel Chalita, que foi Secretário Estadual da Educação no Governo do católico Geraldo Alckmin em São Paulo e atualmente é vereador na cidade de São Paulo pelo PSDB.

38 Ver sobre o assunto o livro de Monsenhor Jonas Abib intitulado *Céus Novos e uma Terra Santa.*

dade vivida em sociedade. Todavia, somente aqueles que forem salvos desfrutarão da paz prometida, e, para alcançar a salvação, é necessário o seguimento dos dogmas e das regras estabelecidas pela religião. Nesse processo, a RCC apresenta uma doutrina que estabelece uma relação de troca do fiel com Deus em vista de alcançar uma graça num futuro próximo e, além disso, propõe um processo de distanciamento desse mundo, criando uma relação de oposição entre a igreja e a sociedade.

Diante do cenário apresentado por Weber, a proposta é compreender "o *efetivo* alcance da significação que os conteúdos de consciência religiosos tiveram para a conduta de vida" dos jovens que frequentam o movimento católico carismático, especificamente o movimento juvenil PHN da Comunidade Canção Nova. Objetiva-se entender o efeito prático da religião, o efeito da religiosidade na vida do jovem.

O referencial teórico weberiano discutido acima tem sua importância principal na análise interna do objeto, ou seja, no estudo da ação religiosa específica do pentecostalismo católico. Entretanto, na análise da relação desse movimento da IC com a sociedade, aceita-se como pressuposto alguns elementos da obra de Gramsci, principalmente sua discussão acerca da relação da religião com as formas de poder estabelecidas na sociedade. Essa necessidade se deve ao fato de Weber, mesmo ao apresentar uma análise muito completa da ação religiosa, restringir sua abordagem ao não aprofundar as relações existentes entre as esferas sociais e as próprias contradições presentes em seu interior, como, por exemplo, as diferentes posições no interior da esfera política (já que esse não era seu objeto central de pesquisa; sendo que o tema da política aparece, todavia não é enfatizado). Nesse sentido, Gramsci dá sua contribuição ao analisar o catolicismo italiano como um campo atravessado pelos conflitos presentes na sociedade e não como um campo monolítico. Não significa que em Weber não há elementos que possam elucidar as relações do pentecontalismo católico com a sociedade, mas que a noção do aspecto político e ideológico dessa relação pode ser complementada com elementos do referencial gramsciano que é apresentado a seguir.

As principais contribuições de Gramsci

Antes de apresentar os elementos gramscianos que são utilizados para a análise, faz-se necessário introduzir o pensamento de Karl Marx para a sociologia da religião, já que Gramsci tem como principal referencial em seus estudos a obra marxiana. Uma importante contribuição de Marx aos estudos religiosos foi a constatação do caráter duplo desse fenômeno. "A miséria *religiosa* constitui ao mesmo tempo a *expressão* da miséria real e o *protesto* contra a miséria real. A religião é o suspiro da criatura oprimida, o ânimo de um mundo sem coração e a alma de situações sem alma. A religião é o *ópio* do povo" (MARX, 2005, p. 145).[39] Significa que, diferente das interpretações amplamente divulgadas, a ação religiosa para Marx pode significar tanto uma manifestação ideológica das angústias geradas pelas condições individuais na sociedade existente, como também um protesto contra ela.

Michael Löwy, teórico marxista contemporâneo, tem voltado seus estudos para a análise das questões religiosas da América Latina, principalmente sobre o fenômeno da Teologia da Libertação, setor radical da Igreja Católica. O autor afirma que o elemento central do método de análise marxista sobre a religião "é considerá-la – juntamente com o direito, a moral, a metafísica, as ideias políticas etc. – como uma das múltiplas formas de ideologia, isto é, da produção espiritual (*Geistige Produktion*) de um povo, a produção de ideias, representações e formas de consciência, necessariamente condicionadas pela produção material e as relações sociais correspondentes".[40] Trata-se, portanto, de considerar a religião como um universo de significado cultural-ideológico específico.

---

39 MARX, Karl (2005). *Crítica da filosofia do direito de Hegel*. São Paulo: Boitempo, p. 145.
40 LÖWY, Michel (1996). "Marx e Engels como sociólogos da religião". In *Revista Ideias*. Unicamp, p. 07.

Os conceitos de juventude e religião

Löwy[41] também apresenta uma segunda contribuição de Marx acerca do que ele chama de "sociologia dos fatos religiosos". Trata-se da ideia de que a religião em condições determinadas pode exercer o papel principal na vida de uma sociedade. Há inclusive a identificação de uma possível relação de causalidade estabelecida por Marx entre a religião e o capitalismo, no qual aquela, em sua vertente protestante, favorece a acumulação primitiva do capital. Ele fala de um "reconhecimento da religião como uma das causas importantes das transformações econômicas que conduziram ao estabelecimento do sistema capitalista moderno".[42]

Nota-se uma grande semelhança entre a interpretação de Löwy sobre a sociologia da religião em Marx e as constatações encontradas na obra de Weber. Dessa forma, o autor em análise representa um importante *elo* entre a teoria marxista e a weberiana da religião. Além disso, apresenta-nos também um elemento significativo para o entendimento da relação das religiões com a sociedade em geral ao reconstruir a tese de Engels de que as instituições religiosas são "um campo de forças atravessado pelos conflitos sociais".[43] Por esses motivos podemos afirmar que Löwy faz também uma significativa renovação da análise marxista da religião.

A partir de Löwy, observa-se que, entre os marxistas, Antonio Gramsci foi o pensador que mais se dedicou às questões religiosas. Ao estudar o funcionamento da Igreja Católica, contribuiu para o entendimento da importância da cultura religiosa entre as massas populares. Esse elemento nos fornece uma chave importante para entender, por exemplo, a intensa presença dos carismáticos no Brasil.

Os escritos mais substanciais de Gramsci sobre religião são encontrados em *Cadernos do Cárcere*, principalmente nos volumes 1 e 4 da edição brasileira editada por Carlos Nelson Coutinho. Apesar de sua natureza

---

41 Id., ibid., p. 8.
42 Id., ibid., p. 10.
43 Id., ibid., p. 11.

fragmentária e pouco sistematizada, contém observações profundas sobre o tema. Ele escreve sobre o fenômeno religioso durante todo o período no qual esteve preso pelo regime fascista italiano, mas é entre os anos de 1934 e 1935, portanto no final do cárcere e consequentemente no final de sua vida, que sistematiza seus escritos no *Caderno 20*.

Nesse caderno, encontram-se a base metodológica de análise e o enfoque dado ao acompanhamento histórico dos intelectuais religiosos, além da descrição das lutas travadas entre as forças internas presentes na Igreja Católica. Seu estudo nos remete à necessidade de verificar a origem social dos sacerdotes, além da importância de diferenciar a realidade histórica de cidades da capital e do interior de um mesmo país.[44] Essa caracterização é importante já que os dados do campo foram obtidos principalmente em Araraquara, cidade do interior de São Paulo, sendo que também são considerados os trabalhos desenvolvidos nas grandes capitais, além de estudos de âmbito nacional.

Gramsci foi um leitor assíduo de *A Ética Protestante e o Espírito do Capitalismo* de Weber e utilizou esse estudo para combater a visão economicista do marxismo.[45] Ele utiliza Weber para exemplificar a passagem de uma visão do mundo determinada para uma norma prática de comportamento.

A análise gramsciana tem como foco as funções sociais e ideológicas que a religião desempenha na sociedade, principalmente o aspecto político da atuação religiosa. A partir da noção de Marx, apresenta a religião como uma instituição portadora das contradições que perpassam a sociedade de classe, ora como força revolucionária, ora como expressão da alienação das massas. Todavia, supera-o ao apresentar uma noção diferenciada de ideo-

---

44 GRAMSCI, Antonio (2001). *Cadernos do Cárcere*. Rio de Janeiro: Civilização Brasileira, Vol. 4, p. 174, 178, 185.
45 Ver LÖWY, Michel (2000). *A guerra dos deuses*: religião e política na América Latina. Petrópolis-RJ: Vozes.

logia, como visão de mundo, ao criticar a noção economicista de análise do fenômeno, pelo qual a superestrutura religiosa não é mecanicamente determinada pela infraestrutura econômica, e, por fim, ao destacar o papel dos intelectuais religiosos e as contradições internas, no processo histórico da IC. O intelectual para ele é o sujeito capaz de formular uma interpretação coerente do mundo e orientar a ação, numa sociedade marcada pelas diferenças e divisões sociais.

No caso da RCC podemos destacar três figuras que cumprem essa função. O primeiro é Monsenhor Jonas, liderança principal da Comunidade Canção Nova. O segundo é o cantor e apresentador Dunga, idealizador do PHN – Por Hoje Não vou mais pecar – e uma das principais referências dos jovens carismáticos no Brasil. E o terceiro é o jovem Claudinei, coordenador do grupo de oração Novo Pentecostes de Araraquara-SP.

Nos *Cadernos* de Gramsci identificam-se dois pontos da análise religiosa: 1) uma crítica da religião como crença numa divindade transcendente e como alienação das massas e 2) um estudo da relação cultural e das práticas religiosas no cenário social. Um esboço de conjunto dessa teoria, encontrada de forma esparsa nos *Cadernos*, foi elaborado por Hugues Portelli, que desenvolve um estudo de envergadura, superando a ideia de um resumo dos principais conceitos de Gramsci e esclarecendo seu pensamento com nova luz. Portelli[46] afirma que nos *Cadernos* o fenômeno religioso é um dos temas essenciais da reflexão gramsciana. Apesar de a afirmação parecer exagerada, o autor conduz a uma sistematização enriquecedora acerca do fenômeno religioso.

Em sua concepção as religiões, ao tentarem abarcar todo o corpo social, articulam-se em diferentes subconjuntos culturais ligados a diferentes grupos sociais. Dessa forma,

---

46 PORTELLI, Hugues (1984). *Gramsci e a questão religiosa*. São Paulo: Paulinas, p. 15.

[...] a religião aparece nos *Quaderni* como um conjunto cultural particularmente complexo que levanta três tipos de problemas: aquele que toda ideologia levanta, ou seja, sua transformação de concepção do mundo em norma de conduta prática; aquele que a religião levanta como conjunto cultural que controla muitos grupos sociais: unidade intelectuais-massas, homogeneidade ideológica etc ...; Enfim aqueles próprios da religião, essencialmente teóricos.[47]

Para ele é o último problema que Gramsci foca para fazer sua crítica aos fundamentos éticos das religiões.

O método utilizado por Gramsci para este estudo é essencialmente histórico: os *Quaderni* tentam estudar como a religião cristã e a Igreja evoluíram, como, de ideologia e organização intelectual, saídas diretamente das classes subalternas, tornaram-se progressivamente exteriores a elas, acabando por se impor a estas classes.[48]

Nessa perspectiva, pode-se afirmar que Gramsci vê o cristianismo como a história do aparecimento, ascensão e declínio de uma "ideologia específica" e de seus intelectuais. Ele analisa as funções históricas desempenhadas pela IC em cada período. Nesse sentido, a crítica gramsciana da religião se desenvolve na direção da caracterização do fenômeno religioso por sua contradição entre "materialismo prático e idealismo teórico". Esse dualismo religioso é constantemente criticado por Gramsci e constitui o cerne de sua análise acerca desse fenômeno na sociedade.

O público crê que o mundo exterior seja objetivamente real, mas precisamente neste ponto surge o problema: qual é a origem desta "crença" e que valor crítico ela tem "objetivamente"? De fato, esta crença é de origem religiosa, mesmo se quem participa dela é religiosamente indiferente. Dado que todas as religiões ensinaram e ensinam que o mundo,

---

47 Id., ibid., p. 26.
48 Id., ibid., p. 17.

Os conceitos de juventude e religião

a natureza, o universo foi criado por Deus antes da criação do homem e, portanto, que o homem já encontrou o mundo pronto, catalogado e definido de uma vez por todas, esta crença tornou-se um dado férreo do "senso comum", vivendo com a mesma solidez, ainda quando o sentimento religioso está apagado e adormecido. Daí que, portanto, fundar-se na experiência do senso comum para destruir com a "comicidade" a concepção subjetiva é algo que tem uma significação sobretudo "reacionária", de retorno implícito ao sentimento religioso; de fato, os escritores e os oradores católicos recorrem ao mesmo meio para obter o mesmo efeito de ridículo corrosivo.[49]

Não obstante, mesmo criticando a natureza dual do fenômeno religioso, Gramsci também visualiza seus aspectos positivos.

[...] a religião é a mais gigantesca utopia, isto é, a mais gigantesca "metafísica" que apareceu na história, já que ela é a mais grandiosa tentativa de conciliar, em uma forma mitológica, as contradições reais da vida histórica: ela afirma, na verdade, que o homem tem a mesma "natureza", que existe o homem em geral, enquanto criado por Deus, filho de Deus, sendo por isso irmão dos outros homens, igual aos outros homens, livre entre os outros e da mesma maneira que os outros; e ele pode se conceber desta forma espelhando-se em Deus, "autoconsciência" da humanidade; mas afirma também que nada disto pertence a este mundo e ocorrerá neste mundo, mas em um outro (utópico). Desta maneira, as ideias de igualdade, liberdade e fraternidade fermentam entre os homens, entre os homens que não se veem nem iguais, nem irmãos de outros homens, nem livres em face deles. Ocorreu assim que, em toda sublevação radical das multidões, de um modo ou de outro, sob formas e ideologias determinadas, foram colocadas estas reivindicações.[50]

Como afirma Renato Ortiz:[51] "A religião, para ele, é uma concepção

---

49 GRAMSCI, Antonio (2001b). *Cadernos do Cárcere*. Rio de Janeiro: Civilização Brasileira, vol. 1, p. 130.
50 Id., ibid., p. 205.
51 ORTIZ, Renato (2006). "Notas sobre Gramsci e as Ciências Sociais". *Revista Brasileira de Ciências Sociais*, out., vol. 21, n. 62, p. 99.

de mundo que interpreta a realidade (elabora uma versão), permite aos fiéis nela atuar segundo uma determinada ética, mas simultaneamente os agrega no interior da mesma comunidade. Essa ideia atravessa as páginas dos *Cadernos do cárcere*, sintetizada na afirmação de que o catolicismo é o 'intelectual orgânico' da Idade Média". Entretanto, Portelli[52] esclarece que a ideia da religião como "ópio do povo" é constante nos *Cadernos*. Afirma também que Gramsci teve interesse, sobretudo, na religião como "norma de conduta prática". "Deste ponto de vista, a religião pode conduzir a atitudes totalmente opostas: a ativa e progressista do cristianismo primitivo ou do protestantismo, ou a passiva e conservadora do cristianismo jesuitizado". Por esse motivo, Gramsci preocupou-se também em analisar a Igreja como aparelho ideológico, visto que o "estudo da Igreja como aparelho ideológico permite, pois, compreender o segundo aspecto essencial do fenômeno religioso: o dos intelectuais religiosos e de suas relações com o aparelho de Estado".[53]

Assim, Gramsci nos fornece dois instrumentos conceituais necessários para o estudo das funções históricas da uma determinada igreja na sociedade, a saber, a ideia de religião como forma de ideologia específica e a ideia da denominação religiosa como aparelho ideológico. A RCC, enquanto parte desse processo internacional de pentecostalização do cristianismo, é portadora de uma ideologia renovadora no interior da IC e se apresenta como elemento de fortalecimento do aparelho ideológico católico no Brasil, na medida em que tem alcançado relativo sucesso no processo de recuperação dos fiéis.

Por fim, é importante ressaltar que os estudos religiosos gramscianos representam uma análise crítica da função prática da ideologia religiosa e dos meios de combatê-la ou mesmo neutralizá-la na sociedade. Sua noção da religião é muito ligada à ideia de ideologia, mas não como um conjunto homogêneo e sim dividido em sub-religiões de acordo com os grupos sociais no

---

52 PORTELLI, Hugues (1984), op. cit., p. 31.
53 Id., ibid., p. 42.

qual está inserida. Na visão deste autor, toda religião é na realidade uma multidão de religiões distintas e frequentemente contraditórias. Portanto, não há em Gramsci uma teoria geral de crítica à religião, pois a análise é feita a partir da "função histórica" do fenômeno religioso em determinado contexto histórico, sendo ela uma forma particular de ideologia, um fenômeno permanente na sociedade. A partir dessa noção o autor em referência trabalha com a noção de "tendências orgânicas", que são tratadas no capítulo 3.

As noções marxistas empregadas nesse livro derivam das observações de Gramsci e da contribuição mais contemporânea e sistematizada de Löwy, Porteli e Ortiz para os estudos religiosos. São esses autores que nos fornecem uma visão do assunto que consegue superar a ideia da religião como roupagem cujo objetivo principal é acobertar interesses de classes. Ressalta-se que apenas alguns elementos são utilizados no presente trabalho: aqueles que possibilitam a combinação metódica efetiva e orientadora entre Gramsci e Weber para o estudo da religião. E são esses pontos de convergência tratados a seguir.

Weber e Gramsci como sociólogos da religião

Para apresentar os principais pontos de articulação entre Weber e Gramsci, parte-se do pressuposto de que os conceitos de *cultura* e *ideologia* são instrumentos importantes para os estudos de religião e ampliam sua eficiência como instrumentos de análise quando são utilizadas em conjunto.

Utiliza-se o conceito de ideologia como pertencente ao conjunto dos fenômenos gerais das crenças nas sociedades. Sob essa perspectiva, pode-se definir a ideologia como visão de mundo, sendo a religião parte de um tipo específico olhar sobre a realidade. A *religião,* concebida como sistema de valores que possui noções de sagrado ou transcendente, está inserida numa *visão de mundo,* definida como um conjunto de sistema de valores integrados numa determinada estrutura social. Por conseguinte, como define Gramsci, a *ideologia* é o grande sistema de valores que trata da organização social e política da sociedade.

Nesse sentido, pode-se recuperar os estudos de Weber para compreender que o centro da análise social deve ser a ação do agente, já que os objetivos e os meios utilizados pelos indivíduos em sociedade dependem não apenas de uma avaliação racional, mas, sobretudo, de suas crenças. Portanto, a ação social está permeada de aspectos subjetivos que direcionam a conduta dos indivíduos.

Nessa perspectiva, os indivíduos não podem escapar às crenças e às ideologias presentes na sociedade. O fato é que o agente, ao pensar em desenvolver uma ação, segue um caminho determinado para alcançar um resultado previsto. Todavia, em virtude dos fenômenos subjetivos serem vividos como verdades objetivas por influência das ideologias (visões de mundo), somente a experiência pode confirmar o resultado. Numa perspectiva weberiana, no caminho entre o *pensar* e o *executar* há a interferência da subjetividade (valores, crenças, dogmas) que influenciam decisivamente na ação do indivíduo.

Em Gramsci apreende-se que o conceito de ideologia é o instrumento para análise dos aspectos políticos da sociedade; e o conceito de cultura é o instrumento para análise e comparação entre diversas sociedades (e diversas organizações sociais de uma mesma sociedade).

No estudo da IC a partir do movimento carismático, a utilização conjunta das obras de Weber e Gramsci é possível a partir da articulação dos conceitos de cultura e ideologia. Sem abandonar o marxismo, Gramsci outorga um papel mais relevante à superestrutura religiosa, aos valores e à educação,[54] o que possibilita o diálogo com a sociologia compreensiva de Weber. Assim, o conceito de ideologia é operado a partir da visão gramsciana, tendo como centralidade a noção de visão de mundo e aparelho ideológico. E o conceito de cultura é utilizado na acepção weberiana, tendo a "ideia de valor" como decisiva na definição do elemento cultural. "A

---

54 FRIGÉRIO, Alejandro (org.) (1993). *Ciências sociales y religion en el Cono Sur*. Buenos Aires: Centro Editor de América Latina, p. 78.

'cultura' é um segmento finito do decurso infinito e destituído de sentido próprio do mundo, a que o pensamento conferiu – do ponto de vista do *homem* – um sentido e uma significação".[55]

Em Ortiz[56] podemos destacar as contribuições de Gramsci e Weber para uma teoria da religião e identificar os pontos de convergência existente entre duas formas de análises específicas. Embora Gramsci não tenha desenvolvido uma teoria do fenômeno religioso, sua obra apresenta elementos significativos para a interpretação desse fenômeno, os quais concordam em grande medida com a análise weberiana. Ortiz destaca três aspectos de ambas as análises que coincidem em seu resultado por desenvolverem caminhos parecidos, a saber: a problemática do poder na esfera religiosa, a característica autônoma do fenômeno religioso e a ideia do monopólio dos aparelhos ideológicos.

A problemática do poder, mesmo sendo abordada de maneira diferenciada, tem um ponto de articulação entre os dois autores: para Gramsci o exercício do poder na esfera de dominação religiosa significa a imposição material e ideológica de uma classe sobre a outra; para Weber o que há é um simples exercício de autoridade sobre um sujeito individualizado. Gramsci analisa a disputa entre religião e Estado, Weber entre ortodoxia e heterodoxia, sendo que em ambos a disputa se dá em torno da conquista do poder. Gramsci possibilita o entendimento dessa relação de poder concebendo o ser humano enquanto um sujeito político pertencente a um processo histórico específico e não como simplesmente atores ou agentes sociais. Entretanto, a noção de compreensão da realidade de Weber e seu esquema explicativo extraído das relações interindividuais, permitem compreender o pluralismo que há nas explicações acerca da religião com relação à dinâmica de poder. Por

---

55 WEBER, Max (1986). *Weber*: sociologia. In COHN, Gabriel (org.). Coleção Grandes Cientistas Sociais. São Paulo: Ática, p. 96.
56 ORTIZ, Renato (1980). *A consciência fragmentada*. Rio de Janeiro: Paz e Terra.

isso é possível entender a lógica da religião ora agindo sobre a economia ora sendo influenciada por ela. Em suas análises Weber e Gramsci apresentam o fenômeno religioso como força de transformação e também de estagnação da ordem social e econômica.

Na análise de Gramsci a religião é uma visão de mundo formada por um todo homogêneo e que é reinterpretada segundo as classes e os grupos sociais. Weber[57] também diferenciava a religião segundo os grupos sociais, definindo que a esfera religiosa é autônoma, mas não independente do mundo econômico. Por outro lado, a partir da ideia de autonomia da religião, Weber procura compreender a prática e a mensagem sacerdotal, identificando uma homologia entre estrutura religiosa e social: a ideologia religiosa fundamenta a ordem social que encontra sua legitimação no universo religioso. Gramsci identifica a Igreja como uma instituição pertencente à sociedade civil, que, portanto, participa de seu jogo de poder. A Igreja, essa empresa sacerdotal racionalmente organizada da administração dos bens da salvação, legitima e justifica as desigualdades sociais por intermédio de uma *cosmologia divina*. Estabelece o conformismo e a eliminação das lutas e conflitos sociais. Também Weber, ao acentuar suas estratégias de poder, vê a organização religiosa como essencialmente conservadora. O que esse autor chama de *domesticação das massas*, na qual, sob o manto da Igreja, se acobertam todas as camadas tradicionalistas, os marxistas definem como *ópio do povo*, com a afirmação gramsciana de que "a Igreja se transforma em intelectual tradicional do regime burguês".

"A ênfase que Weber coloca na problemática da legitimação, relega frequentemente para segundo plano a possibilidade da religião atuar enquanto elemento de transformação social [...] Gramsci tem uma visão mais complexa do problema".[58] Significa que Gramsci considera a possibilidade da religião adquirir uma função progressista no seio da sociedade, pois para ele

---

57 WEBER, Max (2002). *Ensaios de Sociologia*. Rio de Janeiro: LTC.
58 ORTIZ, Renato (1980), op. cit., p. 148-149.

as possibilidades de conservação e de transformação são inerentes ao conceito de hegemonia. Ortiz[59] também chama a atenção para o fato de que "Gramsci, assim como Weber, estuda em detalhe o papel dos intelectuais, seu cosmopolitismo (incentivado pelo papado) em relação à fragmentação do poder feudal, sua intolerância diante da ameaça herética à unidade da Igreja (São Francisco de Assis e o culto à pobreza)". Assim, a análise do fenômeno religioso na esfera das relações de poder permite, ao utilizar a teoria weberiana de análise, empregar elementos do marxismo gramsciano que ampliam o foco no estudo dessa problemática, associando a religião aos movimentos históricos e apresentando-a como ideologia, visão de mundo religiosa, presente numa determinada sociedade.

Primeiras considerações

Como vimos, os jovens são considerados enquanto categoria social e histórica que se configura elemento de *elo* e *transição* no interior de uma sociedade. O livro considera os jovens, na faixa etária de 15 a 30 anos (para mais e para menos, considerando a discussão sobre a situação contraditória do prolongamento e estreitamento da juventude), que frequentam os Grupos de Oração Jovem da RCC e outras atividades específicas. Os aspectos principais e definidores do conceito estão contidos na ideia da juventude ser ao mesmo tempo uma fase da vida, uma força social renovadora e um estilo de existência.

Além disso, "Ser jovem é viver um 'contato original' com a herança social e cultural, constituído não apenas por uma mudança social, mas por fatores biológicos".[60] Por isso, propõe-se olhar a sociedade sob a perspectiva dos jovens religiosos para analisar sua sociabilidade e iden-

---

59 ORTIZ, Renato (2006), op. cit., p. 98.
60 SOUSA, Janice T. (2006). "A sociedade vista pelas gerações". In *Revista de Sociologia e Política*, abril, vol. 5, n. 8. Florianópolis-SC, p. 10.

tificar as especificidades desse segmento social. Nesse sentido, o trabalho se insere nos marcos dos estudos que tratam a temática da juventude "pensando nos termos da existência de uma cultura juvenil com os paradoxos de integração e diferenciação".[61] Pois leva-se em consideração a multiplicidade de formas de sociabilidade existentes na vida cotidiana dos jovens, marcadas por relações grupais – na escola, igreja e família – e nos agrupamentos especificamente juvenis – *hip-hop* e *punks*, por exemplo.

Há uma propensão da juventude brasileira de simpatia com os movimentos religiosos que se opõem à realidade atual,[62] característicos do movimento estudado, marcada pelo elemento mágico e disposta a manter certo distanciamento das "questões mundanas". Em contrapartida, existe uma mobilização por parte da RCC em recrutar os jovens para a vivência religiosa. Assim, os temas religião e juventude se articulam no sentido de estabelecer um objeto específico e necessário nos estudos em sociologia da religião. É específico por se tratar de um segmento no qual existe uma estratégia particular das igrejas no recrutamento e na organização de atividades para o setor. É necessário pelo fato de haver adesão dos jovens a um modelo determinado de religiosidade com características predominantemente mágicas.

Sendo o jovem religioso nosso objeto central, cabe nesse momento a tarefa de construir o mapa conceitual de cada matriz teórica utilizada e mostrar como seus conceitos são articulados. Por isso, traça-se a seguir um quadro teórico de Weber e Gramsci, explicando como seus conceitos são utilizados na análise do objeto. Por esse motivo,

---

61 SALLAS, Ana L. F. & BEGA, M. T. S. (2006). "Por uma Sociologia da Juventude – releituras contemporâneas". In *Revista de Sociologia e Política*, abril, vol. 5, n. 8. Florianópolis-SC, p. 49.

62 Oposição essa que se estabelece de forma seletiva, dizendo respeito apenas às questões em que a moralidade do grupo choca-se com os padrões (ou sua ausência) vigentes.

identifica-se aqui os componentes teóricos, como são operacionalizados e utilizados.

Seguindo a orientação weberiana, o olhar sobre os jovens do movimento carismático católico pretende compreender interpretativamente a ação da IC numa determinada realidade social. O intuito é explicar de forma causal – situação social e adesão religiosa – o processo de atração-formação do jovem em sociedade. Nesse sentido, articula-se as regras gerais dos acontecimentos religiosos a fim de desenvolver um tipo ideal dos jovens religiosos. Além disso, utiliza-se o modelo de análise comparativa de Weber com o objetivo de identificar os motivos e impulsos da ação das religiões na realidade observada.

Parte-se do pressuposto de que a ação do jovem religioso carismático é de caráter racional com relação a fins e valores. Entende-se também que essas igrejas possuem relações sociais de caráter comunitário, pois os participantes se sentem pertencentes a ela de forma afetiva ou tradicional, mas também associativa, já que há união de interesse racionalmente motivado. As relações sociais estabelecidas são interpretadas como "fechada para fora", havendo limitações – regras e doutrinas – para a entrada do indivíduo.

A sociologia da religião de Weber é parte de sua sociologia da dominação. Por isso, entende-se que a religião exerce um tipo de dominação (autoridade) sobre seus fiéis. Essa dominação é legitima no sentido de ser racionalmente respeitada pelos membros da igreja. Mas também ela pode ser tradicional, quando se respeita a autoridade a partir da crença nas tradições; e carismática, quando a autoridade é atribuída a uma pessoa identificada com poderes sobrenaturais. Identificam-se esses três tipos de autoridade no movimento carismático católico; todavia, com uma predominância do tipo de dominação carismática.

A obra weberiana também orienta essa investigação no sentido de entender a questão do carisma e da burocracia na religião. Esses conceitos permitem analisar a realidade das igrejas e traçar um quadro do grau de burocratização no qual está submetida, além de averiguar a capacidade que o elemento carismático ainda tem de se manifestar no interior delas.

Outra contribuição de Weber se dá em relação ao funcionamento do campo religioso. Há a necessidade de identificar elementos, práticas e agentes específicos desse campo para o entendimento da ação das igrejas na sociedade. Em sua sociologia sistematizada da religião encontra-se a classificação dos elementos (carisma, espírito, alma e poderes suprassensíveis – deuses e demônios), as principais práticas (oração, sacrifício, sermão e cura de almas) e os atores (profeta, sacerdote, mago/feiticeiro e o leigo) do campo religioso. O trabalho de campo é desenvolvido a partir da observação sistemática destes elementos na Igreja Católica, principalmente nos encontros periódicos como os cultos, grupos de oração e atividades de formação (acampamentos e retiros), festividades e louvor.

Dentre os agentes do campo religioso, a atenção se volta para o sacerdote e o leigo, sem desconsiderar os aspectos de profeta e de mago/feiticeiro presentes no padre, que é observado e entrevistado. Entretanto, o que predomina nesse agente são os elementos definidores do sacerdote, pelo fato deste ter como principal tarefa a produção da cotidianização do carisma em sua comunidade de fé. Em relação aos leigos do movimento carismático, o perfil aponta as seguintes características: são de camadas negativamente privilegiadas; as concepções racionalizadas não são muito acessíveis e, em contrapartida, predominam os elementos mágicos; e há uma suscetibilidade à ética da retribuição.

Por fim, o problema "teodiceia" colocado por Weber possibilita compreender a forma como o leigo é orientado (ou manipulado) pelo sacerdote na IC. Seu debate acerca dessa questão permite visualizar a vinculação do indivíduo a um cosmos de deveres e à consequente previsibilidade de sua conduta na sociedade. Estabelece-se assim uma ética religiosa que tem no "pecado" e na "fé" os principais elementos de aglutinação. Ao assumir a noção de pecado e de fé em sua vida, o indivíduo se vincula a uma comunidade de fé (igreja) com o objetivo de alcançar a piedade de Deus e chegar à salvação.

Gramsci também contribui para a investigação quando apresenta um estudo do funcionamento do cristianismo, a partir da análise da Igreja Católica italiana. Visto de forma sistematizada, suas análises esparsas contidas em *Cadernos do Cárcere* orientam para o entendimento da presença dos setores populares na religião, da origem social do sacerdote e das lutas internas como reflexo das diferentes ligações socioeconômicas presentes em seu interior.

Ao propor uma análise preocupada com as funções sociais, ideológicas e políticas da religião – com enfoque nos aspectos políticos da atuação religiosa na sociedade –, permite-nos fazer uma imersão no significado da religião como ideologia (visão de mundo), ou seja, como uma forma de ideologia específica na sociedade. Além disso, seu estudo estabelece relação diferenciada entre a religião e as estruturas socioeconômicas (superestrutura e infraestrutura), no qual não existe influência direta da segunda sobre a primeira e sim, no caso da religião, uma relação mais autônoma.

Há também em Gramsci a análise do papel dos intelectuais religiosos acompanhada de uma crítica da natureza dual do fenômeno religioso – materialismo prático *versus* idealismo teórico –, no qual a proposta do ideário igualitário só é alcançada em outro mundo.

A proposta do autor em focar a análise religiosa na função histórica deste fenômeno em determinado contexto social possibilita o estudo da Igreja (católica carismática) como norma de conduta prática estabelecida como aparelho ideológico (dominação religiosa) e como visão de mundo (forma de ideologia específica). Além disso, Gramsci oferece recursos teóricos que possibilitam fazer uma diferenciação da realidade social em cidades que são capitais e aquelas localizadas no interior de um Estado.

Portanto, a obra gramsciana possibilita o entendimento da religião como um cenário de significado cultural-ideológico específico que, em condições determinadas, exerce papel principal na vida social, sendo a Igreja Católica uma instituição atravessada por conflitos sociais.

Em virtude da utilização de conceitos distintos de dois autores considerados como *diferentes* em seus métodos de análise, é essencial apresentar os elementos que possibilitam a articulação dos mesmos na pesquisa sobre religião. O ponto central dessa utilização está na existência de permeabilidade entre os conceitos de cultura e ideologia. O conceito de cultura utilizado é o definido por Weber, que o vê como um segmento finito, como o elemento que dá significado a um determinado aspecto do social; e o conceito de ideologia utilizado é o definido por Gramsci, uma visão de mundo, sendo a igreja um aparelho ideológico. Dessa forma, é possível utilizar Weber e sua ideia de cultura como instrumento para o estudo e comparação entre as organizações religiosas na sociedade e Gramsci, com sua ideia de ideologia, como instrumento para a análise dos aspectos políticos da religião.

A partir desta articulação, pode-se estabelecer alguns pontos de convergência entre os autores em voga. Em Ortiz, encontra-se como ponto de unidade a questão da problemática do poder, da ideia da autonomia religiosa e da questão do monopólio dos aparelhos ideológicos na sociedade. A questão da presença da religião em diferenciados grupos sociais e da análise do papel dos agentes religiosos também são pontos de conexão importantes e que são utilizados no presente estudo.

O referencial teórico-metódico apresentado é utilizado como bússola orientadora no sentido de possibilitar a melhor estratégia para o desenvolvimento das análises presentes neste livro. Como forma de complemento do cenário estudado, na Parte II é apresentada os principais elementos do cenário religioso no Brasil, com ênfase na descrição do movimento carismático católico.

PARTE II

O cenário religioso no Brasil

INTRODUÇÃO

O principal motivo que estimula as pessoas na busca por uma religião está na necessidade de resolver suas dificuldades materiais e espirituais. A igreja apresenta ao leigo "uma visão de mundo eticamente racional no sentido da ética da retribuição, à qual tendem de qualquer modo todas as camadas não privilegiadas".[1] Como vimos, na igreja o empobrecido aprende que sua desgraça (derrota diante do inimigo) se deve a suas infrações, que provocam a ira de Deus. Dessa forma, Deus castiga o pecador com o objetivo de educar seu povo. Assim, o alcance da graça passa pela observância dos mandamentos ditados pela religião.

Na interpretação de Pierre Bourdieu,[2] o campo religioso busca satisfazer interesses particulares, especificamente religiosos, já que o leigo espera do sacerdote "ações mágicas ou religiosas" com o objetivo de manter sua estabilidade material e espiritual. Esse teórico também enfatiza que os espaços urbanos apresentam as condições mais favoráveis à "moralização" das necessidades religiosas. Essas tendências possibilitam que a religião se torne um meio inigualável de domesticação dos dominados. Esta parte do trabalho busca retratar como isso acontece no interior do movimento juvenil da RCC.

Tendo em vista a realidade social do jovem na sociedade brasileira e os elementos teóricos definidores de juventude e religião, a proposta agora é de analisar o contexto religioso brasileiro e, principalmente, a tendência católica carismática. O terceiro capítulo faz uma discussão acerca da questão

---

1 WEBER, Max (2004), op. cit., p. 330.
2 BOURDIEU, Pierre (1974). *A economia das trocas simbólicas*. São Paulo: Perspectiva, p. 84.

do pluralismo religioso da sociedade brasileira e da questão da secularização e desencantamento do mundo, pois a vertente católica eleita compõe o seguimento responsável pela presença do elemento mágico na prática religiosa e, portanto, coloca em questão a tese da secularização. O capítulo se encerra com a apresentação das diferentes tendências da IC do Brasil.

O quarto capítulo traça as principais características da tendência carismática, enfatizando sua história, sua doutrina e sua relação com a IC e a sociedade. Esses dois capítulos têm como perspectiva contextualizar o local social, cultural e religioso no qual está inserido o movimento jovem carismático conhecido como PHN – Por Hoje Não vou mais pecar.

3

ELEMENTOS DO CENÁRIO RELIGIOSO

Este capítulo tem a intenção de produzir um retrato do cenário religioso no Brasil, sua formação e a realidade atual, além de inserir o debate sobre o processo de secularização e desencantamento do mundo. Dessa forma, inicia-se com o tema da secularização/dessecularização e do desencantamento/reencantamento do mundo. Em seguida é apresentada a discussão acerca do pluralismo religioso. A proposta é fazer uma caracterização a partir dos elementos que possibilitam entender a presença de segmentos religiosos que pautam sua ação em critérios mágicos, curas milagrosas e oração em línguas estranhas, por exemplo. Por fim, apresenta-se as tendências católicas presentes no Brasil com o intuito de configurar o setor a que pertence o movimento carismático. O objetivo é construir os elementos que possibilitem compreender os motivos que levaram a RCC a se tornar uma das principais articuladoras do catolicismo contemporâneo no Brasil.

A secularização e o desencantamento do mundo

Na perspectiva de analisar alguns dos principais autores da sociologia da religião que se debruçaram sobre o tema, parte-se de alguns elementos da teoria weberiana sobre o assunto e da definição conceitual do processo de racionalização-desencantamento-secularização. Em seguida, analisa-se o debate e a polêmica em torno da tese do reencantamento do mundo. No final, há uma exposição acerca do campo religioso brasileiro e sua situação em relação ao processo de secularização.

À luz do clássico

Weber é, por excelência, o teórico clássico no qual grande parte da sociologia contemporânea se apoia para os estudos das religiões. Ele apresenta o processo de modernização a partir da ideia de racionalização do mundo ocidental, que não significa "desencantamento do mundo", mas tem como consequência esse processo. O desencadeamento da racionalização, isto é, o desfecho desse processo, leva à secularização da sociedade. O autor formula sua teoria macrossociológica do processo de racionalização ocidental em seus ensaios "teóricos-reflexivos", sendo que a sistematização de sua sociologia da religião está em *Economia e Sociedade*. Produz uma sociologia geral da mudança social como inevitável racionalização da vida e uma sociologia específica da modernização ocidental que são complementares. Weber não é um sociológico da religião, como afirma Flávio Pierucci, mas sua sociologia da religião é a fonte para o entendimento do processo de racionalização do Ocidente. O autor é, portanto, um sociólogo da racionalização. A racionalização cultural do Ocidente produz diferenciação, autonomização e institucionalização das diferentes ordens da vida, sendo que cada esfera de valor se justifica por si mesma nesse processo.[1]

O processo de racionalização está centrado na tese de que os indivíduos passaram a agir cada vez mais na perspectiva da ação típica ideal conhecida como ação racional. A racionalização ocidental é produzida num processo de conexão entre a ação racional com relação a fins e a ação racional com relação a valores, produzindo uma conduta de vida metódico-racional. Weber[2] explica que o advento da racionalização ocidental e do processo de hegemonia capitalista foi possível a partir dessa nova perspectiva de visão de mundo dos agentes.

---

1 PIERUCCI, Antonio Flávio de O. (2003). *O desencantamento do mundo*: todos os passos do conceito em Max Weber. São Paulo: Editora 34, p. 137-138.
2 WEBER, Max (2005). *A ética protestante e o "espírito" do capitalismo*. São Paulo: Cia. da Letras.

Elementos do cenário religioso 93

O processo de desencantamento do mundo é resultado do processo de racionalização da sociedade, pois na racionalização do Ocidente ocorre a remoção da magia como obstáculo ao desenvolvimento do capitalismo moderno. Por isso o conceito de desencantamento do mundo é central na obra de Weber. Seu ponto histórico inicial é o profetismo israelita (judaísmo antigo), e o ponto de chegada é o protestantismo ascético.[3]

Racionalização, desencantamento e secularização

O desfecho da racionalização da sociedade e seu consequente desencantamento é a secularização: um fenômeno global da sociedade moderna que se expande pelo mundo com a ocidentalização e a modernização. A sua fonte original está na economia industrial-capitalista, isto é, na proximidade dos processos de produção industrial com o estilo de vida dos indivíduos. Peter Berger[4] o define como um "processo pelo qual setores da sociedade e da cultura são subtraídos à dominação das instituições e símbolos religiosos". Portanto, um processo que afeta a totalidade da vida cultural, sendo observada no declínio dos conteúdos religiosos nas artes, filosofia, literatura e na ascensão da ciência. Significa não apenas um processo socioestrutural que se manifesta na retirada das Igrejas cristãs de áreas que estavam sob seu controle ou influência, mas consiste na secularização da consciência, na qual há uma produção crescente de indivíduos que veem o mundo sem recorrer às interpretações religiosas.

Berger[5] afirma que o protestantismo (principalmente calvinista) foi "um prelúdio historicamente decisivo para a secularização". No entanto, o potencial secularizante tem suas raízes em elementos anteriores à

---

3 WEBER, Max (2004), op. cit., p. 304.
4 BERGER, Peter L. (1985). *O dossel sagrado*: elementos para uma teoria sociológica da religião. São Paulo: Paulus, p. 119.
5 Id., ibid., p. 125.

tradição bíblica. Na mesma acepção de Weber, o autor afirma que o "desencantamento do mundo", um grande passo para o processo de secularização, começa no Antigo Testamento: Israel produziu uma ruptura com a unidade cósmica de sua teologia dominante, tendo como consequência a negação do universo religioso. Três traços caracterizam essa negação: a) a transcendentalização: assume-se a postura de que esse Deus é radicalmente transcendente; b) a historicização: assume-se uma fé histórica, especificada a partir de acontecimentos no mundo; e c) a racionalização da ética: na qual se assume uma prática ritualística que exclui do culto qualquer elemento mágico. Nesse processo, o indivíduo aparece como ator da história diante de Deus. Assim, a transcendentalização de Deus e o "desencantamento do mundo" estão conectados às raízes da secularização moderna.

O autor defende que o cristianismo deu "um passo atrás" no processo de secularização desencadeada pelo povo de Israel. Entretanto, preservou em seu seio elementos que permitiram a retomada de um mundo secularizado. O cristianismo católico barrou o processo de racionalização ética da sociedade, representando uma renaturalização, um retorno à continuidade divino-humana. Essa situação tornou desnecessária qualquer racionalização radical do mundo, porém, apesar de retroceder na racionalização ética, o cristianismo manteve o caráter histórico da religião. Além disso, a formação social da Igreja cristã, como especialização institucional da religião, serviu involuntariamente ao processo de secularização na modernidade. Isso porque este tipo de institucionalização concentrou a atividade e os símbolos religiosos, separando-os do resto do mundo. Há um potencial secularizante nessa perspectiva, pois o mundo (profano) fica relativamente independente do cosmos sagrado. A cristandade conseguiu conter esse potencial, mas seu desaparecimento e a consequente Reforma Protestante restabeleceram as forças de secularização no mundo moderno.

Berger é, sem dúvida, um dos autores que melhor explica o processo de secularização do mundo. Sua teoria geral da sociedade – o dialético

Elementos do cenário religioso

processo de exteriorização, objetivação e interiorização[6] – possibilita compreender os aspectos da tríade racionalização-desencantamento-secularização (originário de Weber) na realidade moderna. Também sua grande contribuição está em apresentar um modelo de explicação do cenário religioso contemporâneo, combinando eficazmente os três grandes clássicos da sociologia, Durkheim, Marx e Weber. Sua obra permite superar as barreiras quase intransponíveis que alguns pesquisadores estabelecem entre esses autores. Afirmar a originalidade de cada obra não significa contrastá-las totalmente. É fato que cada autor clássico pensa a realidade com perspectivas diferentes; entretanto, suas contribuições devem ser utilizadas sempre que auxiliarem no entendimento do objeto que se propõe estudar, mesmo que isso signifique unir e relacionar essas diferentes obras para a elaboração de uma nova teoria capaz de desvendar os mistérios da sociedade.

No esquema da tríade conceitual apresentada acima, o desencantamento do mundo é fundamental por estabelecer uma ligação entre a racionalização e a secularização da sociedade ocidental. Pierucci acompanha minuciosamente o percurso desse conceito na obra de Weber e afirma que em alemão seu significado literal é "desmagificação", eliminação da magia da cultura e do pensamento ocidental. Trata-se de um conceito coerente e não contraditório que se retrai e se expande dependendo do texto; um conceito de alta definição que possui dois sentidos, dois conteúdos semânticos: a) um sentido estrito, o desencantamento do mundo pela religião; b) um sentido expandido, o desencantamento do mundo pela ciência. O desencantamento está ligado ao desenvolvimento do racionalismo ocidental, sendo, portanto, um processo histórico que pode se concretizar com solidez variável com diferentes intensidades, um conceito "desenvolvimental" que se remete a um determinado processo

---

6 Ver BERGER, Peter L. & LUCKMANN, Thomas (1976). *A construção social da realidade*. Petrópolis-RJ: Vozes.

histórico, "um conceito idiográfico, singularizante, não nomotético, não geral; não universal, nem mesmo histórico-universal".[7]

Em seu sentido estrito desencantamento refere-se ao mundo da magia, significando literalmente "tirar o feitiço, desfazer um sortilégio, quebrar o encantamento", princípio que possibilita arrancar os indivíduos do domínio mágico e ligado à imagem de um mundo colado aos acontecimentos naturais em que a ação racional é impossível, um processo de racionalização e intelectualização da religião. Trata-se de um mundo dominado por crescente racionalização e desencantamento, isto é, "uma operação religiosa [...] pela qual uma determinada religiosidade é retrabalhada por seus intelectuais no sentido de 'se despojar ao máximo do caráter puramente mágico ou sacramental dos meios da graça'".[8] Uma passagem da religião com imagem "mágico-mítica" para uma com imagem "metafísica-religiosa" deste mundo. O desencantamento do mundo pela religião consiste na desvalorização dos meios mágicos de salvação, que depreciaram o trabalho cotidiano do profissional religioso. Necessidade de uma rejeição de tudo que é eticamente irracional, pois a magia é um de seus componentes básicos. Portanto, o desencantamento do mundo pela religião significa a vitória do profeta e sacerdote sobre o feiticeiro e o mago, significa o triunfo da racionalização religiosa e a remoção da magia, varrendo-a do exercício da religião.

O sentido expandido do conceito refere-se ao desencantamento do mundo pela ciência. Trata-se do processo de exclusão da religião pela ciência e de perda de sentido do mundo. A religião é alçada pela ciência para o campo da irracionalidade. Na medida em que a ciência busca substituir a religião na sociedade, há a desconstrução do cosmos de sentido religioso e a impossibilidade de substituição desse cosmos, produzindo uma perda de sentido, pois a ciência não pode substituir o pensamen-

---

7 PIERUCCI, Antonio Flávio de O. (2003), op. cit., p. 68.
8 Id., ibid., p. 91.

to religioso. Enquanto a religião desencanta o mundo (desmagificação), ordenando-o sob um sentido que unifica, a ciência produz um desencantamento que estilhaça esse sentido unitário. Assim, para Pierucci,[9] ao desmagificar o mundo, a religião lhe confere um sentido de cosmos unificado e ordenado por Deus. Em contrapartida, o conhecimento científico reduz o mundo ao mero mecanismo causal, tirando dele aquele sentido metafísico objetivo criado pela religião.

Por conseguinte, a ideia do desencantamento em Weber aparece como um mundo duplamente desencantado: pela religião, que passa a dar um sentido a ele, e pela ciência, que retira todo o seu sentido. "O termo 'desencantamento', acompanhado ou desacompanhado de seu complemento 'do mundo' tem dois significados na obra de Weber: desencantamento do mundo pela religião (sentido 'a') e desencantamento do mundo pela ciência (sentido 'b')." Esses dois momentos são "coexistentes, coetâneos, concomitantes, e não sucessivos", ou seja, os dois usos são simultâneos e estão intercalados na obra de Weber, sendo considerado, portanto, um conceito "histórico-desenvolvimental".[10]

Pierucci analisa o desencantamento como elo *sine qua non* do encadeamento histórico cultural da emergência e ascensão da forma caracteristicamente ocidental de racionalização que produziu o capitalismo moderno. Em Weber encontra-se a análise da ascese intramundana como despojamento máximo do caráter mágico ou sacramental dos meios da graça e o domínio metódico da própria conduta da vida do protestante, inserida numa sociedade totalmente racionalizada. Nessa nova realidade os meios mágico-sacramentais são abandonados por produzirem uma desvalorização da ação cotidiana neste mundo. Assim, entende-se que o processo de desencantamento do mundo em Weber significa, em um primeiro momento, a passagem da magia para a religião, em que há o ganho de um sentido para o mundo – um

---

9 Id., ibid., p. 159.
10 Id., ibid., p. 219, 142.

sentido religioso que racionaliza a ação do indivíduo na sociedade –; e em um segundo momento, a passagem da religião para a ciência, no qual ocorre a perda do sentido, pois a ciência ao apresentar uma visão racional desligada do sobrenatural foi incapaz de agregar sentido à vida dos indivíduos em sociedade. Há, portanto, dois momentos do desencantamento: a desmagificação e a perda de sentido, sendo que ambas são concomitantes, complementares e simultâneas na sociedade contemporânea.

A secularização significa o declínio da religião com sua perda de espaço na sociedade. É um processo em que a religião perde sua força tanto na esfera pública como na vida privada. A secularização é o declínio geral do compromisso religioso, na transformação da religião em um item de consumo. Há uma relativização do compromisso religioso com uma adesão do indivíduo, que não traz consequências para outras instituições sociais, principalmente as que dominam a esfera pública como a política, econômica e tecnológica.[11] Na análise de Pierucci, após perder espaço no aparelho do Estado, a religião também perdeu influência nas outras esferas da vida social como, por exemplo, na esfera cultural, além da perda de prestígio no próprio espaço urbano. Nesse sentido, a secularização provocou uma "perda de força e de autoridade sobre a vida cotidiana", havendo uma perda de encanto, um "des-encanto".[12]

Segundo este autor "a secularização pode perfeitamente se dar como um processo irregular, descontínuo, com flutuações marcantes no compromisso religioso dos indivíduos, seja com a doutrina professada, seja com a comunidade concreta de fé".[13] Seu argumento central se sustenta na ideia da secularização como um processo permeado de momentos em que o campo religioso se expande e se contrai.

---

11 PIERUCCI, Antonio F. de O. (2001). "Reencantamento e dessecularização: a propósito do autoengano em sociologia da religião". In SOBRAL, F. A. da F. (org.). *A contemporaneidade brasileira*: dilemas para a imaginação sociológica. Santa Cruz do Sul-SC: EDUNISC, p. 47.
12 Id., ibid., p. 34.
13 Id., ibid., p. 43.

Assim, a secularização, que tem em sua tendência básica o processo de racionalização, é vista por Pierucci como um processo de desenraizamento do indivíduo. A religião, afirma o autor, não é cola, mas solvente, pois o processo de secularização é entendido "como a passagem de uma situação de monopólio-ou-hegemonia de uma única religião para um cenário diversificado de pluralismo religioso plenamente aceito e definitivamente instalado".[14] Portanto, o pluralismo religioso é um fator que indicaria um processo crescente de secularização.

O caminho percorrido por Pierucci ao acompanhar os passos na construção do conceito em Weber leva à confirmação da ideia do processo de secularização como consequência da racionalização ocidental e o desencantamento como *elo* e resultado dessa racionalização. A tese desse autor nos conduz a uma definição do processo de secularização como algo sem volta, pois o desencantamento e a secularização estão ligados à racionalização da sociedade que não apresenta sintomas de retrocessos. Entretanto, o tema da secularização e do desencantamento do mundo se apresenta na atualidade como um desafio às análises dos sociólogos da religião, já que alguns autores chegam a afirmar que vivemos um processo de reencantamento e dessecularização. Vejamos a seguir como esse debate é articulado.

O reencantamento do mundo

Um dos principais autores da tese da dessecularização é justamente o mesmo que melhor definiu secularização; Peter Berger, que recentemente vem questionando os limites dessa teoria. "O mundo de hoje [...] é tão ferozmente religioso quanto antes".[15] Ele afirma que a ideia de que a mo-

---

14 Id., ibid., p. 51.
15 BERGER, Peter L. (2001). "A dessecularização do mundo: uma visão global". In *Religião & Sociedade*, 21 (1), abr., Rio de Janeiro: ISER, p. 10.

dernização leva ao declínio da religião está errada, pois teve efeitos secularizantes e ao mesmo tempo provocou também um poderoso movimento de contrassecularização. Seu argumento é que as instituições religiosas perderam poder e influência na sociedade, mas as crenças e práticas religiosas permaneceram presentes na vida das pessoas e se reorganizaram a partir de novas instituições. Berger conclui que as comunidades e instituições religiosas assumiram duas estratégias de relação com o mundo moderno: a rejeição e a adaptação. Aqueles que não tentaram se adaptar a esse mundo conseguiram sobreviver e até florescer no cenário atual. Em contrapartida, as religiões que buscaram se adaptar à modernidade acabaram fracassando. Logo, houve um crescimento das instituições religiosas conservadoras, ortodoxas ou tradicionalistas que rejeitaram o mundo atual e um declínio das instituições que tentaram o ajustamento.

> O impulso conservador na Igreja Católica sob João Paulo II produziu frutos tanto em número de conversões como no entusiasmo renovado entre católicos de origem, especialmente em países não ocidentais [...] Houve surtos igualmente vigorosos de religiões conservadoras em todas as outras grandes comunidades religiosas – islamismo, hinduísmo, budismo – assim como movimentos de renascimento em comunidades menores.[16]

Ele afirma que esses processos vistos em conjunto mostram a falsidade da ideia de que modernização e secularização são fenômenos ligados entre si e confirma a tese da contrassecularização como um fenômeno tão importante quanto a própria secularização. O autor aponta dois grandes movimentos florescentes, o islamismo e o evangelismo, principalmente seu componente pentecostal, e indica dois fatores que provocaram a ressurgência da religião no mundo: 1) "a modernidade tende a solapar as certezas com as quais as pessoas convivem ao longo da história [...] e os movimentos religiosos que prometem certezas são atraentes"; 2) "uma visão puramente

---

16 Id., ibid., p. 13.

secular da realidade encontra seu principal lugar social numa cultura de elite [...]. Os movimentos religiosos com uma tendência fortemente antissecular podem então atrair pessoas com ressentimentos originados às vezes em motivações claramente não religiosas".[17]

Em sua análise dos evangélicos na América Latina, Berger avalia que o pentecostalismo terá dificuldades em manter intocáveis suas atuais características religiosas e morais. Quando seus adeptos melhoram a posição na escala social, há uma tendência de adequação à modernidade. Ele afirma também que os evangélicos na América Latina possuem práticas modernizadoras, como a negação do machismo e da obediência subserviente à hierarquia. "Suas igrejas estimulam valores e modelos de comportamento que contribuem para a modernização". O autor vê a comunidade evangélica "como escolas de democracia e de mobilidade social".[18]

Na análise da realidade do movimento carismático católico, nota-se a presença de setores de classe média e rica em seu interior. Significa que a ideia defendida por Berger, da adequação à modernidade, é relativizada no interior da RCC. O fato é que, apesar de pertencer ao setor modernizador-conservador da IC (como veremos na apresentação das tendências católicas), a RCC consegue manter seu caráter magicizado e de distanciamento do mundo mesmo dentro dos setores sociais mais elevados em termos de bens culturais. E quando Berger fala da questão do machismo, sua posição é questionável. Os trabalhos de Cecília Mariz[19] e Maria das Dores Campos Machado[20] (1996) mostram que quando o marido é convertido ele modifica suas atitudes, atenua o próprio machismo e passa a dedicar seu tempo e

---

17 Id., ibid., p. 17.
18 Id., ibid., p. 19
19 MARIZ, Cecília L. (2000). "O demônio e os pentecostais no Brasil". In CIPRIANO, Roberto (org.) *Identidade e Mudança na Religiosidade Latino-americana*. Petrópolis: Vozes.
20 MACHADO, Maria das D. C. (1996). *Carismáticos e Pentecostais*: adesão religiosa na esfera familiar. Campinas e São Paulo: Autores associados e ANPOCS.

dinheiro para a família. Mas Machado também argumenta que em muitos casos a mudança não ocorre no marido e sim na própria mulher, que, ao se converter, passa a assumir uma postura diferenciada com relação ao companheiro, que se mantém na mesma situação. Nesse caso, a esposa reza para que o marido também se converta e passa a ter uma postura que evita os enfrentamentos. Sobre a questão da subserviência, apesar de um início de difícil diálogo com a hierarquia católica nacional, a RCC atualmente possui uma relação de total subserviência ao Vaticano, sendo uma das principais defensoras das ideias dos Papas João Paulo II e Bento XVI.

As recentes posições de Berger têm sido alvo de constantes críticas dos sociólogos da religião no Brasil. Entretanto, em Mariz[21] é possível notar as continuidades e descontinuidades dos argumentos desse sociólogo da religião, que se tornou famoso por sua tão articulada teoria social e da secularização. Essa autora afirma que Berger nega uma secularização simples e mecânica, mas não nega a secularização como tal, sublinhando que este processo tem limites e pode gerar seu oposto. Além disso, Berger mostra que secularização e dessecularização são processos em curso, sendo que, ao utilizar esses termos, Berger reconhece a existência dos dois processos.

A autora afirma que Berger nega na realidade a crença de que a modernidade gera necessariamente o declínio da religião. Todavia, ao retomar a teoria clássica da racionalização em Weber, compreende-se que em nenhuma parte de sua obra há tal afirmação. Como já havíamos mostrado, pode-se constatar que o processo de desencantamento do mundo, *elo* entre racionalização e secularização, consiste na *eticização* da religião e na *desmagificação* do mundo, em um primeiro momento, e na sua perda de sentido, em um segundo momento. Porém, isso não significa o fim da religião.

Mariz identifica que o próprio Berger ao defender a dessecularização, acaba relativizando esse processo no percurso de seus argumentos. Ela

---

21 MARIZ, Cecília L. (2001). "Secularização e dessecularização: comentários a um texto de Peter Berger". *Religião & Sociedade*, 21 (1), abril, Rio de Janeiro: ISER, p. 27.

aponta dois fatores: 1) Muitos movimentos religiosos são movidos por forças e interesses não religiosos; 2) Muitos movimentos religiosos radicais tenderão a intensificar seu diálogo com a modernidade. No primeiro argumento, afirma-se que muitas ações religiosas antimodernidade são na verdade movidas por interesses nada religiosos. Em consequência, o segundo argumento prevê uma tolerância maior à modernização na medida em que os grupos religiosos ganham poder político, *status* e renda. De fato, em Berger encontra-se a tese da ação de grupos religiosos contra a situação de subordinação frente à modernidade.

Por exemplo, no Brasil parece ser essa a atitude dos pentecostais no cenário político. "Mobilizados por uma bandeira religiosa, camadas sociais, que se encontram subordinadas na hierarquia de classe ou *status*, lutam por reconhecimento, poder e recursos."[22] Nesse sentido, retoma-se a teoria da secularização, pois ao conseguir reverter sua situação na sociedade esses grupos religiosos passam a relativizar seus valores sagrados e assumir características da sociedade moderna.

Um olhar sobre a realidade brasileira

Diante desse debate é necessário assumir a perspectiva metódica weberiana e analisar o mecanismo causal da secularização/dessecularização, enfatizando a realidade brasileira. Mariz argumenta que o termo dessecularização não pode ser aplicado aos pentecostais no Brasil, pois esses grupos possuem visões de mundo "bem encantadas e nada seculares". Seu argumento consiste em afirmar que a ação política pentecostal no Brasil tem um efeito secularizador pelo fato de contestar o monopólio da Igreja Católica e defender a separação entre Estado e fé. Na verdade, os pentecostais questionam o monopólio da Igreja Católica, entretanto, lutam no campo

---

22 Id., ibid., p. 29.

político e disputam espaços da esfera pública, buscando garantir sua parte de poder no Estado nacional. Tanto que, atualmente, uma das igrejas pentecostais mais influentes, a Igreja Universal do Reino de Deus, fundou um partido político que tem em seus quadros de filiados o atual vice-presidente da República.[23] Isso sem mencionar a bancada evangélica que há mais de uma década atua em defesa de suas igrejas.[24]

Entretanto, uma análise mais apurada desse assunto é necessária pelo fato da ação evangélica na política exercer, a princípio, um efeito secularizador: exigência do pluralismo religioso e da ação laica do Estado. Porém, também há uma tentativa de utilização do aparelho estatal para atender aos interesses particulares de suas igrejas, e em um eventual crescimento e hegemonização pode-se talvez assumir uma perspectiva parecida com a da Igreja Católica no período colonial. O fato é que explicitamente a ação é de separação entre fé e Estado, porém, implicitamente, em virtude do caráter da religião no Brasil, a ação visa mudar de mãos o controle político do país. A ressurgência agora é plural (não se trata mais de uma única igreja, mas de várias denominações religiosas com perfis parecidos), o que leva a um ponto de inflexão nesse debate, já que a ação da religião, mesmo não podendo talvez influenciar no processo de secularização do Estado, tem, em virtude de sua natureza mágica, uma tendência a dogmatizá-lo e catequizá-lo segundo seus interesses. Além disso, no próprio interior do catolicismo brasileiro há a presença do carismatismo, que também possui, como veremos, uma visão de mundo encantada e pouco secular.

Todas essas Igrejas possuem uma relação utilitarista com a política, atuando no sentido de viabilizar suas demandas. Por isso, é necessário retomar o debate sobre o processo de secularização no Brasil para avançar na análise dessa realidade.

---

23 Nos dois mandatos do Governo Lula (2003-2010), o vice-presidente era José Alencar, filiado ao PRB – Partido Republicano Brasileiro.

24 Ver FRESTON, Paul (1993). "A irrupção pentecostal na política". In *Evangélicos no Brasil*: suas igrejas e sua política. Tese de Doutorado: UNICAMP, Campinas-SP.

Na perspectiva de encontrar os elementos definidores do atual estado do cenário religioso no Brasil, Lísia Negrão desenvolve uma análise sobre o processo de racionalização-desencantamento-secularização e, à luz de Weber, apresenta uma versão original sobre o tema. Sua tese é de que o campo religioso brasileiro não é nem um caso radical de encantamento, nem um exemplo de modelo totalmente secularizado. Negrão afirma que a racionalização mediante o desencantamento do mundo é um passo teoricamente prévio; porém, historicamente não efetivado no Brasil, e explica que esse descompasso ocorre pelo fato de nossa modernização racionalizante ser extrarreligiosa.

> Sem contar com a racionalização prévia da desmagificação/desencantamento, a modernidade foi introduzida com maiores esforços pelos seus agentes, em especial o Estado [...]. O Estado e seus aliados privados – tais como grupos de produtores de bens de serviços, nacionais e estrangeiros, mecanismos de comunicação de massa –, em esforço conjunto, tiveram êxito em construir uma nação secularizada, da economia fundada na racionalidade instrumental capitalista. Mas tal racionalidade é relativa, uma vez que lhe falta o fundamento das mentalidades desencantadas, mesmo que religiosas.[25]

Portanto, houve no Brasil a permanência do encantamento do mundo, mas apenas no plano das mentalidades, já que o país se secularizou no âmbito da sociedade, havendo a separação entre Igreja e Estado com uma administração racional por meio de códigos legais e sem a influência decisiva de grupos religiosos. Negrão trabalha com a ideia de que no Brasil o Estado e as instituições são secularizados, mas as mentalidades de seu povo continuam sob o encantamento de uma cultura religiosa magicizada. Pelo fato de em Weber o desencantamento ser visto como um processo que implica na desmagificação da atitude ou da mentalidade religiosa houve no Brasil uma persistência do encantamento.

---

25 NEGRÃO, Lísias N. (2005). "Nem 'Jardim encantado', nem 'clube dos intelectuais desencantados'". In *Revista Brasileira de Ciências Sociais*, out., vol. 20, n. 59, p. 35.

O país foi inicialmente povoado por aldeões portugueses e degradados que trouxeram consigo seus santos e demônios, seu culto às almas. Formou-se a partir daí um catolicismo popular acentuadamente mágico, voltado ao controle dos males deste mundo, centrado no ato devocional [...] Conviveu aqui com religiões afro-brasileiras e indígenas, com as quais trocou deuses, crenças e rituais, formando uma mentalidade religiosa híbrida e sincrética, densamente mágica e encantada. Não se quebrou o feitiço, nem sua influência sobre a mentalidade popular.[26]

Na acepção desse autor, essas religiões, plenas de emotividade e encantadas pelas manifestações do Espírito Santo, encontram nos carismáticos e nos neopentecostais, igrejas e movimentos da terceira onda, sua última manifestação. Além disso, os indivíduos religiosos no Brasil são avessos às fidelidades religiosas e à racionalização do comportamento, estando envoltos na afirmação dos mistérios, na crença no milagre e na prática da magia. Para Negrão, essa realidade justifica sua caracterização enquanto um estado de semiencantamento e secularização relativa.

A conclusão é de que no Brasil não houve uma ética religiosa que preparasse a sociedade para a modernização (e sua consequente racionalização) nos moldes que a Europa teve com a ética do protestantismo calvinista. A racionalização do Estado ocorre sem esse impulso, de forma incompleta e extrarreligiosa. Assim, o desencantamento do mundo parece não ter ocorrido no Brasil, já que as mentes dos indivíduos sempre estiveram encantadas. Talvez a religião por aqui não tenha perdido sua influência e continue ativa na sociedade, habitando não só as mentes e os corações dos indivíduos, mas também as próprias instituições sociais, inclusive aquelas que definem os rumos do país. De toda forma, é necessário continuar a investigação das religiões em busca de uma definição consensual da realidade nacional. Sob essa perspectiva, introduz-se, a seguir, o debate sobre a situação do pluralismo religioso no país e as consequências que o mercado de bens simbólicos vem produzindo no processo de socialização do povo brasileiro.

---

26 Id., ibid., p. 33-34.

Pluralismo religioso no Brasil

Apesar de existirem por volta de 35 mil respostas para a questão "Qual é sua religião?", apresentada no Censo de 2000 realizado pelo IBGE, quando utilizamos o termo "pluralismo religioso" para discutir a diversidade de religiões no Brasil é importante ressaltar que, na verdade, o que há é um pluralismo no interior do cristianismo. Os dados da última pesquisa realizada pelo IBGE, publicados em 2002, apontam para um índice de aproximadamente 90% (precisamente 89,2%) de cristãos no país, sendo 73,77% de católicos e 15,44% de evangélicos.[27]

O que há é a multiplicidade de denominações religiosas, principalmente entre os evangélicos, e uma diversidade de tendências no interior da IC. O fenômeno novo dessa realidade é o crescimento contínuo da vertente pentecostal, entre os evangélicos, e carismática, entre os católicos. Essa religiosidade de cunho mágico tem assumido a frente do processo de evangelização no Brasil e se apresenta como força considerável em todo o mundo. Segundo Berger[28] o pluralismo religioso engendrou uma "era das redescobertas das heranças confessionais". Os carismáticos e pentecostais buscam recuperar a tradição das primeiras comunidades cristãs, enfatizando o evento de "Pentecostes" relatado no Novo Testamento, em "Atos dos Apóstolos". Por isso o terceiro elemento da Trindade Santa, o Espírito Santo, é colocado em evidência.

Esse processo de ascensão das vertentes religiosas de cunho mágico é parte do processo de pluralização religiosa, de desinstitucionalização da religião, de esvaziamento de instituições religiosas tradicionais, de multi-

---

27 A pesquisa do Instituto Brasileiro de Geografia e Estatística – IBGE – mostra que 7,28% se denominam como "sem religião", 3,5% pertencentes às "outras" religiões e 0,02% se denominam "espiritualistas".
28 BERGER, Peter L. (1985), op. cit., p. 159.

plicação das opções religiosas existentes e de relativa liberdade individual de escolha religiosa acompanhada da ruptura com representações e visões de mundo. Essa nova situação é responsável pela geração de um fenômeno paradoxal: o processo de perda de espaço da religião na sociedade e o crescimento do número de igrejas, templos, centros e espaços místicos presentes na sociedade brasileira. É esse tipo de secularização que se vivencia no Brasil contemporâneo. Nas palavras de Pierucci:[29] "Secularização sim, mas com mobilização religiosa acrescida. Efervescência religiosa sim, mas por causa do aprofundamento da secularização".

Para Maria José Rosado-Nunes:

> A Igreja reflui para um âmbito menos "público" e mais "religioso". Seus agentes qualificados – padres, bispos e teólogos – deixam de frequentar as páginas dos jornais ao lado de personalidades políticas para opinar sobre os rumos da sociedade civil junto ao Estado. A função de porta-voz da sociedade, necessárias em tempos ditatoriais, deixou de sê-lo.[30]

A autora menciona um esgotamento do monopólio católico de gestão do capital simbólico, num processo de dessacralização da religião, que passa a se tornar uma opção pessoal e não mais cultural. Todavia, observa-se que esse esgotamento do monopólio católico é relativo e necessita de olhar mais atento. Nesse sentido, com a chave interpretativa de Peter Berger, é possível compreender o processo de pluralismo religioso no Brasil.

Para Berger[31] o pluralismo religioso tem efeito secularizador na sociedade na medida em que multiplica o número de estruturas de plausibilidade, relativiza o conteúdo dos discursos religiosos concorrentes, torna a religião

---

29 PIERUCCI, Antonio Flávio de O. (2004), op. cit., p. 21.
30 ROSADO-NUNES, Maria J. (2004). "O catolicismo sob o escrutínio da modernidade". In SOUZA, Beatriz M. & MARTINO, Luís M. S. (orgs.). *Sociologia da religião e mudança social*: católicos, protestantes e novos movimentos religiosos. São Paulo: Paulus, p. 23.
31 BERGER, Peter (1985), op. cit., p. 139.

assunto privado e subjetivo, além de gerar ceticismo e descrença. Trata-se de um fenômeno típico da modernidade plural, que provoca a crise das "estruturas fechadas" e convoca a "sistemas abertos de conhecimento".

Alguns elementos das ideias de Berger podem ser utilizados para entender o processo de disputa religiosa no Brasil; todavia, faz-se necessário entender a maneira como o Brasil está inserido no processo de secularização, além de apresentar as críticas atuais a seu esquema teórico de análise da religião, considerando a ideia da secularização relativa da realidade nacional.

O pluralismo religioso possui um caráter desfavorável às igrejas na medida em que há uma situação de mercado, no qual a religião se torna comércio; a tradição religiosa é vista como mercadoria e, enfim, o fiel se transforma em consumidor. Há, assim, uma diminuição da plausibilidade das religiões. Berger discorre sobre a passagem de uma lógica puramente religiosa – cuja função da igreja é de ser o legitimador último das atividades sociais – para uma lógica de economia de mercado – na qual as igrejas passam a competir entre si, relativizando as ofertas de bens simbólicos. Nesse processo ocorre a burocratização das estruturas religiosas em vista à competição no mercado religioso.

Do ponto de vista sociológico, esse processo gera um ambiente de semelhança entre as estruturas religiosas e de degradação das religiões, pois a competição no mercado religioso leva as igrejas a adaptarem suas mensagens ao público, visto agora como fiel-consumidor. Há, dessa forma, um processo de relativização dos conteúdos religiosos, que produz inevitavelmente uma crise de credibilidade e um empobrecimento da religião. Assim, os elementos presentes na religião ficam sujeitos a modismos, e a religião deixa de legitimar os conteúdos sociais da sociedade.

Apesar da importante contribuição de Berger para o entendimento da realidade religiosa presente no Brasil, é necessário analisar as críticas formuladas à noção de pluralismo e mercado religioso presentes na obra desse autor. Os principais críticos de Berger são os autores que formularam a teoria da escolha racional, Rodney Stark, Roger Finke e Laurence Iannaccone,[32] considerada por muitos como um novo paradigma da sociologia da religião. Essa teoria afirma que "os seres humanos buscam o que percebem ser recompensas e evitam o que percebem ser custos".[33] Assim, as pessoas escolhem a religião a partir da ideia de custos e benefícios, sendo a religião considerada por muitos como a única fonte de certas recompensas. Ricardo Mariano[34] analisa que tal teoria "Pressupõe que os indivíduos agem de acordo com o que percebem ser de seu autointeresse, mesmo nas situações em que não detêm o conhecimento necessário para avaliar em que ele consiste, o que, nesse caso, implica presumir sua percepção maximiza-dora do autointeresse".

Diante dessa atitude do fiel,

> [...] os grupos religiosos são impelidos a moldar o conteúdo de seus ser-viços e produtos às preferências dos consumidores. Para sobreviver em ambientes competitivos, eles não têm escolha a não ser abandonar modos ineficientes de produção e produtos religiosos impopulares em favor de outros mais atraentes.[35]

Portanto, pensa-se a realidade religiosa a partir da noção de economia religiosa – que corresponde à totalidade de atividade religiosa numa determi-nada sociedade –, composta por firmas, linhas de produtos e serviços e con-sumidores, sendo que o foco analítico é a oferta religiosa, já que a demanda religiosa é relativamente estável na opinião dos adeptos da escolha racional.

---

32 Acerca da teoria da escolha racional, ver IANNACCONE, L., FINKE, R. & STA-RK, R. (1997). "Deregulating religion: the economics of church and state". In *Econo-mic Inquiry*, 35, p. 350-364.
33 MARIANO, Ricardo (2008). "Usos e limites da escolha racional da religião". In *Tempo social*, vol. 20, n. 2. São Paulo: USP, nov., p. 42-43.
34 Id., ibid., p. 44.
35 Id., ibid., p. 51.

Apesar da grande cientificidade, da simplicidade e da capacidade de explicação e predição presentes na teoria da escolha racional, Mariano[36] relata que as principais críticas a essa escola de pensamento diz respeito a seu reducionismo economicista e imperialista, além do fato de ignorar o social, a história e a cultura. Além disso, a teoria da escolha racional da religião ignora as crenças religiosas e seus efeitos na conduta do fiel, pois ao trabalharem restritamente a partir da ação racional com relação a fins – uma racionalidade instrumental e maximizadora na perspectiva dos autores da escolha racional – desconsidera as ações orientadas por valores, fundamental na teoria weberiana da religião e amplamente adotada na presente análise.[37]

Na opinião de Mariano[38] o paradigma é limitado por não levar a sério questões contextuais como, por exemplo, constrangimentos sociais, culturais e políticos sobre as escolhas religiosas individuais. E, como veremos a seguir, no caso do Brasil, o catolicismo ainda exerce constrangimentos aos fiéis adeptos de outras religiões. A teoria também prioriza a investigação dos fatores internos das economias religiosas em detrimento do contexto externo e "tende a hipertrofiar o papel das lideranças religiosas, a reduzir a agência dos leigos e a relegar a segundo plano os grupos bem-sucedidos desprovidos de estruturas organizacionais e finanças centralizadas".[39]

Enfim, feita a apresentação geral e crítica da teoria da escolha racional e sem o objetivo de detalhar as formulações dessa nova escola de pensamento, almeja-se nesse momento discutir um aspecto central para a realidade brasileira, que diz respeito às posições sobre a questão do monopólio religioso e de uma situação pluralista presente na sociedade.

Enquanto que para Berger o monopólio religioso se configura como uma situação original da religião, os adeptos da escolha racional defendem

---

36 Id., ibid., p. 42.
37 Id., ibid., p. 45.
38 Id., ibid., p. 55.
39 Id., ibid., p. 61.

que o estado natural de uma economia religiosa é o pluralismo e sua desregulação. Para Stark, Finke e Iannaccone o pluralismo religioso e a desregulação do mercado de bens simbólicos intensifica a atividade religiosa de uma determinada sociedade. Diferente de Berger, que vê essa situação como um empobrecimento do religioso e sua consequente crise, a teoria da escolha racional afirma que na verdade o que ocorre é um processo de aumento e melhora da religião.

A diferença central entre essas duas teses é que enquanto para Berger o pluralismo enfraquece a religião, para Stark, Finke e Iannaccone o pluralismo a fortalece. É preciso considerar que enquanto nas colocações de Berger há toda uma teorização weberiana que justifica suas posições, nas análises dos formuladores da escolha racional há apenas um pressuposto.

Todavia, o interesse, nesse momento, é discutir a questão da situação de monopólio e seu oposto, a situação de desregulação e pluralismo, considerando-a, como observa Danièle Hervie-Léger,[40] como característica central da vida religiosa contemporânea. Acerca disso Alejandro Frigério defende que: "A equação de *mercado* com pluralismo, e do *monopólio* com sua antítese, não permite apreciar em detalhe a quantidade de situações intermediárias existentes entre esses dois tipos (quase) ideais". O autor afirma que, na verdade, é necessário ver o grau de regulação existente em uma determinada realidade, sendo que "[...] numa suposta situação de 'pluralismo' é necessário levar em conta o *grau de regulação do mercado e tomar consciência de que esta regulação é multidimensional e excede o meramente normativo e estatal*".[41]

Essa formulação de Frigério é fundamental para compreensão da realidade brasileira, pois se de um lado se vê o crescente processo de diminuição do percentual de católicos no país, por outro, em números absolutos a Igreja

---

40 HERVIEU-LÉGER, Danièle (1999). *Le pèlerin et le converti*: la religion en mouviment. Paris: Flammarion.

41 FRIGÉRIO, Alejandro (2008). "O paradigma da escolha racional: mercado regulado e pluralismo religioso". In *Tempo Social*, vol. 20, n. 2. São Paulo: USP, nov., p. 30, 33, grifos do autor.

Católica tem ainda por volta de 125 milhões de fiéis num total de aproximadamente 190 milhões de brasileiros. Além disso, o que se observa no trabalho de campo, nas pesquisas qualitativas desenvolvidas nos últimos anos por sociólogos e antropólogos da religião, é que a situação de influência do catolicismo ainda se encontra fortemente presente na realidade nacional.

Nesse sentido, é necessário que se estabeleça estudos que possam identificar o grau de regulação exercido pela Igreja Católica e a capacidade de influência das outras religiões, principalmente os evangélicos, que são a segunda maior força religiosa no país. Influenciado pela escola norte-americana da escolha racional, Frigerio[42] sugere que o estudo do grau de regulação, para compreender o estágio de monopólio e a situação de pluralismo, deve ser feito a partir da análise dessa realidade em três níveis: 1 – Individual: "como os indivíduos intentam, por meio de sua escolha religiosa, maximizar os benefícios"; 2 – Grupal: "como as instituições adaptam-se a um determinado nicho do mercado"; 3 – Contextual: "o grau de regulação do mercado religioso".

Para esse autor o que existe na América Latina é um contínuo de possibilidades entre a situação de monopólio católico e de mercado "que implica distintos graus de regulação e a ação de diferentes variáveis que afetam a liberdade com que os indivíduos podem realizar suas opções religiosas e, sobretudo, os custos sociais que devem enfrentar por causa delas".[43] No caso brasileiro, pode-se afirmar que apesar da diminuição da capacidade de regulação do mercado religioso pelos católicos, ainda é muito presente o peso dos custos sociais nos processo de adesão às outras religiões.

O processo de urbanização e sua aceleração a partir dos anos 1970 e 1980 favoreceu a pluralização religiosa no Brasil com o surgimento de novas religiões ou a difusão de religiões vindas de fora.[44] Com a expansão

---

42 Id., ibid., p. 33-34.
43 Id., ibid., p. 18.
44 JACOB, César Romero [et. all.] (2003). *Atlas da filiação religiosa e indicadores sociais no Brasil*. São Paulo/Rio de Janeiro: Loyola/Ed. PUC-RJ.

do pluralismo religioso vieram as modificações no catolicismo brasileiro com o decrescimento do percentual de adeptos e sua modificação qualitativa ligada às crescentes adesões a duplicidades religiosas – católicos/afro-brasileiros, católicos/espíritas; católicos/protestantes, católicos/outras religiões, multíplices.[45]

Negrão[46] constata que esse processo se dá pelo fato das vivências religiosas serem individualizadas e solitárias no mercado de bens simbólicos brasileiro. Dessa forma, pode-se afirmar que uma das estratégias para a superação dos constrangimentos dos fiéis, advindos da capacidade de regulação do mercado religioso por parte da IC, é a adesão a outras religiões com a manutenção da religião predominante. Esse processo parece estar diretamente ligado à situação de semiencantamento e secularização relativa analisada neste capítulo.

Além disso, junto com o fenômeno das múltiplas filiações religiosas, ocorre também a intensificação da diversidade na própria cultura católica. "Uma das principais marcas da vida social contemporânea é a sua diversidade cultural e religiosa". Na opinião dessa pesquisadora, o campo religioso tende a se pluralizar e os monopólios religiosos são ameaçados. No caso do catolicismo, afirma que "a queda na proporção de católicos parece estar sendo acompanhada por um relativo reavivamento religioso", havendo inclusive uma intensificação da diversidade católica. A autora constata, por exemplo, que o número de católicos carismáticos triplicou nos anos 1990.[47] Em seguida, utiliza-se a noção de tendências orgânicas do catolicismo para compreender a diversidade católica no Brasil.

---

45 NEGRÃO, Lísias N. (2008). "Trajetórias do sagrado". In *Tempo Social*, vol. 20, n. 2. São Paulo: USP, nov., p. 126.
46 Id., ibid., p. 127.
47 MARIZ, Cecília L. (2006). "Catolicismo no Brasil contemporâneo: reavivamento e diversidade". In TEIXEIRA, Faustino & MENEZES, Renata (orgs.). *As religiões no Brasil*: continuidades e rupturas. Rio de Janeiro: Vozes, p. 53.

Tendências do catolicismo brasileiro

Na análise do catolicismo, parte-se da perspectiva de que há diferentes vertentes no interior da IC no Brasil, que podem ser analisadas a partir de teóricos da própria Igreja e autores das ciências sociais. Optou-se por contrastar a visão *ad intra* com a visão *ad extra* do fenômeno das tendências católicas, partindo da ideia de "cenários" de Libanio e de "modelos" de Boff e inserindo a visão de "tendências" de Gramsci e Löwy.

O teólogo João Batista Libanio identifica quatro *cenários* presentes no interior da IC: a *Igreja da instituição*, a *Igreja da pregação*, a *Igreja da práxis libertadora* e a *Igreja carismática*. Na mesma direção Leonardo Boff elenca quatro *modelos*: *Igreja como totalidade*, *Igreja moderna*, *Igreja a partir dos pobres* e *Igreja mãe e mestra*. Já Gramsci e Löwy utilizam o termo *tendência* para descrever as diferenças existentes no interior da Igreja Católica: *Tradicionalistas*, *Reformistas*, *Radicais* e *Modernizadores-conservadores*. Enquanto Libanio e Boff enfatizam as diferenças eclesiais, Gramsci e Löwy identificam essas tendências a partir das relações sociais, principalmente as relações dos católicos com as várias formas de poder presentes na sociedade.

Partindo das definições de Libanio,[48] a *Igreja da instituição* corresponde ao cenário que impõe o aspecto institucional da religião, isto é, prevalece a estrutura da Cúria, da Diocese e da Paróquia. Neste cenário há maior relevância do Direito Canônico, da lei, das normas, das regras, dos ritos e das rubricas. A doutrina tem cuidado especial com predomínio da tradição e do catecismo único, garantido pela autoridade. O clero é formado para ser mais ligado ao altar, ao sacramento, às celebrações e à organização paroquial. Há forte defesa da manutenção do celibato sacramental e do retorno do clericalismo. O ensinamento moral é voltado para a família e a

---

48 LIBANIO, João B. (1999). *Cenários da Igreja*. São Paulo: Loyola, p. 15-42.

sexualidade; a moral social fica em segundo plano. Trata-se de uma religião assistencialista que evita o conflito com o Estado e procura conviver com ele defendendo seus próprios interesses. A Igreja da instituição assume o lado racional da modernidade e diante da pós-modernidade tenta se manter estruturada e coesa, mas está na contramão dessa tendência que valoriza a autonomia, a individualidade e a experiência. É uma Igreja autoritária e pouco evangélica.

Boff[49] assinala que no momento em que a Igreja hierarquiza e organiza os carismas do Espírito, adquire uma investidura de poder, sendo que a institucionalização do carisma dentro da IC não é mais que a manifestação de sua fragilidade profética. Weber[50] analisa a diferença entre o profeta e o sacerdote e afirma que, enquanto o primeiro é portador de um "carisma puramente pessoal", o segundo "reclama autoridade por estar a serviço de uma tradição sagrada". Significa que, no contexto da sociedade moderna, no momento em que a religião recorre ao poder e à dominação para se manter hegemônica, ocorre seu enfraquecimento com perda de sua legitimidade no interior do campo religioso. No cenário de Igreja descrito acima está presente a prática eclesial voltada para dentro – intraeclesial – e extremamente clerical. Segundo Boff, trata-se do modelo que se vê enquanto *Igreja como totalidade*: eclesiologia da Igreja, sociedade perfeita na qual Igreja e Reino se confundem. Portanto, é um modelo conservador da IC e intimamente vinculado ao Vaticano e à linha pastoral dos Papas João Paulo II e Bento XVI.

O segundo cenário se refere à *Igreja da pregação*, descrito como uma Igreja da palavra com forte ênfase na doutrina, no conhecimento, na pregação e no ensino. Este modelo defende o aprofundamento da fé pela via do saber. O centro desse cenário é o trabalho na catequese, o estudo da teologia, o processo de evangelização e o anúncio missionário. Há a consciência de que o tempo da cristandade já terminou. Assim, assume-se uma

---

49 BOFF, Leonardo (1994). *Igreja: carisma e poder*. São Paulo: Ática, p. 251-266.
50 WEBER, Max (2004), op. cit., p. 303.

atitude de evangelização em um mundo pluralista e complexo. Faz-se o diálogo entre fé e razão, trabalhando-se a esperança. Tem-se a compreensão de que as estruturas eclesiais são os maiores obstáculos da evangelização. Organizam-se cursos de teologia para leigos em vários níveis com maior relevância do papel do teólogo, prevalecendo uma grande presença e leitura da Bíblia no meio do povo. Nesse ambiente se valoriza as celebrações eucarísticas com maior presença do leigo.[51]

Neste cenário há a preocupação com o ensino religioso nas escolas, enfatizando a dimensão humana e social da religião e o cultivo do ecumenismo e do diálogo inter-religioso. A inteligência da fé só é possível com a utilização dos procedimentos lógicos, metódicos e epistemológicos que conduzem a razão em sua compreensão da realidade. A razão filosófica passa a ser o melhor lugar para "inculturar" a fé. Nessa perspectiva, a fé cristã tem o objetivo de iluminar as confusões religiosas presentes na sociedade. Libanio afirma que isso é feito a partir do resgate da unidade entre teologia, espiritualidade e ministério e a articulação entre amor e verdade. Para Boff este cenário vem ao encontro da sociedade do saber, pois um modelo eclesial de *Igreja moderna* predomina no cenário da Pregação. A Igreja se apresenta como sacramento da salvação universal, está próxima da sociedade civil, denunciando os abusos do capitalismo numa perspectiva reformista. O Reino é o arco-íris sobre o Mundo e a Igreja. O Mundo é o lugar da ação de Deus e a Igreja seu instrumento.[52]

O terceiro cenário descrito é a chamada *Igreja da práxis libertadora*, cuja "opção preferencial pelos pobres" é o eixo estruturante de toda sua ação. Há um deslocamento da moral sexual e familiar para o campo social: denomina-se Igreja da práxis, dos pobres e da libertação. A *Igreja da práxis libertadora* tem uma tradição muito recente de apenas quatro décadas.[53]

---

51 LIBANIO, João B. (1999), op. cit., p. 69-76.
52 Id., ibid., p. 80-85.
53 Este cenário surge no Brasil com a experiência da Ação Católica Especializada na década de 1950.

Sua principal característica é manter ligadas fé e vida, propondo-se fazer a animação espiritual das lutas populares. A Bíblia tem lugar de especial destaque, pois a proposta é fazê-la chegar à mão do povo para que este conheça o projeto salvador de Deus e faça uma leitura militante da Bíblia. A leitura é feita em três momentos: a) Texto: principal elemento; b) Contexto: leitura feita no interior da comunidade; e c) Pré-texto: situação sociopolítica e econômica determinada.[54]

Esta Igreja se estrutura particularmente em torno das CEBs (Comunidade Eclesial de Base), numa tentativa de substituição da estrutura paroquial por pequenas comunidades eclesiais: uma Igreja formada por uma rede de comunidades autogovernadas e autossustentadas. A estrutura eclesial cêntrica dá lugar à estrutura em rede. Essa Igreja respaldada nas comunidades eclesiais e comprometida com a libertação dos empobrecidos pensa a dialética de opressão e libertação, ou seja, a "experiência de Deus será vivenciada no interior da opção pelos pobres, no compromisso com sua libertação". Este cenário da IC cultiva uma forte presença das Conferências episcopais de Medellín e Puebla.[55]

Há uma presença maior do leigo nas celebrações que estão vinculadas com as lutas e a caminhada do povo. A Igreja de compromisso com os empobrecidos valoriza a religiosidade popular e faz uma leitura afro-brasileira da fé. O sincretismo é visto de forma positiva como um processo de *inculturação*,[56] numa refundição da vida do povo cuja fé cria relações com outras expressões religiosas: uma refundição de símbolos. Nesse sincretismo, quem vai inculturar os evangelhos não são os evangelizadores, mas as pessoas que, com base em sua cultura, irão assimilar o evangelho e

---

54 LIBANIO, João B. (1999), op. cit., p. 91-93.

55 Id., Ibid., p. 98-99, 115.

56 O termo *inculturação* é utilizado pela instituição católica para definir um tipo de evangelização que respeita a cultura do evangelizado, fazendo com que esse introduza na religião cristã suas características específicas no sentido de interpretá-la a partir de sua realidade histórica.

Elementos do cenário religioso

exprimi-lo de uma nova maneira. Assim, a inculturação se dá pelo povo e não a partir do evangelizador. Segundo Boff, essa *Igreja a partir dos pobres*, em contraste com a ideologia dominante, cultiva a solidariedade e o espírito comunitário: busca-se constantemente uma cultura da solidariedade que quer resgatar as utopias enquanto exploração de novas possibilidades e vontades humanas. Neste cenário predomina um modelo de Igreja a partir dos excluídos, no qual se aproxima fé e política. O Reino é a utopia cristã e o Mundo é o mundo dos pobres que precisa ser transformado. A Igreja é a portadora qualificada e oficial do Reino, mas não exclusiva.[57]

O quarto cenário refere-se à *Igreja carismática*. Neste cenário ocorre o triunfo do carisma, da individualidade e da emoção. A teologia fica em segundo plano, havendo forte experiência do Espírito e desvalorização da proposta ecumênica. O lado racional da fé cede lugar às vivências emocionais, e a militância é deslocada cada vez mais para a mística. A Igreja carismática é uma Igreja da celebração, valoriza os movimentos de espiritualidade, setor pastoral mais trabalhado. Há a relativização da disciplina canônica, que se torna secundária, e a moral se volta para o indivíduo, sendo que a dimensão político-econômica não tem relevância, prevalecendo o desenvolvimento da dimensão da compaixão e do amor. Segundo Libanio, o clima atual é propicio à Igreja carismática, que se adequou muito bem à pós-modernidade. Tal cenário é mais religioso que cristão.[58] Boff afirma que neste cenário predomina o modelo de *Igreja mãe e mestra*, que se relaciona com o mundo a partir dos poderes estabelecidos, sendo uma Igreja que, ao estar próxima das classes dominantes, concretiza-se para os pobres e não com os empobrecidos, ou seja, trabalha a partir da caridade e não está preocupada com a transformação da sociedade.

A proposta desses dois teólogos em descrever as diferenças do catolicismo por intermédio dos termos *cenários* e *modelos* – apesar de sua impor-

---

57 LIBANIO, João B. (1999), op. cit., p. 118-125.
58 Id., ibid., p. 49-64.

tância para compreender o contexto interno da instituição – é, do ponto de vista sociológico, limitada para a classificação dos diferentes segmentos. Ao analisarmos os grupos organizados no interior do catolicismo nota-se que esses modelos e cenários estão presentes de forma misturada nesses grupos, isto é, cada grupo possui características de dois ou mais cenários e modelos descritos. Diante disso, utiliza-se o conceito de "Tendências Orgânicas do Catolicismo" como instrumento adequado para a compreensão do jogo de forças e disputas presentes no interior da Igreja Católica.

Essas tendências são definidas por Löwy da seguinte maneira: 1) *Tradicionalistas* – composta por "um grupo muito pequeno de fundamentalistas, que defendem ideias ultrarreacionárias e às vezes até semifascistas"; 2) *Reformistas* – composta pelos moderados, "pronta para defender os direitos humanos e apoiar certas demandas sociais dos pobres"; 3) *Radicais* – composta por uma "minoria pequena mas influente", simpatizantes da TL e solidária aos movimentos sociais; 4) *Modernizadores-conservadores* – composta por "uma poderosa corrente conservadora" extremamente "hostil à Teologia da Libertação e organicamente associada às classes dominantes".[59] Ele constrói sua definição a partir da análise de Gramsci, que desenvolve uma conceituação das disputas internas na IC italiana, que são caracterizadas como distintas religiões presentes em seu interior, pois:

> Toda religião, inclusive a católica (ou antes, notadamente a católica, precisamente pelos seus esforços de permanecer "superficialmente" unitária, a fim de não fragmentar-se em igrejas nacionais e em estratificações sociais), é na realidade uma multidão de religiões distintas, frequentemente contraditórias: há um catolicismo dos camponeses, um catolicismo dos pequeno-burgueses e dos operários urbanos, um catolicismo das mulheres e um catolicismo dos intelectuais, também variado e desconexo.[60]

---

59 LÖWY, Michel (2000), op. cit., p. 66.
60 GRAMSCI, Antonio (2001b), op. cit., p. 115.

Esse autor identifica que, desde o final do século XIX, há três tendências presentes no interior da Igreja italiana: os integristas, os modernistas e os jesuítas, que, por ser uma congregação influente e coesa, é definida pelo autor também como tendência. Essas tendências representam camadas sociais do bloco católico, e suas disputas são definidas como partidos internos que lutam pelo controle institucional da IC. Os integristas, "partidários da intransigência ideológica e política", representam o segmento conservador da sociedade. Os modernistas são uma série de "correntes bastante heterogêneas" divididas em duas forças principais: uma que se aproxima das classes populares, favorável ao socialismo, e outra que se aproxima das correntes liberais, favorável à democracia liberal.[61] Portelli afirma que Gramsci também considera os jesuítas como uma corrente que se localiza ao centro das duas tendências anteriores e que mantém o controle do Vaticano. "Gramsci considera que a principal força dos jesuítas reside no controle da sociedade civil católica e, antes de tudo, das organizações de massa católicas – promovidas, aliás, pelos jesuítas – e principalmente a Ação Católica e das missões".[62]

Gramsci[63] considera a luta dessas tendências internas como "lutas entre partidos". Dessa forma, a unidade religiosa, principalmente dos católicos que procuram manter sua condição internacional, é aparente, pois oculta uma série de divergências em relação à visão de mundo da IC. Porém, Portelli afirma que Gramsci caracteriza como "normal" a luta de tendências pelo fato de essas serem "a ilustração dos diferentes tipos de crise interna que toda superestrutura atravessa".[64] Todavia, ressalta-se que Gramsci considera a possibilidade de transformação do conteúdo total da Igreja em determinados contextos. Essa possibilidade é central na análise do desen-

---

61 GRAMSCI, Antonio (2001), op. cit., 153.
62 PORTELLI, Hugues (1984), op. cit., 157.
63 GRAMSCI, Antonio (2001), op. cit., 233.
64 PORTELLI, Hugues (1984), op. cit., 149.

volvimento histórico do catolicismo na América Latina, pois Gramsci considera que os conflitos internos entre os católicos representam a "evolução estrutural e ideológica do mundo leigo, e da subordinação da Igreja a este".[65]

Portanto, ao utilizarmos o referencial de Löwy e Gramsci para análise da IC, sem desconsiderar a descrição de Boff e Libanio, conclui-se que as tendências do catolicismo brasileiro podem ser definidas e compostas da seguinte maneira: 1) *Tradicionalistas*: composta principalmente pelos movimentos Opus Dei, Tradição Família e Propriedade e Arautos do Evangelho; 2) *Reformistas*: na qual predominam as congregações que trabalham diretamente com educação como, por exemplo, os salesianos, lassalistas, redentoristas e maristas; 3) *Radicais*: composta pelos setores ligados à Teologia da Libertação como as CEBs, Pastorais Sociais, Pastorais da Juventude. 4) *Modernizadores-conservadores*: setor no qual se insere o Movimento de Renovação Carismática Católica.

Uma realidade em transformação

Os três elementos destacados para caracterizar o cenário religioso no Brasil, a discussão sobre o processo de secularização, a questão do pluralismo e a análise das vertentes católicas possibilitam a compreensão do contexto no qual se encontra o movimento carismático com seus grupos de oração e comunidades de vida e aliança. A Renovação Carismática, pertencente à tendência modernizadora-conservadora da IC, é parte do contexto de pentecostalização das religiões, sendo exemplo do argumento de que o Brasil é um país no qual ocorre um fenômeno de semiencantamento e secularização relativa.

Observa-se que o atual quadro do cenário religioso brasileiro se apresenta como um campo que proporciona muitos debates e polêmicas entre

---

65 Id., ibid., p. 165.

os pesquisadores da religião em virtude de sua caracterização e formação histórica peculiar. Um cenário que tem, por exemplo, a Igreja Universal, que ao mesmo tempo em que contribui para o fortalecimento do pluralismo religioso no questionamento do monopólio da Igreja Católica, criando inclusive um partido político para disputar as benesses do Estado (característica secularizante), desenvolve práticas ritualísticas permeadas de encantamento e elementos mágicos (características dessecularizantes).

No entanto, a preocupação é compreender a influência dos carismáticos católicos no contexto juvenil, isto é, observar os jovens carismáticos a partir do movimento PHN (Por Hoje Não vou mais pecar), originário da Comunidade Canção Nova. Nesse sentido, é indispensável retomar a tese de Berger na qual as religiões de cunho conservador e magicizadas tiveram êxito na modernidade pelo fato de resgatar o sentido da vida de seus fiéis. Esse é o caso da RCC, que propõe um projeto de vida para o jovem no qual este deve depositar todas as suas esperanças na ação divina. O próximo capítulo analisa os elementos que possibilitaram esse processo no Brasil.

A RENOVAÇÃO CARISMÁTICA DA IGREJA CATÓLICA

A discussão do catolicismo carismático é feito em três momentos. Primeiro, com um breve resgate histórico da RCC. Em seguida é apresentado os principais elementos da teologia carismática e sua influência no conjunto da Igreja Católica no Brasil. E, por fim, é feita uma análise da relação dos carismáticos com a hierarquia e a sociedade.

O pentecostalismo católico

A RCC é fruto de um movimento internacional que teve início nos EUA, em 1967. Os documentos do movimento afirmam que nesse ano um grupo de professores e estudantes católicos passou por uma "renovação espiritual" acompanhada da "manifestação do Espírito". Trata-se da primeira reunião ocorrida entre 17 e 19 de fevereiro na Universidade de Duquesne, em Pittsburgh (Pensylvania), que marca o início do movimento carismático internacional. Portanto, nasce em um ambiente universitário, secular e mais elevado, no sentido de bens culturais e intelectuais. Essa experiência levou a uma nova relação com a religião, em que se estabelece a centralidade da ação do Espírito Santo.

A professora e pesquisadora Maria das Dores Campos Machado, uma das pioneiras nos trabalhos sobre os carismáticos no Brasil, descreve o movimento da seguinte maneira:

Constituídas por pessoas com participações anteriores em cursilhos e por membros atuantes de agremiações católicas, esse movimento reforçou o biblicismo, levando às vezes a uma leitura fundamentalista das escrituras; revalorizou a glossolalia, a profecia, as orações de intercessão e outros dons carismáticos colocados há muito tempo em segundo plano na tradição católica.[1]

Esse movimento possui forte atração pela Sagrada Escritura, pelo "Batismo no Espírito Santo" e pelos dons recebidos, ao estilo das primeiras comunidades cristãs. Por essas características, principalmente pela ênfase dada nos carismas do Espírito Santo, a RCC em sua origem era chamada de pentecostalismo católico. Trata-se de um movimento de revivência espiritual fundamentado num tipo de experiência religiosa pautada na doutrina romana, na tradição, na procura da santidade pessoal e na assídua prática sacramental. Brenda Carranza[2] define a RCC como uma inflexão do catolicismo, que reage diante da pós-modernidade a partir da oferta de uma nova subjetividade religiosa de marco pentecostal, constituindo-se numa agência moderna de aflição.

A legitimidade da RCC, que teve sua origem nos *Born again* (renascidos), que tinham em comum a experiência de um segundo nascimento no Espírito Santo, começou a ser perfilada quando ela obteve o reconhecimento internacional do Papa Paulo VI, em 1973. No início dos anos 2000 a RCC havia atingido perto de 40 milhões de adeptos no mundo, com 270 mil grupos de oração em mais de 140 países, dos quais 30% na América Latina. No Brasil, segundo dados do movimento, essas cifras alcançam cerca de 8 milhões de membros cadastrados em 61 mil grupos de oração, dos quais 400 se encontram no Estado de São Paulo.[3]

---

1 MACHADO, Maria das D. C. (1996), op. cit., p. 47.
2 CARRANZA, Brenda (2000). *Renovação Carismática Católica*: origens, mudanças e tendências. Aparecida-SP: Editora Santuário, p. 16.
3 Id., ibid., p. 28-29.

A Renovação Carismática da Igreja Católica 127

Carranza afirma que é com o dinamismo do Pe. Haroldo J. Rahm que em 1969, na Vila Brandina, Campinas, SP, origina-se um movimento que posteriormente seria identificado como RCC. Sua primeira raiz fincou-se na experiência dos cursos de Treinamento de Lideranças Cristãs (TLC), sendo que a segunda finca-se nos Cursilhos de Cristandade. Junto com Pe. Haroldo, Pe. Edward John Dougherty (conhecido como Pe. Eduardo) deu à RCC o impulso necessário para seu crescimento. O livro *Sereis Batizado no Espírito Santo*, publicado em 1972, representou uma alavanca para a difusão do movimento e significou a legitimação da RCC no Brasil. No início, o movimento espalhou-se por meio de um sistema de difusão espontânea. Porém, hoje essa difusão espontânea não parece ser mais fundamental para a sobrevivência do movimento, pois existe um esquema promocional de marketing comandado por um sistema de comunicação bem organizado que difunde a RCC através de programas de rádio, TV, editoras, folhetos, jornais etc.

Tanto no Brasil como no exterior parecia estar clara a natureza do movimento carismático: uma experiência pessoal e íntima de comunicação com Deus e seu objetivo de torná-la universal como experiência dentro da IC e a necessidade de enfatizar o caráter de movimento espiritual acima de qualquer estrutura eclesial. Isso é demonstrado nas palavras de Pe. Eduardo: "A RCC não é um movimento, mas é uma movimentação do Espírito Santo [...] É algo que Deus está fazendo. Não é obra de criatura humana." (CARRANZA, 2000, p. 38).[4]

Machado identifica um forte caráter pietista do movimento com

[...] uma ética individual contestadora da moral circundante com insistência em uma vida de pureza, santificação e piedade; uma ênfase na experiência religiosa que por vezes coloca a emoção à frente das reflexões teológicas, uma atividade devocional intensa; e um espírito de reativação da espiritualidade que não chega a ser sectário.[5]

---

4 Id., Ibid., p. 38.
5 MACHADO, Maria das D. C. (1996), op. cit., p. 105.

Nesse sentido, a autora destaca a ética individual e procura pelo aperfeiçoamento moral do adepto do movimento carismático, que redefine as relações do indivíduo com a família e na sociedade, com uma intensa vivência religiosa no interior do movimento. Portanto, esse processo tem fortalecido a presença de novos fiéis nos grupos de oração e estimulado a organização das comunidades de vida e aliança.

A dimensão organizativa e estrutural parecia não ser preocupação dos fundadores da RCC. Entretanto, pelo fato da RCC ser uma corrente espiritual que salienta os dons do Espírito Santo, transformando esses dons em serviço, ela cria e organiza uma estrutura para executá-los, estabelecendo, assim, a racionalização e burocratização dos carismas. Dessa forma, o carisma é institucionalizado e controlado pelo próprio movimento e também pela Igreja, no momento em que são discutidas e aprovadas as práticas carismáticas. Conforme explorado na primeira parte deste livro, a racionalização e administração dos bens da salvação conduzem inevitavelmente ao mais irreconciliável inimigo do carisma autenticamente profético, místico e extático, iniciador de todo caminho que conduz a Deus, portanto enfraquece o fervor da empresa de salvação e a submete a cotidianização do carisma;.

A RCC sucumbiu inexoravelmente à organização do próprio carisma; portanto, não escapou ao dilema do carisma institucionalizado, pois junto a sua proposta de renovação espiritual manifestou-se sua tendência à estruturação. O movimento que Pe. Haroldo teria começado, consolidar-se-ia por meio de sua própria estruturação, engendrada por Pe. Eduardo, que lhe imprimiu caráter empresarial e tecnológico, trilhando caminhos não esboçados nas origens do movimento. Por esse motivo, segundo Carranza, Pe. Haroldo abandona o movimento, finalizando a etapa fundacional da RCC, e vai trabalhar com entidades assistenciais.

Ao falar de sua saída do movimento, em entrevista para este autor, Pe. Haroldo enfatiza três aspectos: não era muito favorável às orações em línguas e sessões de curas, criticava os colegas do movimento por não se envol-

A Renovação Carismática da Igreja Católica   129

verem em obras sociais, defendia um ecumenismo que não foi bem aceito pela RCC. Sobre isso nos dá o seguinte depoimento:

> Então, a minha filosofia de vida era diferente da deles: eles não queriam dialogar com a Teologia da Libertação, eles não gostavam de yoga. Eu gosto muito, pratico diariamente e estou escrevendo um livro chamado "Yoga Cristã" para católicos e cristãos que praticam. Mas eles acham que é pecado, porém é apenas outra filosofia. De todo jeito eu voltei para o meu tipo de vida porque depois de cinco anos [da fundação do movimento] já tinha muitos padres, freiras e leigos na Renovação.[6]

Ele deixa muito explícito no depoimento que não se desentendeu com Pe. Eduardo e Monsenhor Jonas Abib. Explica que se trata apenas de ênfases diferentes na forma de trabalhar o postulado. Assim, Pe. Haroldo motivou a criação de um movimento que no caminho bifurcou-se, desembocando em duas iniciativas, a do Pe Haroldo (APOT, Fazenda do Senhor Jesus, Amor Exigente)[7] e a do Pe Eduardo: a RCC, que tem na atualidade a figura de Monsenhor Jonas como principal liderança carismática.

A RCC se organiza em torno de grupos de oração e de diversos eventos de massa chamados pelo movimento de seminários de vida no espírito, cenáculos, rebanhões, encontrões e festivais.[8] Os grupos de oração representam a base social da estrutura do movimento. A atividade central é a oração, seja ela de louvor, de ação de graças, em línguas, contemplativa, de

---

6 Entrevista, Pe. Haroldo Rahm, Campinas, 2006.

7 Trata-se de obras sociais coordenadas ou iniciadas por Pe. Haroldo: a APOT – Associação Promocional Oração e Trabalho – é uma entidade filantrópica voltada para a recuperação de dependentes químicos e alcoólatras. A Fazenda do Senhor Jesus é o local no qual se desenvolve esse trabalho e se situa na cidade de Campinas-SP. O Amor Exigente é uma ONG internacional, sem fins lucrativos, mantida por voluntários. Fundado nos Estados Unidos, o movimento foi trazido para o Brasil pelo padre Haroldo (Portal Padre Haroldo / Acesso em 15/7/09).

8 A marca registrada desses eventos de massa é a prática sacramental com fortes momentos de oração e louvor.

libertação ou de cura. Nela se inserem todo tipo de emoção e manifestação de experiência pessoal, leitura da Bíblia e cantos.

Os grupos de oração na RCC são espaços religiosos que permitem ao fiel procurar uma "satisfação espiritual", desligando-se do mundo material. Seus participantes procuram e encontram uma resposta religiosa a suas aflições cotidianas, reeláborando sua maneira de ver e agir na sociedade. A RCC realiza atividades específicas para jovens como o rebanhão ou retiros preparados como alternativa ao carnaval, além dos barzinhos de Jesus, *raves* católicas e cristotecas (festas frequentadas pelos jovens praticantes). A banda de música na RCC é um elemento de coesão do grupo de jovens que reforça sua identidade carismática. Todavia, como abordaremos no próximo capítulo, no caso da Comunidade de Vida Canção Nova há um movimento específico, o PHN, que possibilita a articulação dessas atividades entre os jovens.

Finalizando a década de noventa, Carranza observa que a RCC não só tem uma estrutura solidamente configurada, reconhecida em todas as dioceses onde está presente, mas também incorporou um sistema de propaganda montado nos marcos de megaeventos, ao estilo das igrejas eletrônicas. No Brasil a RCC é organizada por meio de um conselho nacional que reflete e avalia suas ações. Quem executa e acompanha os projetos discernidos no conselho nacional são as comissões nacionais. A esses dois organismos somam-se os "Ministérios" (Ministério jovem, por exemplo) e projetos que se responsabilizam pela motivação e formação dos membros da RCC, além das comunidades de vida e aliança.

Os Ministérios da RCC são: 1) *Arte*, responsável pela música, dança, teatro, etc; 2) *Comunicação Social*, que trabalha com os meios de comunicação de massa; 3) *Criança*, voltada para a evangelização infantil; 4) *Cura e libertação*, voltada para orientar os Grupos de Oração com relação às atividades específicas sobre o assunto; 5) *Família*, preocupada com a organização e formação de casais; 6) *Fé e política*, responsável pela evangelização da política. "O objetivo não é formar partidos políticos ou realizar campanhas eleitorais, é conscientizar os cristãos a utilizarem o voto de modo justo, e apoiarem o(s) candidato(s) conforme a consciência de cada um"; 7) *Formação*, voltada para a capacitação das lideranças carismáticas; 8) *Intercessão*, que possui a função de organizar grupos de oração que se revezam em orações durante eventos e atividades; 9) *Pregação*, ministério responsável pela capacitação de pessoas para dar palestras em eventos da RCC; 10) *Promoção Humana*, que trabalha em obras sociais articuladas por grupos de oração; 11) *Religiosas e consagradas*; 12) *Sacerdotes*; 13) *Seminaristas*. Estes três últimos Ministérios possuem funções parecidas, sendo que a proposta é trabalhar para a adesão do clero ao movimento; 14) *Universidade Renovada*, que coordena os GOUs (Grupos de Oração Universitários) em todo país; 15) *Jovem*, enfim, responsável pela evangelização de toda juventude carismática.

> Ele [o Ministério Jovem] busca proporcionar e incentivar momentos de evangelização dos jovens, apoiando os grupos de oração nestas atividades, produzindo material e ajudando na formação de outros jovens evangelizadores. Como parte desta formação, também são realizados encontros onde se trabalha questões desta faixa etária como afetividade, sexualidade e outros assuntos referentes à juventude. O ministério tem por objetivo levar o jovem a ter tudo de bom que a vida oferece sem exageros, excessos, que a juventude possa ter uma vida cheia do Espírito Santo.[9]

Para Carranza:

> [...] a RCC se constituiu numa sociedade dentro da sociedade e uma igreja dentro da igreja, o que poderia ser caracterizado como uma sociedade inclusiva. O que significa que a RCC parece preencher todas as necessidades de seus membros e se autoabastece, aspirando a ser a totalidade referencial de seus seguidores. De tal forma que essa totalidade referencial pode levar o membro da RCC a um encasulamento, isto é, dispondo de

---

9 Informações institucionais contidas no Portal RCC Brasil. Acesso em 20/5/2009.

todos os serviços que a estrutura lhe oferece ele não precisa sair do movimento para a sociedade.[10]

Esta estrutura organizativa teve nos anos 1990, na figura dos padres midiáticos (cantores), o principal meio de adesão dos fiéis. No entanto, consolida-se nos anos 2000, passando a ter nas comunidades de vida e aliança seu principal meio de recrutamento e divulgação. Isso ocorre pelo fato de as comunidades terem desenvolvido sistemas de comunicação próprios com forte presença na mídia regional e nacional, além da oferta de atividades de massa para fiéis não participantes destas comunidades. Portanto, passa-se de uma estrutura focada na pessoa do padre-cantor para uma estrutura focada na comunidade de vida e aliança, isto é, da marca do individual para o coletivo.

Entretanto, não se trata de afirmar que houve uma reação institucional orquestrada, por meio dos padres midiáticos, pelo movimento nos anos 1990 e atualmente por meios das comunidades de vida e aliança. Como afirma Carranza,[11] essa seria uma interpretação mecanicista de um processo mais complexo. O que se procura fazer é uma caracterização do movimento em relação aos instrumentos disponíveis para a atração de novos fiéis. Portanto, se por um lado esse processo não significou uma reação institucional, por outro a presença do padre-cantor na grande mídia não é um fenômeno que vai para além do movimento carismático,[12] mas algo que foi espontaneamente incorporado pela RCC.

Essa caracterização é necessária para compreender o avanço do movimento a partir dos anos 1990, pois no período de ascensão dos padres-

---

10 CARRANZA, Brenda (2000), op. cit., p. 61.

11 CARRANZA, Brenda (2004). "Catolicismo em movimento". In *Religião e Sociedade,* vol. 24, n. 1. Rio de Janeiro: ISER, out., p. 141.

12 Discorda-se de Souza (2002, p. 99), que identifica os padres-cantores como um fenômeno que extrapola a RCC por se tratar de uma "renovação popularizadora" que "não é movimento orgânico de leigos, mas uma nova forma de reação católica ao mercado religioso".

-cantores,[13] em virtude da capacidade convocatória desses personagens, ocorreu a popularização da RCC. Esse fenômeno midiático fez o movimento carismático ultrapassar a classe média e alcançar as classes empobrecidas, produzindo mudanças intensas no catolicismo popular.[14] Em contrapartida, no presente momento, com as comunidades de vida, em particular a Canção Nova, há uma melhor viabilização do princípio ascético do movimento, identificado pela metáfora "estar no mundo, sem ser do mundo". Isso porque, com os padres cantores, particularmente Pe. Marcelo Rossi, havia um grande envolvimento com a grande mídia, com a mídia do "mundo". E com os canais de TV católicos, TV Canção Nova, por exemplo, esse contato praticamente inexiste.[15] Portanto, os instrumentos de inserção da Canção Nova permitem que a evangelização ocorra sem a dependência das emissoras não católicas.[16] Por fim, vale salientar que essas mudanças ocorrem como reflexos de transformações observadas no interior da própria IC. Segundo Antonio Braga[17] elas surgem como resposta a um anseio do fiel católico que busca espaços para vivenciar

---

13 Carranza (2004, p. 141) dá o exemplo do "fenômeno midiático Pe. Marcelo" e afirma que seu sucesso se dá pelo fato de conseguir falar a linguagem que o homem moderno entende, constituindo-se na expressão de um rejuvenescimento eclesial que, ao mesmo tempo, porta um discurso intransigente do catolicismo.
14 Ver CARRANZA, Brenda (2009). "Perspectivas da neopentecostalização católica". In CARRANZA, Brenda et. all. (orgs.). *Novas comunidades católicas*: em busca do espaço pós-moderno. Aparecida-SP: Idéias & Letras.
15 Braga (2004, p. 114) constata que não há inserção publicitária na TVCN, que se mantém a partir da venda de produtos de evangelização da própria Canção Nova e das contribuições de seus sócio-telespectadores.
16 Todavia, é preciso relativizar esse processo na medida em que há uma procura permanente das emissoras seculares pelos padres-midiáticos. O exemplo atual é o Pe. Fábio de Melo, que possui um programa na TVCN, mas tem se apresentado em programas de auditório da Rede Globo – no Domingão do Faustão – e tem contrato assinado com a gravadora SOM LIVRE, de propriedade da emissora.
17 BRAGA, Antonio M. da C. (2004). "TV católica Canção Nova: 'Providência e Compromisso' X 'Mercado e Consumismo'". In *Religião e Sociedade,* vol. 24, n. 1. Rio de Janeiro: ISER, out., p. 118.

"uma experiência religiosa mais participativa e menos anacrônica em relação à modernidade".

Diante do exposto, é indispensável apresentar uma tipologia das fases históricas pela qual passou a RCC desde seu surgimento até os dias atuais. O processo histórico dos carismáticos se efetiva em três fases: a) Fase fundacional, em que há a estruturação do movimento, se estabelece nos anos 1960 e 1970; b) Fase social e cultural, na qual há a consolidação de um estilo de evangelização a partir da música, do lazer e da oração com um processo de "rotinização do carisma", estabelecida nos anos 1980 e 1990; e c) Fase midiática, em que a proliferação da RCC se viabiliza por intermédio dos meios de comunicação, havendo uma "opção preferencial pela cultura midiática" a partir dos anos 2000.[18]

Assim, na fase atual de desenvolvimento da RCC os meios de comunicação possuem papel fundamental no processo de divulgação dos ideais evangélicos do movimento que tem as "Novas Comunidades Católicas" como ponto de apoio e estruturação. Analisaremos a seguir os elementos que permitiram às comunidades de aliança e vida carismática responder às novas demandas dos fiéis por meio da construção de uma perspectiva teológica focada na terceira pessoa da Trindade Santa.

A teologia carismática

A teologia carismática não foi pensada e desenvolvida por biblistas, mas é algo que surge da prática carismática, como "expressão de uma fé com antecedentes no movimento pietista norte-americano".[19] Essa teologia possui dois pontos fundamentais: a noção de "vida nova", que corresponde ao ato de deixar que o Espírito Santo atue sobre o indivíduo; e a noção do senhorio de Jesus Cristo, significando a necessidade de Jesus

---

18 CARRANZA, Brenda (2009), op. cit., p. 33-34.
19 PRANDI, Reginaldo (1998), op. cit., p. 49.

A Renovação Carismática da Igreja Católica 135

direcionar a vida. Ambos os pontos são profundamente articulados e interligados pelo fato do segundo ser apenas possível a partir da presença do primeiro. Nesse sentido, a principal característica dos carismáticos é a questão da conversão, na qual "todos viveram, um dia, a experiência fulgurante que divide a existência em 'antes' e 'depois'".[20] Trata-se do Batismo no Espírito Santo, chamado pelo movimento de um segundo batismo ou batismo no fogo. Identifica-se uma religião menos da razão e mais do coração, ou seja, uma religião cujas emoções dominam as ações: "Os carismáticos são, de alguma maneira, um movimento alternativo da Igreja, ao enlaçarem com a mística e proclamarem a conversão do coração".[21] Portanto, a RCC promove o resgate da ênfase da teologia sobre o Espírito Santo.

Nas *Orientações Teológicas e Pastorais da Renovação Carismática Católica* estão presentes seus principais objetivos: a reintegração de todos os carismas na vida integral da Igreja, ressaltar a vida no Espírito e a Libertação total da humanidade.[22] O documento afirma que "A Renovação não visa criar, no seio da Igreja, um grupo particular, especializado no Espírito Santo e seus dons; procura, antes, favorecer a renovação da Igreja local e universal, pela redescoberta da plenitude de vida em Cristo pelo Espírito, o que inclui a gama plena dos dons".[23]

Os carismas são "dom ou aptidão liberada e impulsionada pelo Espírito de Deus e posta a serviço da edificação do Corpo de Cristo, a Igreja":

> Carismas são dádivas de Deus e devem ser usados por aqueles que tiveram o privilégio de recebê-los. São basicamente nove os dons divinos e se dividem em três grupos: 1) os dons das palavras: dom das línguas

---

20 HÉBRARD, Monique (1992). *Os carismáticos*. Porto: Perpétuo Socorro, p. 22.
21 Id., ibid., p. 125.
22 *Orientações Teológicas e Pastorais da Renovação Carismática Católica* (1975). São Paulo: Loyola, p. 43, 47, 58.
23 Id., ibid., p. 71.

estranhas, das interpretações e das profecias; 2) dons do poder: fé, cura e milagre; 3) dons das revelações: sabedoria, ciência e discernimento.[24]

O movimento apesar de seguir o fundamento trinitário católico, enfatiza a centralidade do Espírito no surgimento da Igreja, sendo que a Bíblia é interpretada da seguinte forma: Jesus ao vir ao mundo recebeu o Espírito Santo e em sua morte e ressurreição o envia aos apóstolos, que dão continuidade a seus ensinamentos. Portanto, é pela recepção do espírito que a pessoa se torna cristã na concepção carismática.

Para o movimento, sem o Espírito e os carismas não há IC. Assim, não existe cristão que não tenha algum carisma, sendo que para o movimento cada cristão é um carismático. O movimento estabelece um processo para explicar a entrada do indivíduo na vida cristã, que passa pelo batismo, confirmação e eucaristia, tidos como meios de iniciação. O carismático se considera um representante de uma nova realidade, o Espírito Santo, e tem sua marca na experiência com a terceira pessoa da Trindade Santa. Nesse processo, o cristão carismático tem a sensação de presença concreta de Deus na sua vida, uma percepção da proximidade de Jesus Cristo. Há a experiência de renovação sentida como uma espécie de ressurreição, na qual se manifesta o sentimento de poder fazer coisas que estão acima da capacidade natural do indivíduo. "Convém observar que a experiência da fé se apodera do homem integral: espírito, corpo, inteligência, vontade e afetividade".[25]

A novidade que a RCC propõe apresentar está na ênfase dada a alguns carismas, "que não eram evidentes na vida da Igreja", como profecia, curas, línguas e interpretação. Afirma-se que o significado de "Batismo no Espírito Santo" tem dois sentidos ou momentos – teológico: todo membro da Igreja é batizado no Espírito Santo ao receber o sacramento da inicia-

---

24 PRANDI, Reginaldo (1998), op. cit., p. 66.
25 *Orientações Teológicas e Pastorais da Renovação Carismática Católica* (1975), op. cit., p. 31.

ção cristã; e experiencial: momento ou processo de crescimento no qual o Espírito Santo se torna sensível à consciência pessoal.[26] A RCC faz uma crítica ao que chama de "superintelectualização da forma de adoração" na IC, e existe a valorização do sentimento, do emocional na oração de louvor. Promove-se a inserção do elemento emocional na fé, dando lugar de destaque à sagrada escritura.

O movimento trabalha com a ideia de "carismas mais proféticos", que são formados pelos seguintes dons: *línguas,* que tem como função essencial a oração de louvor, "um dom de oração, que permite orar num nível mais profundo", "maneira de orar pré-conceitual, não objetiva", "Orar em línguas é para a oração o que um quadro abstrato, não objetivo, é na pintura";[27] *profecia,* que é o meio para conhecer a vontade e a palavra de Deus, projeção da luz de Deus sobre o presente. "A profecia autêntica exorta, adverte, reconforta e corrige; e objetiva a edificação da Igreja";[28] *libertação,* que significa o poder sobre os demônios, superação das influências demoníacas; *curas,* cura de doentes, sinais do Reino, sinal da presença de Jesus na Igreja, cura interior e cura física; e, por fim, a *imposição das mãos,* que não é rito mágico e nem sinal sacramental, mas a "expressão visível de solidariedade na oração e unidade espiritual na comunidade".[29]

Há o reconhecimento da influência evangélica na ênfase dada ao Espírito Santo e assume-se, inclusive, que o catolicismo tem muito a aprender com outras "culturas teológicas". Porém, isso não foi seguido no Brasil, que desenvolveu desde seu início a estratégia de distanciamento dos evangélicos, inclusive substituindo a palavra "pentecostal" por "carismático" e mudando o nome do movimento de Pentecostalismo Católico para Renovação Carismática Católica.

---

26 Id., ibid., p. 39.
27 Id., ibid., p. 63.
28 Id., ibid., p. 65.
29 Id., ibid., p. 68.

Mas a mudança de nomenclatura foi apenas uma tomada de posição superficial no processo de distanciamento dos pentecostais. Ao estar inserida no interior do catolicismo, a RCC no Brasil foi levada a assumir a devoção a "Nossa Senhora" como central em sua estrutura ritualística. "A devoção a Virgem Maria foi estimulada para demarcar as fronteiras entre catolicismo e pentecostalismo e em certa medida reforçar a identidade religiosa católica dos carismáticos".[30]

Além disso, como forma de demonstrar sua identidade católica, apostólica, romana, a RCC nutre em seus adeptos a mais profunda admiração pelos papas João Paulo II e Bento XVI. Assumem-se no interior do movimento as resoluções do Vaticano I, que declaram infalíveis as posições papais. Assim, as opiniões do Papa significam para o movimento a vontade de Deus, pois ele é seu representante na Terra. Entretanto, apesar do esforço em demarcar as diferenças com os pentecostais, a RCC se situa na fronteira entre católicos e evangélicos.[31]

Essa situação é analisada por Marion Aubrée[32] em sua discussão sobre a renovação do cristianismo tanto no interior do catolicismo – carismáticos – como entre os evangélicos – pentecostais. A autora sistematiza as características dessa nova fase cristã, tratando-se de uma religiosidade fortemente emocional, que oferece compensações psicológicas aos fiéis cujas situações, social e pessoal, encontram-se no limite da tolerância. Esse tipo de religião faz uma interpretação restrita da Bíblia, possui atividade fortemente proselitista, tem como centro o combate ao demônio no mundo e assume a perspectiva de sofrimento com relação ao corpo. Essas características podem ser encontradas tanto no meio carismático como pentecostal.[33]

---

30 MACHADO, Maria das D. C. (1996), op. cit., p. 48.
31 Id., ibid., p. 79.
32 AUBRÉE, Marion (1984). "Les nouvelles tribus de la chrétienté". In *Raison Présente,* Paris, n. 72, p. 71-87.
33 AUBRÉE, Marion (1983). "Du pentecôtisme en Amérique Latine". In *Critique Socialiste,* Paris, n. 47, nov., p. 45.

O fenômeno observado pela autora diz respeito à presença da religiosidade pentecostal não apenas a partir de novas igrejas, mas no interior das religiões tradicionais: o protestantismo histórico e o próprio catolicismo tradicional. "Le pentecôtisme est en train de se répandre non seulement à travers des dénominations qui ont fleuri tout au long du XX siècle, mais également au cœur d'intituitions historiques telles que les Églises catholique, baptiste, méthodiste, presbytérienne et. autres".[34] Cenário que possibilita compreender as proximidades entre católicos e evangélicos no que diz respeito às manifestações mágicas de carismáticos e pentecostais.

Entende-se que os carismáticos podem ser comparados aos pentecostais; porém, não é possível a identificação com as igrejas neopentecostais, de terceira onda. O processo de "acomodação ao mundo" com a "eliminação das restrições éticas" características da IURD (Igreja Universal do Reino de Deus), por exemplo, não são encontrados na RCC. Ao contrário, o movimento mantém muitas restrições com relação ao mundo, principalmente no que tange às questões relacionadas ao corpo. Todavia, há outro elemento predominante entre os neopentecostais, o uso dos meios de comunicação de massa como instrumento de evangelização, que está completamente presente também no movimento carismático. Assim, pode-se classificar a RCC, do ponto de vista do movimento de pentecostalização do cristianismo, como uma tendência que se encontra na fronteira entre o pentecostalismo de segunda e terceira onda, entre as igrejas pentecostais como a Igreja do Evangelho

---

34 AUBRÉE, Marion (2000). "Dynamiques comparées de l'Église universelle Du royaume de Dieu au Brésil et. à l'etranger". In BASTIAN, J. P. et. all. (orgs.). *La globalisation du religieux*. Paris: L'Harmattan, p. 113. "O pentecostalismo está em processo de se difundir não apenas por meio das denominações que surgiram ao longo do século XX, mas igualmente no coração de instituições históricas tais como as Igrejas católica, batista, metodista, presbiteriana e outras" (tradução nossa).

Quadrangular e as igrejas neopentecostais como a Igreja Universal do Reino de Deus.[35]

Nesse processo contraditório de proximidade e distanciamento, a RCC compôs sua espiritualidade situada em um universo miraculoso, cujas bases estão na experiência do batismo no Espírito Santo e na vivência dos dons e carismas. Além disso, o uso da Bíblia e a ênfase dada às emoções (constatadas por meio das expressões verbais, dos cantos e dos gestos corporais) constituem elementos importantes para a caracterização do movimento.

A ênfase do movimento é dada à questão do corpo e das emoções também como resposta da IC a sua perda de referência na política, passando a atuar na esfera familiar como forma de resistência à modernidade. Nesse contexto, a temática da sexualidade é central. Atua-se para moralizar as atitudes cada vez mais abertas com relação à sexualidade presentes na sociedade. "A tentativa de sufocar ou controlar o impulso sexual leva quase sempre a uma intensificação das atividades religiosas [...]".[36] Portanto, os carismáticos ao intensificarem sua característica comunitária e de isolamento do mundo buscam dar ênfase à tradição católica de percepção negativa da sexualidade humana. Na última parte deste livro há a descrição e análise de como esse processo se estabelece no segmento juvenil da RCC.

Todavia, antes disso é preciso conhecer a relação dos carismáticos no interior da estrutura católica e sua presença política na sociedade, além da forma como tem tratado as outras religiões presentes no cenário religioso nacional. O movimento carismático já foi classificado em sua relação interna na IC e também sob o ponto de vista do movimento pentecostal, considerando-o como algo que se manifesta por meio de novas religiões, mas também com presença no interior das igrejas tradicionais – catolicis-

---

35 Carranza (2009, p. 34, 52) fala de um processo de neopentecostalização católica em virtude do uso da mídia por parte da RCC e também das características das Novas Comunidades; todavia, parece-me mais apropriado a caracterização apresentada acima.

36 MACHADO, Maria das D. C. (1996), op. cit., p. 171.

mo e protestantismo histórico. Mostra-se a seguir como no caso da RCC essa relação se concretiza.

As relações na Igreja e na sociedade

Analisado o processo histórico da RCC e seus aspectos teológicos, adentra-se na discussão da relação dos carismáticos nas paróquias e dioceses assim como sua inserção política na sociedade. A relação RCC *versus* IC é pensada a partir da posição oficial da igreja no Brasil, aprovada na 34ª Reunião Ordinária do Conselho Permanente da CNBB, realizada em novembro de 1994 e publicada pelas Paulinas na Coleção *Documentos da CNBB*, já em sua 7ª edição em 2005. Esse documento traz o conjunto das posições da hierarquia com relação ao movimento, servindo, desse modo, como um importante elemento para o entendimento dessa relação em complemento às observações feitas no processo de elaboração deste livro. O referencial teórico continua sendo a noção de tendências orgânicas do catolicismo, já discutido no capítulo anterior.

A Renovação Carismática é considerada pela IC como um dos movimentos de renovação espiritual originário do Vaticano II (1962-1965). A questão é que outros setores católicos também reivindicam a herança desse Concílio, como, por exemplo, as comunidades de base e as pastorais sociais. Aqui se encontra uma das contradições desse movimento, considerando que suas posições político-religiosas estão mais próximas das conclusões do Vaticano I (1869-1870). Entretanto, há de se considerar que uma interpretação espiritualizada do evento dos anos 1960, nos marcos que os carismáticos fazem, pode levar a uma aproximação entre suas conclusões e o significado da RCC na igreja e na sociedade.[37]

---

37 Benedetti (2009) defende que há uma apropriação desorganizada dos discursos oficiais pelos diversos movimentos presentes no interior da IC. Por isso, todos acabam se assumindo como exemplos ou portadores das afirmações contidas nos documentos. O exemplo mais atual é o Documento Final de Aparecida (2007) da V Conferência Geral do Episcopado Latino Americano, que é reivindicado tanto pela RCC como pela Teologia da Libertação.

O que pode ser afirmado é que os carismáticos conseguiram se adaptar de forma exemplar à hierarquia católica no Brasil. O movimento consegue manter toda radicalidade em sua proposta de evangelização sem romper com os princípios básicos que orientam as dioceses e paróquias em todo país. As tensões estão presentes em muitos lugares; porém, o que predomina é a profunda e intensa comunhão com a doutrina apostólica romana. A devoção à figura bíblica de Maria e a obediência subserviente ao Papa, já mencionado, são elementos que ajudam a entender essa realidade. Mas, além disso, tem sido fundamental a adesão cada vez maior de padres, freiras, diáconos e agentes da hierarquia católica, que acabam por coroar os caminhos assumidos pelos carismáticos no Brasil.

O movimento conseguiu articular uma rede significativa de apoiadores nos últimos anos. Com membros e simpatizantes presentes em funções importantes da IC, na CNBB, nas dioceses, nas paróquias e nas comunidades, possibilitou-se um processo cujos confrontos podem ser considerados exceções à regra geral. Há preocupações com relação aos excessos do movimento; todavia, a crescente adesão de fiéis tem reanimado paróquias e dioceses, principalmente no sudeste e Estado de São Paulo, região na qual se pode constatar empiricamente esse crescimento.

Os excessos apontados pela hierarquia estão relacionados principalmente com a questão da espiritualidade. Muitos padres ainda não aceitam a glossolalia e o repouso no espírito,[38] por exemplo. Propõe-se que se evite "um clima de exaltação da emoção e do sentimento, que enfatiza apenas a dimensão subjetiva da experiência da fé".[39] Assim, a manipulação dos dons

---

38 O *Repouso no Espírito* é o nome dado pelo movimento aos desmaios que ocorrem nos momentos de reza com imposição de mãos, sendo que o fiel cai no chão durante a oração (Portal da Editora Cléofas / Acesso em 15/07/09). Ele ocorre com maior frequência no grupo de oração *Plenitude*, observado em Paris, em comparação aos grupos observados no Brasil, notadamente o grupo Novo Pentecostes de Araraquara.
39 CNBB (1994). *Orientações pastorais sobre a Renovação Carismática Católica.* Documentos da CNBB N° 53. São Paulo: Paulinas, p. 25.

do Espírito Santo é ainda um problema enfrentado pelo movimento no interior do catolicismo.

Demanda-se uma orientação do bispo diocesano na utilização e discernimento dos dons, sendo seu exercício competência dos padres e freiras. Com relação ao dom de cura, pede-se para que se evitem atitudes milagreiras e mágicas e que não se utilize o "óleo dos enfermos", com uso restrito às celebrações eucarísticas. A glossolalia não deve ser incentivada sem a presença de um intérprete e a profecia não pode ser usada com vistas às adivinhações do futuro.

Outra preocupação é com relação ao repouso no espírito: "Em Assembleias, grupos de oração, retiros e outras reuniões evite-se a prática do assim chamado 'repouso no Espírito'. Essa prática exige maior aprofundamento, estudo e discernimento".[40] Enquanto que no Brasil há uma proibição por parte da Igreja, em outros países, como, por exemplo, na França, essa prática é comum nos grupos de oração. Em trabalho de observação sistemática à um grupo de oração carismático de Paris, foi possível constatar que a manifestação do Repouso no Espírito se caracteriza como um fenômeno comum aos grupos, já que se trata de algo que ocorreu em todas as ocasiões observadas entre os meses de março e junho de 2008.

A CNBB também se preocupa com leituras fundamentalistas (interpretação sem considerar o contexto histórico) e intimistas (leitura mágica e até mesmo "fazendo o texto dizer o que não era intenção dos autores sagrados") da Bíblia, muitas vezes praticadas por fiéis do movimento. Essas leituras tendenciosas levam a uma supervalorização da presença do demônio nas ações dos indivíduos. "Preocupa-se, ainda, em formar adequadamente as lideranças e os membros da RCC para superar uma *preocupação exagerada com o demônio*, que cria ou reforça uma mentalidade feitichista, infelizmente presente em muitos ambientes".[41]

---

40 Id., ibid., p. 30.
41 Id., ibid., p. 30, grifo nosso.

Torna-se evidente nas observações de campo que essas contrições com relação aos dons do Espírito Santo são desconsideradas pelos carismáticos. No trabalho de observação sistemática no Congresso de comemoração dos 40 anos de RCC, realizado em Cachoeira Paulista-SP em 2007, na Comunidade de Vida e Aliança Canção Nova, pôde-se presenciar em diversos momentos manifestações de oração e falas em línguas estranhas, profecias feitas por membros importantes da hierarquia da RCC e de manifestações de Repouso no Espírito.

No grupo de oração observado na cidade de Araraquara, os dons também se manifestam e, inclusive, há anúncios constantes de curas físicas e psíquicas, operadas no interior do grupo por integrantes da coordenação. A prática da glossolalia é também uma constante no grupo, e no final das reuniões há, ainda, uma sessão restrita de orações de imposição de mão que acontece no porão da igreja. Essas sessões são semifechadas e possuem elementos de sessões de libertação de "espíritos maus" e até mesmo exorcismo.

Além disso, muitos grupos carismáticos transformam as missas em verdadeiros grupos de oração com muita música e louvor. Foi por esse motivo que a CNBB assinalou em seu documento n. 53 a necessidade de formação litúrgica dos membros da RCC.

> Por isso, seja dada especial atenção à formação litúrgica de todos os membros da RCC para maior compreensão e vivência dos mistérios e de sua expressão simbólico-ritual e ministerial, visando uma autêntica prática celebrativa, que leve em conta o espaço e o tempo litúrgico.[42]

No mesmo documento adverte: "Não se introduzam elementos estranhos à tradição litúrgica da Igreja ou que estejam em desacordo com o que estabelece o Magistério ou aquilo que é exigido pela própria índole da celebração".[43] A preocupação básica da hierarquia diz respeito às in-

---

42 Id., ibid., p. 22.
43 Id., ibid., p. 22.

terrupções de momentos já determinados pelo rito litúrgico católico para realização de louvores como "aplausos, vivas, procissões, hinos de louvor eucarístico e outras manifestações que exaltem de tal maneira o sentido da presença real que acabem esvaziando as várias dimensões da celebração eucarística".[44] Para a CNBB é preciso distinguir os cantos utilizados nas missas e os cantos feitos para os encontros carismáticos.

Esse cerceamento tem provocado, em muitos casos, um distanciamento dos carismáticos da base das atividades litúrgicas promovidas pelas direções das paróquias. Os fiéis comuns preferem as reuniões, celebrações, atividades e ações promovidas pelo próprio movimento, em detrimento de uma presença em missas e atividades promovidas pela hierarquia local. Essa preocupação fica evidente na advertência que a CNBB faz ao movimento: "Cuide-se para que não haja coincidência de reuniões de grupos ou outras iniciativas da RCC com a celebração da Santa Missa ou outras celebrações da comunidade eclesial".[45] A questão é que tem havido muitas iniciativas autônomas à administração central das paróquias e dioceses por parte das direções do movimento.

A CNBB não proíbe o associativismo carismático; porém, defende uma "comunhão eclesial no interior da paróquia, vista como "uma porção do Povo de Deus". A proposta é que se professe para a sociedade uma fé católica com um "conteúdo integral", que significa ao mesmo tempo uma "comunhão sólida" entre o movimento e os bispos e padres.

> Reconhecendo-se a presença da RCC em muitas Dioceses e também a contribuição que tem trazido à Igreja no Brasil, é preciso estabelecer o diálogo fraterno no seio da comunidade eclesial, apoiando o sadio pluralismo, acolhendo a diversidade de carismas e corrigindo o que for necessário.[46]

---

44 Id., ibid., p. 22.
45 Id., ibid., p. 23.
46 Id., ibid., p. 17.

A correção se refere ao excepcionalismo difundido no interior da RCC, pois a postura dos líderes carismáticos não é de considerar a RCC um movimento católico, mas afirmam que se trata de uma verdadeira renovação no interior do catolicismo, como o próprio Pe. Eduardo Dougherty já havia afirmado anteriormente. Assim, muitos acabam assumindo a tese de que o Espírito Santo tem agido somente no meio carismático, que tem a função de transformar a Igreja e o mundo a partir da conversão dos indivíduos. Em contrapartida, a hierarquia da Igreja procura defender uma dinâmica de fé nos marcos da vida comunitária centrada na paróquia e sob a orientação e condução do padre.

As paróquias são orientadas a reconhecerem como legítimos os encontros e reuniões específicos da RCC, como o grupo de oração, os cenáculos e rebanhões. Mas, mesmo nessas atividades particulares, há advertências a serem seguidas, como a não utilização dos termos "pastor", "pastoreio" e "Batismo no Espírito Santo". Os livros e materiais carismáticos devem ter aprovação eclesiástica, e os convites a conferencistas e pessoas de outras dioceses precisam da aprovação do bispo local. Tais advertências parecem uma tentativa de manter a unidade entre as tendências católicas que possuem, inclusive, sensibilidades diferentes em seus agrupamentos.

Retomando a questão das advertências ao carismatismo, fica evidente que essa série de contrições produz um distanciamento do movimento em relação à paróquia na qual deveria estar inserida. Os carismáticos passam a preferir a organização em torno de comunidades de aliança e seguir as orientações de uma comunidade de vida. Como afirma Luiz Benedetti: "[...] as comunidades de vida vinculam-se à Igreja Universal sem a mediação da Igreja Local e das regras e normas ascéticas da vida religiosa conventual".[47] No grupo de oração o discurso é de comunhão com a paró-

---

47 BENEDETTI, Luiz R. (2009). "Novos rumos do catolicismo". In CARRANZA, Brenda et. all. (orgs.) *Novas comunidades católicas*: em busca do espaço pós-moderno. Aparecida-SP: Idéias & Letras, p. 31.

quia; prega-se a necessidade de inserção nas atividades propostas pelo pároco. Mas na vida real há uma priorização do fiel pela participação naquilo que é especificamente carismático.

Assim, a RCC acaba tendo uma participação pequena nos assuntos efetivamente paroquiais, privilegiando a organização de grupos de oração e a estruturação de comunidades de aliança normalmente ligadas a uma comunidade de vida. Nesse sentido, o ciclo é fechado e a paróquia se torna palco de atividades na maioria das vezes proselitistas. Observa-se também casos de comunidades em que as atividades carismáticas são hegemônicas, com alto grau de adesão ao movimento. E há realidades cujas características do grupo de oração são difundidas em todas as atividades da paróquia: missas, momentos de adoração, catequeses etc. Significa que a participação de líderes carismáticos na catequese paroquial, por exemplo, tem o intuito de ampliar a adesão do católico comum ou de outras tendências ao movimento.

Essa realidade é visível, por exemplo, na comunidade onde ocorreram as observações. Situado na região central de Araraquara, o grupo de oração Novo Pentecostes da Igreja Matriz atrai muito mais fiéis para seus encontros noturnos nas segundas-feiras em comparação às missas dominicais. No bojo dessa situação há a construção de lideranças carismáticas muitas vezes mais populares que o próprio padre da paróquia na qual funciona o grupo. E quando a liderança se ausenta, há uma queda na participação dos fiéis no grupo de oração. No caso observado, o líder é um jovem, chamado Claudinei, muito conhecido por sua capacidade e dom de curas físicas e psicológicas.

A relação de autonomização sem rompimento, mas com discurso conciliador, típica da tendência modernizadora-conservadora da IC, tem produzido o surgimento de líderes não apenas religiosos, mas também políticos, representantes do fiel da RCC na sociedade. Essa realidade que tem sido potencializada pela força das comunidades de vida e aliança portadoras de redes de comunicação de massa com canais de rádio e televisão. Um estímulo aos grupos de oração que passam também a investir nos meios de comunicação. Por exemplo, o grupo Novo Pentecostes possui um programa de rádio semanal – transmitidos aos domingos das 21 às 22 horas – na Rádio Cultura AM 790, que é dirigido e apresentado por Claudinei, o jovem líder do grupo de oração.

Um exemplo nacional dessa realidade é a trajetória do carismático apresentador de programa de TV na Rede Canção Nova, Gabriel Chalita. Ele foi Secretário Estadual da Educação de São Paulo e nas eleições municipais de 2007 foi o vereador mais votado na capital paulista. Chalita escreveu dezenas de livros sobre educação, formação e evangelização e tem atuado como interlocutor da RCC com setores conservadores do poder na sociedade. Seu destaque na RCC o projetou na sociedade e no interior do PSDB – Partido Social Democrata Brasileiro –, que administra o Governo do Estado há quase duas décadas.[48]

A RCC tem atuado nos moldes das igrejas evangélicas, procurando construir lideranças religiosas com potencialidade de atuação na política. Na cidade de Araraquara, o vereador, três vezes eleito, Elias Chediek Neto, é um exemplo do funcionamento desse processo. A proposta é viabilizar a presença de membros carismáticos nas câmaras, assembleias e até mesmo no Congresso Nacional para possibilitar a construção do movimento a partir da concessão de rádios e TV, papel muito bem desempenhado pelo então Deputado Federal Salvador Zimbalde de Campinas-SP. Nos dois mandatos do Governo de Fernando Henrique Cardoso (1995-1998 e 1999-2002), esse deputado conseguiu a liberação de diversas concessões de rádio para comunidades de vida e grupos carismáticos em todo o país.

---

48 Em 2009, Chalita se filiou ao PSB – Partido Socialista Brasileiro – para concorrer ao Senado. Todavia, a conjuntura política desfavorável o levou para a disputa de uma vaga na Câmara dos Deputados na chapa de Paulo Skaf, presidente da FIESP (Federação das Indústrias do Estado de São Paulo), que concorria ao Governo.

O movimento visa também a combater os projetos de leis que segundo seus ideais religiosos são contrários aos preceitos divinos, como a descriminalização do aborto e o casamento entre homossexuais. Por isso, o movimento tem trabalhado intensamente no combate ao aborto e na defesa de que a homossexualidade é uma doença que precisa ser curada. Porém, falta ao movimento um programa de ação social ligado ao combate à fome e em defesa dos excluídos. A CNBB recomenda que "[...] membros dos grupos de oração sejam animados a assumir projetos de promoção humana e social, especialmente dos pobres e marginalizados".[49] Entretanto, o projeto social mais importante e mais difundido do Ministério Fé e Política da RCC é o programa de combate ao aborto. O próprio Pe. Haroldo Hahns já havia questionado essa postura no início e a ratificou em entrevista em 2006.

É importante frisar que a atuação social dos carismáticos a partir de seus políticos está diretamente relacionada com o processo de disputas presentes no cenário religioso brasileiro. Como já havia sido apresentado no capítulo terceiro, os católicos vivem um processo de perda de fiéis segundo os dados do IBGE, e a RCC tem se apresentado com certa eficiência na mudança dessa situação. A RCC atua na recuperação dos fiéis católicos, principalmente os chamados não praticantes, agindo de maneira expressiva nos partidos políticos (notadamente os de centro ou de direita), com o intuito de desenvolver um combate aberto às religiões espíritas e afro-brasileiras (Candomblé, Umbanda) e manifestando com rigor sua diferenciação com relação às igrejas pentecostais.

Portanto, nesse cenário, há a construção de posições políticas conservadoras no interior do movimento. Três exemplos importantes são encontrados nos depoimentos de Tiba, Dunga (ambos da Canção Nova) e Claudinei (grupo de oração Novo Pentecostes de Araraquara). Para Tiba a "mentalidade socialista comunista" presente nas universidades e a pre-

---

49 CNBB (1994), op. cit., p. 25.

sença de professores formados pela ideologia de Karl Marx impregnou as pessoas e passou uma visão equivocada da história. Ele cita, por exemplo, as interpretações errôneas sobre a Inquisição na Idade Média e afirma que é preciso entender o contexto cultural da época para se fazer uma avaliação correta daquele momento histórico. Dunga discute o tema da política a partir de uma visão empresarial e pragmática. Pensa a política sob o ponto de vista da viabilização da obra da qual faz parte e tem um olhar parcial desse cenário, sendo que a ideia de transformação não está no horizonte de ação desse agente carismático. Já Claudinei defende os "Sem-Deus" e afirma que as pessoas se preocupam muito em dar comida e roupa para o pobre, mas na verdade ele precisa mesmo é de Deus. Além disso, segundo ele, somente o Espírito Santo é capaz de mudar a realidade de miséria das pessoas.

Assim, com essas características o movimento se desenvolve em todo o Brasil e consolida uma estratégia de evangelização que atualmente tem como principal ponto de articulação as comunidades de vida e de aliança espalhadas por todo o Brasil. Na Parte III, analisa-se uma dessas comunidades, a Canção Nova, pelo fato de ela se apresentar como um seguimento de intensa presença na vida juvenil carismática na região observada, ou seja, cidade de Araraquara (Diocese de São Carlos), interior de São Paulo, além de desenvolver um movimento genuinamente juvenil, o PHN.

Uma organização autônoma?

A análise apresentada neste capítulo propõe caracterizar o movimento carismático no tocante a seu processo histórico, suas características teológicas e sua presença tanto no interior da IC como na sociedade brasileira. Dessa forma, pode-se compreender os elementos que possibilitaram que o movimento carismático assumisse uma organização quase paralela à estrutura oficial da IC no Brasil. O exemplo mais significativo desse processo é a forte presença das comunidades de vida e aliança em todo país.

A Renovação Carismática da Igreja Católica 151

Diante das observações acima expostas é possível adentrar na análise de uma importante comunidade carismática chamada Canção Nova. Sua centralidade neste livro está no fato de ela ser a mais importante e influente comunidade carismática e, além disso, ter gestado o movimento juvenil PHN, que chamou a atenção por sua radicalidade ao assumir os preceitos carismáticos, iniciados pelos padres norte-americanos Haroldo Rahn e Eduardo Dougherty e consolidados sob a liderança de Monsenhor Jonas Abib.

Considerações intermediárias

Neste momento há a necessidade de ressaltar que a RCC está inserida no contexto religioso que coloca em questão a tese da secularização do caso brasileiro. Pois, conforme exposto acima, apresenta elementos que contribuem para a magicização da sociedade e seu consequente encantamento. O movimento carismático é o seguimento católico que rejeita certos elementos da modernidade, participando dos setores religiosos que reagem ao processo de secularização.

A tendência do movimento ao enclausuramento possibilitou a criação de comunidades que, na atualidade, se caracterizam como principal vetor de veiculação da ideias da RCC. É nesse contexto que se origina o movimento PHN, como fruto de um processo de dessecularização/reencantamento mundial numa sociedade em que, como já vimos, persiste o encantamento e as características de secularização relativa.

O capítulo 3 reconstruiu essa realidade a partir da análise do cenário religioso brasileiro, da discussão do processo de secularização e da descrição das diferenças católicas pela noção de tendências orgânicas. Como observou-se, a RCC compõe a tendência modernizadora-conservadora do catolicismo e atua no âmbito familiar no sentido de moralizar posturas e preceitos difundidos pela modernidade.

O capítulo 4 aprofunda essa questão ao apresentar a origem da RCC e seus principais fundamentos. Assim, pode-se entender sua maneira de atuar na sociedade com relação à política e às outras religiões. Também se constatou que há problemas de relacionamento entre carismáticos e hierarquia católica, apesar de seu crescimento constante nos últimos anos.

Entretanto, para evitar dúvidas de que a RCC ocupa uma posição privilegiada no interior do catolicismo brasileiro, mesmo com dificuldades de relacionamento em várias paróquias, é importante tomar como exemplo a vinda do Papa Bento XVI ao Brasil e comparar sua relação com as tendências ligadas à Teologia da Libertação e com o movimento carismático. A visita do Papa Bento XVI ao Brasil em 2007, na ocasião da abertura da *V Conferência Geral do Episcopado da América Latina e Caribe*, reacendeu o debate e a crítica acerca das posições conservadoras da Igreja Católica. O discurso contra a legalização do aborto e a defesa de temas tradicionalistas, como o retorno da missa em latim, expressam objetivamente as posições do Vaticano. Além disso, a visita de Bento XVI teve o sentido de fortalecer a estratégia católica de recuperação de seus fiéis na América Latina. Dessa forma, demonstrou-se uma simpatia do Papa aos movimentos católicos que estão tendo certo sucesso nessa estratégia, em particular a Renovação Carismática Católica.

Na tendência católica radical está a Teologia da Libertação, as Comunidades Eclesiais de Base (CEBs), as pastorais sociais e da juventude, que compõem o que Löwy chama de "Cristianismo da Libertação". Esta se encontra numa crise de identidade desde meados de 1990. Apesar de o Papa não ter expressado publicamente uma posição contrária a esses setores, eles permaneceram à margem de sua agenda no Brasil, sendo que a RCC participou, organizou e articulou a maior parte de suas atividades. Por exemplo, na missa de beatificação do Frei Galvão (11/05/09), no Campo de Marte em São Paulo, todo o mobiliário do altar foi cedido pela Comunidade de Vida Canção Nova; no Encontro com Jovens no Estádio do Pacaembu em São Paulo (10/05/09), as bandas e os jovens que falaram com o Papa eram majoritariamente carismáticos; e a visita à Fazenda da Esperança (12/05/09) em Guaratinguetá-SP também foi articulada pelo movimento carismático. Além disso, Roma recentemente (2007) proibiu as

A Renovação Carismática da Igreja Católica 153

atividades do padre jesuíta Jon Sobrino, um dos mais importantes teólogos da libertação em exercício.

Diante do exposto, a conclusão é a de que o catolicismo vive um processo de aprofundamento de uma prática muito preocupada com as disputas de fiéis no campo religioso em detrimento de um modelo de evangelização preocupado com a situação social do indivíduo. Nesse processo predomina atualmente no interior do catolicismo brasileiro a prática eclesial dos setores reformistas e, principalmente, modernizadores-conservadores – como a RCC – em detrimento da tendência radical, na qual ainda se identificam alguns setores do Cristianismo da Libertação.

Nesse cenário é que se insere o movimento PHN e sua proposta de evangelização dos jovens. O ambiente social de falta de perspectiva de futuro leva os jovens a recorrerem aos tipos de religiosidade pautados na emoção e espiritualidade. Esta Parte II do livro esclarece o contexto no qual os jovens fazem sua opção religiosa. Assim, a partir das considerações estabelecidas na Parte I, afirma-se que:

a) a relação de causalidade entre a realidade social do jovem e o cenário religioso no Brasil se realiza a partir da ideia de que a crise social leva à falta de projeto de futuro, que por sua vez conduz, em muitos casos, à religião. Portanto, a ênfase dessa relação causal está não exatamente nas dificuldades sociais enfrentadas pelos jovens, mas, sobretudo, na crise de futuro que o cenário atual tem conduzido.

b) a análise do contexto juvenil (Parte I) e do cenário religioso (Parte II) possibilita estabelecer uma afinidade eletiva entre o jovem brasileiro e as religiões carismáticas e pentecostais, para além de uma subjetividade juvenil "funcionalmente religiosa" em sua potencialidade. Significa afirmar que a juventude opta por religiões que o ajudem a superar suas dificuldades, todavia, a superação deve ser imediata e mágica.

A ausência de segurança no futuro tem produzido opções de vivência cada vez mais imediatas e superficiais do ponto de vista de mudanças concretas, sólidas e prolongadas. Trata-se de um contexto excepcional para a atuação do PHN e sua filosofia de pensar a vida dia após dia, num recomeçar permanente. Dessa forma, a própria opção religiosa é conduzida na perspectiva do pessoal, do ponto de vista da resolução das aflições do fiel.

A questão da religião como opção pessoal é recorrente nos autores que discutem o cenário religioso atual. Marcelo Camurça[50] sugere que a adesão não é mais cultural, vinculada ao contexto familiar, mas pessoal. Luiz Roberto Benedetti trata do "consumo religioso por razões de satisfação pessoal", com uma eliminação da história e da responsabilidade pessoal. "O mundo é reduzido a uma subjetividade envolta por um acontecer – o milagre".[51]

Com o fortalecimento da opção pessoal, há a diminuição da autoridade católica e o aumento das possibilidades de escolhas que favorecem sínteses pessoais e inéditas.[52] No Brasil, essas inúmeras possibilidades de escolhas religiosas entram em contraste com as restrições aos acessos de inserção produtiva, cultural e política, produzindo crescente adesão dos jovens às religiões. "A condição juvenil – socialmente compreendida enquanto momento do ciclo de vida de transferência para a fase adulta – favorece a experimentação dos novos sentidos da religião como fonte de imaginação simbólica".[53]

Nesse processo, a religião passa a ter para a juventude três finalidades: a) religião como busca de sentido para a vida; b) religião como caminho de superação dos obstáculos sociais (por exemplo, dificuldades financeiras e/

---

50 Ver CAMURÇA, Marcelo A. (2006). "A realidade das religiões no Brasil no Censo do IBGE-2000". In TEIXEIRA, Faustino & MENEZES, Renata (orgs.). *As religiões no Brasil*: continuidades e rupturas. Rio de Janeiro: Vozes.
51 BENEDETTI, Luiz R. (2006). Religião: trânsito ou indiferenciação?". In TEIXEIRA, Faustino & MENEZES, Renata (orgs.). *As religiões no Brasil*: continuidades e rupturas. Rio de Janeiro: Vozes, p. 128.
52 NOVAES, Regina (2006). "Os jovens, os ventos secularizantes e o espírito do tempo". In TEIXEIRA, Faustino & MENEZES, Renata (orgs.). *As religiões no Brasil*: continuidades e rupturas. Rio de Janeiro: Vozes, p. 156.
53 Id., ibid., p. 137.

ou de inserção no mercado de trabalho) e pessoais (por exemplo, frustrações afetivas e/ou dificuldades no relacionamento familiar); e c) religião como produtora de identidade. Essas três finalidades parecem estar inseridas nos objetivos dos idealizadores do PHN, mas é necessária a descrição analítica do projeto de evangelização da juventude promovida pelos carismáticos para compreender de que forma se concretiza essas finalidades. Essa é a principal discussão que se segue.

PARTE III

A juventude carismática católica

INTRODUÇÃO

A terceira parte desta obra é constituída pelo capítulo 5 – Por Hoje Não: jovens, católicos e carismáticos – e pelo capítulo 6 – O grupo de oração Novo Pentecostes. No capítulo 5 é feita a análise da ação dos jovens participantes da RCC em suas principais vertentes. Em seguida, volta-se a atenção para o tema das Novas Comunidades, em especial a Canção Nova e a gestação do movimento PHN, seus fundamentos teológicos e morais. Por fim, apresenta-se uma reflexão acerca das esferas erótica e religiosa a partir da obra de Weber.

O capítulo 6 foca a experiência de um grupo de oração da cidade de Araraquara, interior de São Paulo, e as entrevistas realizadas com seus participantes. O trabalho de observação possibilitou o entendimento da prática de um grupo carismático e os elementos que evidenciam a presença do PHN em grupos de oração juvenil. O último capítulo tem a intenção de apresentar as realidades do grupo de oração Novo Pentecostes em Araraquara e a Comunidade Canção Nova em Cachoeira Paulista-SP. Busca-se articular essas duas conjunturas para demonstrar a influência desta comunidade de vida nos grupos de oração do interior de São Paulo.

POR HOJE NÃO:
JOVENS, CATÓLICOS E CARISMÁTICOS

Neste capítulo é apresentada a trajetória dos jovens da Renovação Carismática Católica (RCC), explicando o processo de evangelização desenvolvido por esse movimento no interior da Igreja Católica (IC). A RCC é um movimento que não aceita ser chamado ou interpretado como movimento eclesial, pois se reivindica como um reavivamento do catolicismo, "uma verdadeira renovação". Essa postura possibilita sua inserção em diversos espaços, dentro e fora da Igreja, com o intuito de promover a evangelização a partir do "anúncio do pentecostes". No caso dos jovens, há uma estratégia desenvolvida a partir do grupo de oração, que passa pelo acompanhamento de atividades em comunidades de vida e pela participação no Ministério de Música, que anima os encontros. Todo esse processo tem o respaldo da estrutura analisada na parte II deste livro, principalmente da Comunidade de Vida e Aliança Canção Nova.

A Canção Nova, localizada em Cachoeira Paulista-SP, pode ser considerada uma das mais influentes e importantes para a RCC no quesito evangelização juvenil. Isso ocorre pelo fato de possuir em seu interior um movimento chamado PHN – Por Hoje Não vou mais pecar, um movimento juvenil que se desenvolve no interior do movimento carismático e possui significativa influência sobre os jovens que acompanham a Canção Nova.

Desse modo, faz-se a análise dessa proposta específica de evangelização dos jovens católicos, considerando o PHN como o elemento central desse processo. Começa-se com uma análise da estrutura de evangelização juvenil dos carismáticos; posteriormente inicia-se a discussão sobre as comunidades de vida com foco na Canção Nova; sistematiza-se a filosofia PHN, sua teologia e perspectiva moral; e, por fim, retoma-se alguns elementos teóricos para o entendimento do processo de evangelização fundamentado nos princípios do PHN.

A organização da juventude carismática

A juventude do movimento carismático está organizada a partir de dois ministérios: Ministério Jovem (MJ) e Ministério Universidades Renovadas (MUR), que anteriormente eram organizados em uma mesma estrutura chamada Secretaria Marcos. No entanto, com a mudança na organização da RCC, de secretarias para ministérios, há a separação desses dois setores que trabalham com jovens. Segundo Ricardinho, coordenador nacional do MJ em 2007,[1] a diferença entre Secretaria Marcos e Ministério Jovem pode ser definida da seguinte maneira:

> [...] a mudança hoje de Secretaria Marcos para Ministério, ela foi fundamental, porque Secretaria Marcos era uma coisa própria, que assim só o jovem evangelizaria outro jovem. Ministério não. Ministério é uma pessoa que tem um carisma, um chamado para o trabalho com o jovem. Não importa a idade dele, ele tem um ministério para a juventude, é o Papa João Paulo II, o padre Jonas, e outros tantos homens e mulheres que já passaram, vamos se dizer assim, de sua juventude, mas que têm dentro de si um carisma para trabalhar com a juventude. Esse é o ministério do jovem [...].[2]

Além desses dois ministérios há o Ministério de Música, que possui papel central nos grupos de oração e cujos participantes são, em sua maioria, jovens. Assim, a juventude carismática está organizada a partir de três

---

1 Ricardinho (Curitiba-PR) foi da coordenação nacional do MJ, sendo que em 2009 o coordenador nacional era o jovem Marcos Zolin de Pelotas, Rio Grande do Sul.
2 Entrevista Ricardinho, Cachoeira Paulista, Canção Nova, 27/7/2007.

estruturas: uma responsável pelos grupos de oração jovem, outra responsável pelos grupos de oração universitários (e jovens recém-formados) e outra que trabalha com a música, presente em praticamente todas as atividades do movimento. Comecemos pela discussão do MJ e sua função no interior do carismatismo brasileiro.

O Ministério Jovem possui um coordenador nacional, coordenadores estaduais e diocesanos, responsáveis pela animação dos grupos de oração voltados para a evangelização da juventude. Dificilmente é encontrado na realidade um grupo de oração com participantes apenas jovens. Por exemplo, o grupo de Araraquara intitula-se grupo de cura e libertação, mas seu coordenador e liderança mais importante é jovem e grande parte dos participantes também. Por esses motivos o MJ possui papel importante, pois procura articular temas, programas e metodologias de evangelização voltadas para o público juvenil participante dos grupos de oração.

Paralelamente aos grupos de oração existe uma série de atividades que buscam fortalecer a identidade carismática e a adesão do jovem ao movimento. Ricardinho fala de grupos de partilha para estudo da Bíblia e da doutrina católica. Há o evento "Virado Radical", que, segundo ele, tem a proposta de evangelizar em locais públicos como praças, escolas, praias, rios, locais de lazer e campos de futebol. Existem encontros específicos da juventude, em que se discutem temas como sexualidade e afetividade, retiros vocacionais, retiros de formação humana, encontros de primeiras experiências, entre outros. As novidades são as "cristotecas" e as *raves* católicas", organizadas com música eletrônica e que são a evolução dos "Barzinhos de Jesus", pequenas festas organizadas pelos grupos de jovens carismáticos. Esses momentos são chamados pelo MJ de "Lazer no Espírito".

Esses elementos são utilizados pelo MJ como forma de articular a juventude presente nos grupos de oração. Por meio de coordenadores – nacional, estadual e diocesano – escolhidos pela coordenação geral da RCC, há o processo de evangelização elaborado em conformidade com os preceitos integrais do movimento carismático no Brasil. No entanto, o MJ não consegue abarcar a diversidade de iniciativas que há no interior do movimento, e por isso o MUR, por exemplo, possui papel complementar na organização e estruturação da formação juvenil.

O MUR (Ministério Universidades Renovadas) trabalha o universo acadêmico em duas frentes: com os estudantes a partir do GOU (Grupo de Oração Universitário) e com os já formados a partir de projetos profissionais. Essa segunda proposta, a de trabalhar com o "Profissional do Reino", é muito parecida com o programa desenvolvido pela antropóloga Ruth Cardoso no Governo de Fernando Henrique Cardoso e consiste em recrutar profissionais recém-formados para trabalhar em programas assistenciais. Em um material de propaganda do movimento, distribuído na ocasião do Congresso dos 40 anos da RCC e editado em três línguas – português, inglês e espanhol –, o "Profissional do Reino" é definido da seguinte maneira:

> E todo o nosso trabalho tem o intuito de gerar para a Igreja e para o mundo profissionais renovados, que com um espírito novo vão atuar em suas profissões à luz do Evangelho e na Força do Espírito Santo, contribuindo assim para a construção da Civilização do Amor.

O profissional do reino é convidado a adquirir experiência na carreira com o trabalho nos programas assistenciais coordenados pela RCC. Um desses programas é o "Projeto Amazônia", que consiste em passar uma experiência mínima de seis meses na Prelazia do Marajó, no Pará. Informações contidas no panfleto do programa afirmam que "os missionários vão atuar em atividades de serviço, testemunho, diálogo e anúncio". Trata-se de unir a formação profissional do fiel com sua formação espiritual carismática e assim construir o processo de aprendizagem no qual esses dois elementos estejam intimamente relacionados.

Assim, a partir de duas frentes de atuação o MUR, tem a seguinte proposta:

Universidades Renovadas consiste em incentivar a formação de Grupos de Oração Universitários para que, ao sair da faculdade, o aluno entenda o plano de Deus na sua profissão e exerça a sua vocação profissional com dignidade, ética, respeito ao homem e a certeza de que "se eu não mudar, nada vai mudar". É preciso avançar, buscar verdadeiramente os ensinamentos de Deus e construir definitivamente a civilização do amor no nosso país [...] Acreditamos que a construção de uma sociedade mais justa e mais fraterna só será possível quando homens novos, formados à luz do Evangelho e ungidos pelo poder do Espírito, assumirem seus lugares na sociedade. E esses homens, em sua maioria, passam pelas universidades. Por isso, nos tem sido apresentado pela Igreja Católica o desafio da Evangelização das faculdades.[3]

Acerca dos GOUs (Grupo de Oração Universitário), em 2009 o portal oficial do MUR na internet registrava 702 GOUs em todo o Brasil, sendo 120 localizados no Estado de São Paulo.[4] Em Araraquara há 5 grupos: *Lírio do Valle*, da UNESP (Faculdade de Ciências e Letras e Faculdade de Ciências Farmacêuticas); *RUAH*, também da UNESP (Laboratório Imunológico); *Recristalização do Amor*, ainda da UNESP (Instituto de Química); *Obra Nova*, da UNIP; e *Oásis do Amor São Bento*, do Centro Universitário de Araraquara (UNIARA). Considerando que a UNESP, Campus de Araraquara, está distribuída em três localidades, o MUR está presente em todos os espaços universitários existentes nesta cidade.

No Portal do MUR encontramos a afirmação de que o:

> Grupo de Oração Universitário (GOU) é uma célula fundamental da Renovação Carismática Católica (RCC) e é o coração de todas as atividades de evangelização do Ministério Universidades Renovadas (MUR). Orientados aos universitários é uma comunidade universitária católica.[5]

---

3 Texto de apresentação do Portal do MUR. Acesso em 20/5/2009.
4 Conforme retrata Gabriel (2005, p. 63), em 2005 havia 707 GOUs em todo o país e 184 em São Paulo.
5 Informações contidas no Portal do MUR. Acesso em 20/5/2009.

Para compreender o funcionamento e objetivos dos GOU´s, além da análise de documentos deste ministério, utiliza-se as pesquisas de Eduardo Gabriel, de seu mestrado defendido na UFSCar em 2005, de Gisele Sena Bertolazo, de sua monografia defendida na UFMS em 2008, e o mais recente artigo sobre o assunto, de autoria de Carlos Eduardo Procópio, publicada em 2009.

O GOU teve seu início em 1994 na UFV – Universidade Federal de Viçosa (MG) – a partir da iniciativa de Fernando Galvani,[6] que "sonhou" em ver as universidades brasileiras repletas do Espírito Santo. Para Gabriel,[7] "ao apresentar o 'sonho' de evangelização universitário que propõe o GOU, se colocará em questão o sentido da religiosidade (católica carismática) no processo da vida acadêmica cotidiana do universitário, e também o sentido reivindicado na ocupação de espaços no interior da Renovação Carismática".

Para o autor o projeto do MUR almeja presença maior nos cargos de poder do movimento carismático e, para isso, há todo um planejamento que vem sendo desenvolvido pelas lideranças católicas universitárias:

> [...] o "sonho" inicial da evangelização carismática no ambiente universitário é composto por três elementos: 1) um contexto universitário que já reunia práticas religiosas da Renovação Carismática; 2) um universitário de Viçosa, líder da RCC local, e que tem seu *status* de liderança desarticulado; 3) a legitimidade no resgate "mítico" quando do surgimento da RCC numa universidade nos EUA.[8]

---

6   Fernando Galvani ingressa na UFV em 1987 no curso de Zootecnia, conclui o curso em 1991 e viaja aos EUA para um curso de especialização em 1992. Sua saída do Brasil provocou um esvaziamento de sua liderança, que é retomada com seu retorno para a UFV, agora no curso de medicina veterinária, e com o início em 1994 do projeto carismático no interior das universidades. Ver Gabriel (2005, p. 44) e Procópio (2009).

7   GABRIEL, Eduardo (2005). *A evangelização carismática católica na universidade:* o sonho do grupo de oração universitário. São Carlos-SP: Dissertação de mestrado, UFSCar, mimeo, p. 40.

8   Id., ibid., p. 45.

Ele chama atenção para o contexto inicial do MUR, indicando que sua gênese se dá a partir da articulação de jovens carismáticos que vão para o ambiente universitário e almejam continuar cultivando sua espiritualidade. É por isso que a articulação desses elementos possibilitou o surgimento do MUR e sua difusão em diversas universidades do país, a partir de jovens universitários originários, em sua maioria, de famílias católicas com pais pertencentes ao movimento carismático.

Um fato interessante do GOU é que ele tem conseguido se articular a partir das demandas específicas do universitário. "Os pedidos de oração e louvor no GOU atendem aos conflitos e demandas da vida acadêmica: provas, trabalhos, estágios, monitorias, bolsas de estudos, etc".[9] Outro fato para o qual Gabriel chama a atenção é o projeto de poder contido no GOU, na medida em que se reivindica mais espaço e participação no poder e postos de liderança na RCC. O objetivo é a construção de uma almejada elite carismática política e religiosa, ao mesmo tempo em que o GOU se constrói com certa autonomia da hierarquia do movimento.

Seguindo a perspectiva de Procópio,[10] nota-se que a RCC se articula na universidade a partir de dois elementos: resgate da potencialidade militante e engajada do jovem universitário e debate de um modelo de ética profissional. Para o primeiro é apresentado um estilo católico-carismático de militância (e de ser universitário) e para o segundo um modelo de profissional baseado na ética católica. Esse processo se estabelece por meio da "negociação" com o ambiente acadêmico, em que é oferecida uma "comunidade emocional" que funciona como "família" para o universitário que se sente deslocado de seu estilo de vida.

Para Procópio, ao transformar o campo de conhecimento em campo de missão, os GOUs fazem da religião o complemento da formação científica, o que causa mudança na perspectiva de vida dos jovens.

---

9 Id., ibid., p. 79.
10 PROCÓPIO, Carlos E. (2009). "A RCC na universidade: transformando o campo de conhecimento em campo de missão". In CARRANZA, Brenda et. all. (orgs.). *Novas comunidades católicas*: em busca do espaço pós-moderno. Aparecida-SP: Idéias & Letras, p. 83-84, 88.

Uma transformação na percepção dos jovens universitários dos GOUs está ligada a mudanças em suas ambições profissionais. Alguns que entraram na universidade visando a acumular conhecimento para ocuparem cargos rentáveis tiveram suas perspectivas redirecionadas para o desenvolvimento de atividades que pudessem contribuir para a melhora da sociedade e do próximo.[11]

O resultado do projeto de evangelização do MUR seria a divulgação da mensagem cristã e do projeto da RCC por meio do papel do profissional na sociedade, sendo que esse ideário se sustenta pela "certeza de que, depois de formados, os universitários possam assumir cargos de liderança na sociedade"[12] e também na estrutura do próprio movimento, conforme retrata Gabriel.

Assim, uma vez que um universitário católico-carismático assumir alguma função de liderança depois de formado, deve empenhar-se na ampliação e consolidação do projeto da RCC de renovar a sociedade, não somente espiritual, mas também estrutural.[13]

O GOU, além de seu papel de socialização do jovem carismático no ambiente universitário, possui a perspectiva de disputa interna no movimento carismático e também almeja permear a sociedade de profissionais do reino comprometidos com o Evangelho e o projeto de Deus para o mundo. Vejamos como esse processo se estabelece no cotidiano da universidade, para isso toma-se como referência o estudo de Bertolazo (2008) sobre o GOU, "Valei-nos São José", da UFMS (Universidade Federal do Mato Grosso do Sul).

O texto de Bertolazo nos interessa pelo fato de direcionar o estudo para a análise da "moral religiosa e sua influência no comportamento sexual" dos

---

11 Id., ibid., p. 100.
12 Id., ibid., p. 93.
13 Id., ibid., p. 93.

participantes do GOU, considerando a "religião como sendo um produto humano que influencia a sociedade na forma de conceber e vivenciar essa sexualidade". Dessa forma, preocupa-se com a "problemática da vivência do sexo e da postura moral adotada por estes jovens em relação a sua sexualidade". A autora define o GOU como:

> [...] parte das obras da instituição católica, criado com o intuito de "catequizar" cada vez mais jovens universitários, buscando assim um maior contato destes jovens – inseridos em um local onde a racionalidade predomina – na tentativa de propiciar a assimilação ou mesmo retomada de valores cristãos que estariam sendo esquecidos.[14]

Ela avalia que os membros do grupo adotaram o chamado "namoro santo" como forma de superação do "ficar". Assim, em oposição às relações afetivas momentâneas simbolizadas pelo "ficar", o "namoro santo" é considerado o relacionamento "ideal entre os fiéis antes do casamento". Trata-se de "um namoro sem relações sexuais, voltado para o conhecimento psicológico um do outro".[15]

Por esses motivos, o fiel do GOU busca manter a posição da instituição católica no ambiente universitário, aguardando o casamento para a viabilização de uma vida sexual ativa e fazendo duras críticas aos comportamentos homossexuais presente nas universidades brasileiras.

> O conceito de um ideal relacionamento amoroso, da vivência do sexo, da exaltação do casamento, da desaprovação da homossexualidade, enfim, a concepção de moral sexual do grupo se aproxima mais da disseminada pela instituição católica que do comportamento dos jovens de modo geral.[16]

---

14 BERTOLAZO, Gisele S. (2008). *Moral e comportamento sexual:* a perspectiva dos jovens do grupo de oração universitário "valei-nos São José". Campo Grande-MS: Dissertação de mestrado, UFMS, mimeo, p. 29.

15 Id., ibid., p. 46.

16 Id., ibid., p. 47.

Nesse sentido, a busca pelo contato íntimo com o sagrado, conduz o jovem do GOU para um comportamento mais rígido em comparação aos demais jovens da sociedade. Para Bertolazo, esse cenário conduz ao sucesso do catolicismo no sentido do resgate da moral cristã, mas o tema da sexualidade juvenil será retomado para discutir o caso dos jovens do PHN, pois se constata algumas diferenças com relação a esse processo no universo dos jovens participantes desse movimento originário da Canção Nova.

Dando sequência à análise dos setores responsáveis pela evangelização da juventude na RCC, segue-se com a discussão do Ministério de Música. Se por um lado o MJ e o MUR estão voltados para o trabalho de evangelização dos jovens, o Ministério de Música (MM), apesar de sua importância para o setor, está presente em praticamente todos os segmentos do movimento carismático católico. Responsável pela animação dos grupos de oração, missas e eventos de massa em geral, o MM tem papel fundamental no processo de condução dos momentos de oração e partilha das atividades da RCC:

> Toda assembleia deve ter um animador musical, alguém que preste o serviço de ajudar a todos a louvar o Senhor. Este será seu grande ministério: conduzir a assembleia pelo canto ao louvor [...] Durante a reunião de oração os cantos devem ser colocados como peças certas e próprias dentro do conjunto da oração. Não podemos cantar qualquer canto a qualquer momento na reunião de oração. É preciso colocar o canto certo. Na hora exata. Caso contrário o canto dispersa e atrapalha. O canto precisa seguir a linha do tema, o assunto da oração. Durante o louvor alegre, vivo e forte, cabem os cantos alegres e vibrantes. Quando o louvor se acalma e entra em ritmo de profundidade, os cantos devem ser calmos e interiorizantes. Quando o grupo entra em silêncio de escuta, cessam os cantos.[17]

Dessa maneira, pode-se afirmar que o MM é formado por um grupo de pessoas que tem como meta a transmissão do Evangelho a partir da música.

---

17 Manual para os participantes do Ministério de Música, disponível no Portal do MUR. Acesso em 21/5/2009.

Por Hoje Não: jovens, católicos e carismáticos 171

Para isso a RCC estabelece alguns requisitos que o fiel deve possuir para fazer parte desse ministério.

> Para isso requer-se uma pessoa de oração que inspire unção e que seja bondosa. Que inspire confiança, que não percam paciência, mesmo que alguns cometam enganos e outros se distraiam. Uma pessoa que saiba sorrir e inspire grande alegria. É claro que além das qualidades anteriores deverá possuir bom ouvido musical, sentido de ritmo, voz segura e gesto apropriado.[18]

Trata-se das qualidades de um verdadeiro líder carismático, capaz de conduzir não apenas a reunião em si, mas, sobretudo, o próprio movimento carismático nas paróquias e dioceses. Nesse sentido, os jovens têm espaço significativo para alcançarem postos de poder e influência no interior do movimento carismático, tão almejada pelos participantes dos GOU´s. No entanto, o exemplo mais significativo dessa realidade é o cantor e compositor Dunga, que foi capaz de gerar um movimento de jovens dentro de sua comunidade de vida e no interior do próprio movimento carismático. E é sobre eles, a Canção Nova, Dunga e o PHN, que falaremos a seguir.

Os elementos de gestação do PHN

Neste momento é importante elencar os elementos que possibilitaram o surgimento do movimento juvenil PHN. Primeiro, define-se o que são as Comunidades Carismáticas, chamadas pela RCC de "Comunidades de Vida e Aliança" e conhecidas nas ciências sociais como "Novas Comunidades Católicas" ou "Comunidades de Vida no Espírito Santo" ou mesmo "Novas Comunidades Carismáticas". Depois se dedica uma atenção à Comunidade Canção Nova e, por fim, faz-se a caracterização dos primeiros passos do PHN, sua forma de organização e seu método pedagógico de evangelização.

---

18 Id., ibid., Portal do MUR. Acesso em 21/5/2009.

As Comunidades Carismáticas

A RCC traz consigo um sentido comunitário que possibilitou o surgimento de Comunidades de Aliança e de Vida em todo o Brasil. Uma comunidade de aliança é formada em geral por membros que se reúnem periodicamente e estão comprometidos de modo organizado, mas continuam inseridos na sociedade pela profissão ou habitação. No caso da comunidade de vida as opções são mais radicais, havendo em muitos casos votos religiosos (pobreza, obediência e castidade).[19] Essas comunidades se formam para se dedicarem ao louvor, à adoração ao santíssimo, à evangelização, à cura e à realização de obras sociais.[20]

As Comunidades Carismáticas são caracterizadas por Carranza[21] da seguinte maneira: a) advogam um catolicismo intransigente; b) defendem o primado da autoridade e da estabilidade doutrinal; c) primam pela subserviência a Roma e pela defesa da moralidade, consagrando-se como "fiéis bastiões da neocristandade". Com essas características, elas se articulam a partir das seguintes ações: a) garantia da espiritualidade; b) desenvolvimento de atividades de evangelização; c) viabilização de projetos sociocaritativos; d) locação de empreendimentos midiáticos; e) promoção de um estilo de vida comunitário; f) valorização de laços de solidariedade mútua; g) encorajamento às consagrações religiosas.

Em virtude desses elementos, Carranza[22] caracteriza as comunidades de vida e aliança como um movimento *ad intra* que tem o intuito de consolidar e difundir a identidade carismática. Mas também afirma que há um movimento *ad extra* nestas comunidades a partir do momento em que ocorre a divisão do trabalho religioso, com um corpo de especialistas pre-

---

19 HÉBRARD, Monique (1992), op. cit., 41.
20 MARIZ, Cecília L. (2005), op. cit., p. 253.
21 CARRANZA, Brenda (2009), op. cit., p. 40-41.
22 CARRANZA, Brenda (2000), op. cit., p. 79-82.

sentes em seu interior que oferecem bens de salvação específicos. A autora explica que a partir das comunidades de vida e aliança a RCC promove uma religião de clientela para públicos específicos: jovens, "turistas espirituais", casais, moradores de rua, profissionais liberais e pessoas aflitas.

Ela classifica as comunidades carismáticas como estruturas intermediárias de sentido que fazem a ponte entre o indivíduo e a sociedade. Portanto, na atual fase de agregação comunitária da RCC, há um esforço do que a autora chama de "socialização primária", que funciona como método de autorreprodução. Sendo assim, essas comunidades se caracterizam como uma estrutura paralela à organização da RCC que dão apoio ao projeto de evangelização carismático. "Apesar de terem surgido entre membros da RCC, as *novas comunidades* são organismos totalmente independentes".[23] Todavia, a autonomia é apenas estrutural, visto que seus projetos e programas estão em completa sintonia com a organização da Renovação Carismática em virtude de seu engajamento comum em um mesmo modelo de espiritualidade e evangelização católica.

Essas novas comunidades têm como perfil os seguintes elementos: trata-se de experiências pessoais de encontro com Deus, focada na emoção; configuram-se como um catolicismo de massa; e possuem uma cultura midiática.[24] Esse perfil possibilita que essas comunidades deem sentido à vida e identidade ao indivíduo que nela ingressa, tirando-o das incertezas presentes na sociedade, ligando-o ao projeto comunitário de caráter divino. Perde-se a autonomia pessoal, porém ganha-se um projeto de vida consistente e seguro. "As pequenas comunidades parecem ser o refúgio que alivia no indivíduo a necessidade de reinventar o mundo a todo momento e de ter que se encontrar nele".[25]

---

23 CARRANZA, Brenda & MARIZ, Cecília L. (2009). "Novas comunidades católicas: por que crescem?". In CARRANZA, Brenda et. all. (orgs.). *Novas comunidades católicas*: em busca do espaço pós-moderno. Aparecida-SP: Idéias & Letras, p. 145.
24 Id., ibid., p. 130-141.
25 Id., ibid., p. 130-146.

Nesse processo, as comunidades carismáticas possuem uma relação de contradição com a modernidade ao admitirem elementos de distanciamento da realidade atual – como a restrição da vida sexual ativa, o confronto ao consumismo e o individualismo – e ao mesmo tempo de proximidade – como a valorização de símbolos e da diversidade estética, a adoção da emoção como método de evangelização, além da afinidade com a mídia e os eventos de massa.[26]

Essas comunidades têm organizado casas de formação e de missão em diversas partes do território nacional. Além disso, estão em crescente expansão no exterior, principalmente na América do Sul e Europa. Para melhor compreender seu funcionamento, é importante analisar alguns exemplos de comunidades carismáticas. Pode-se afirmar que há três principais comunidades de vida e aliança no Brasil: além da Canção Nova, destaca-se a Toca de Assis e a Shalom. Comecemos pela Toca de Assis.

Toca de Assis. O Instituto de vida religiosa Toca de Assis é a comunidade que "abraça o ideário franciscano de vivência radical da pobreza e tem como carisma cuidar de moradores em situação de rua".[27] Com a maioria de jovens vivendo em comunidade, a Toca de Assis se caracteriza pelo anti-intelectualismo, pelo desestímulo à formação religiosa (sacerdotes e freiras) e por um tipo de seguimento emocional e incondicional ao líder-fundador Pe. Roberto José Lettieri.

Como afirma Rodrigo Portella:

> Usos e costumes do catolicismo de corte mais tradicional são adotados na Toca de Assis, a partir de uma doutrina católica bastante rija e ortodoxa, inclusive com resgates devocionais, estilísticos e doutrinais pré-concílio Vaticano II, que estavam, por assim dizer, em pouco uso na Igreja.[28]

---

26 Id., ibid., p. 150-151.
27 Id., ibid., p. 144.
28 PORTELLA, Rodrigo (2009). "Medievais e pós-modernos: a Toca de Assis e as novas sensibilidades católicas juvenis". In CARRANZA, Brenda et. all. (orgs.). *Novas comunidades católicas*: em busca do espaço pós-moderno. Aparecida-SP: Idéias & Letras, p. 173.

Segundo o autor, a comunidade conta com mais de 100 casas e aproximadamente 2000 membros, sendo a grande maioria formada por jovens de 18 a 30 anos. Essa juventude é organizada para trabalhar com moradores de rua; porém, "são proibidos de estudar teologia em faculdades e seminários, salvo casos especiais", e os "estudos formais são não só desaconselhados como, pode-se dizer, proibidos na Toca",[29] inclusive os cursos técnicos na área de saúde, que poderiam auxiliá-los nos trabalhos com as pessoas enfermas.

Com essa lógica da renúncia total da riqueza, inclusive intelectual, essa juventude assume, portanto, uma perspectiva de vivência em moldes radicalmente opostos aos princípios presentes na modernidade. Não se busca a formação profissional para a procura de um trabalho e do sucesso, mas sim a subserviência ao líder da comunidade e a confiança no projeto divino ao qual vislumbra estar completamente inserido.

Shalom. Situada na cidade de Fortaleza-CE, a Shalom é uma das mais importantes comunidades carismáticas no Brasil, sendo a que mais possui casas de missão: 45 no Brasil e 12 no exterior.[30] Diferentemente da Toca de Assis, essa comunidade se preocupa com a formação dos membros da comunidade e possui vínculos com instituição de ensino, a Faculdade Católica Nossa Senhora Rainha do Sertão, situada em Quixadá-CE.

> Além da evangelização de massa, que realiza via emissoras de rádio próprias, a comunidade organiza eventos que reúnem grande número de fiéis, como é o caso do "Renascer", que acontece no período de carnaval. Além de produzir livros, materiais audivisuais (DVDs, CDs), peças teatrais e shows musicais, a comunidade oferece cursos de formação e retiros e atua, ainda, na área social por meio de projetos voltados a população com os mais diversos problemas e carências.[31]

---

29 Id., ibid., p. 174, 185.
30 MARIZ, Cecília L. & AGUILAR, Luciana (2009). "Shalom: construção social da experiência vocacional". In CARRANZA, Brenda et. all. (orgs.). *Novas comunidades católicas*: em busca do espaço pós-moderno. Aparecida-SP: Idéias & Letras, p. 241.
31 Id., ibid., p. 243.

Toda estrutura de evangelização citada acima se desenvolve por meio de uma espiritualidade carismática que produz vivências extraordinárias e sensações mágicas, conduzidas pelas lideranças da comunidade, principalmente pelos fundadores Moysés Louro de Azevedo Filho e Maria Emmir Nogueira.

Nesse universo, todos que são consagrados para viver na comunidade Shalom devem fazer os votos de pobreza, obediência e castidade, pois se busca a "intimidade com Deus", que provoca mudança no fiel ao ponto de existir total abertura para "escutar e realizar a vontade de Deus". "Acredita-se que, se genuína, essa transformação traria resultados práticos, ou seja, o indivíduo que contemplasse a Deus e escutasse sua vontade seria, inevitavelmente, seu instrumento para agir no mundo – seu misticismo geraria ascetismo".[32]

Enfim, apresentadas de maneira breve, as duas comunidades descritas acima tiveram como referência e inspiração a Canção Nova, que é nossa preocupação agora.

A Canção Nova

Ao analisar as novas comunidades católicas, Cecília Mariz chama a atenção para a presença significativa de jovens entre seus membros e identifica a atuação destes na criação das comunidades. Ela volta sua atenção para o estudo da Toca de Assis ao identificar que essa comunidade é formada majoritariamente por jovens. Entretanto, é na Canção Nova que a RCC desenvolve um trabalho de evangelização genuinamente juvenil conhecido por PHN. Além disso, Tiba, membro da comunidade e braço direito de Dunga no Programa de TV PHN, afirma que a maioria dos membros da Canção Nova se encontra na faixa etária dos 25 anos. Por isso, apresenta-se a maneira como essa comunidade e esse movimento se destacam no interior do movimento carismático.

---

32 Id., ibid., p. 264.

Por Hoje Não: jovens, católicos e carismáticos 177

Esta comunidade, precursora das novas comunidades carismáticas, foi fundada em 1978 pelo Monsenhor Jonas Abib em conjunto com um grupo de 12 jovens, conforme relata seu fundador:

> Daí nasceu o núcleo Canção Nova, "Comunidade de vida", com doze jovens e eu. Hoje somos mais de trezentos membros. Não ficou só no núcleo. Muitas pessoas "brotaram" daí, estão atuando muito próximas da Canção Nova. Portanto, hoje somos núcleo e Segundo Elo (Comunidade de Vida e Comunidade de Aliança).[33]

Ela possui sua sede central na Chácara Santa Cruz, na cidade de Cachoeira Paulista-SP, conta com cerca de 30 casas filiais de missão presentes no Brasil e no exterior e mais de 600 membros,[34] sendo que 300 vivem na sede no Vale do Paraíba.[35] Sua preocupação principal é com a evangelização da juventude por meio da cultura midiática.

Sendo assim, a missão da Canção Nova, segundo seus membros, volta-se para os meios de comunicação, tendo como principal objetivo a evangelização pela TV, rádio, internet, livros, CDs e vídeos. A referência canônica é o documento pontifície *Evangelii Nuntiandi* escrito pelo Papa Paulo VI em 1975.

> O Sistema Canção Nova é mantido pela "Fundação João Paulo II" – entidade sem fins lucrativos, a qual tem como fonte de recursos financeiros as doações dos associados ao Clube do Ouvinte, sendo assim caracterizada como uma obra que subsiste pela "Divina Providência".[36]

---

33 ABIB, Pe. Jonas (1999). *Canção Nova*: uma obra de Deus. Cachoeira Paulista e São Paulo: Canção Nova e Loyola, p. 33.
34 Se contarmos a comunidade de aliança o número chega a 1004 membros. Ver Gabriel (2009, p. 225).
35 OLIVEIRA, Eliane M. de (2009), op. cit., p. 195-196.
36 Informações contidas no Portal Canção Nova. Acesso em 24/2/2007.

Na perspectiva de Oliveira,[37] a Canção Nova é uma proposta comunitário-religiosa de "viver no Espírito" ou "viver mergulhado no Espírito de Deus". Segundo a autora as comunidades de vida buscam vivenciar o ideal da "Igreja Primitiva", sendo que a Canção Nova se volta para a vida comunitária e missionária com a "propagação da mensagem evangélica de cunho católico-carismático, veiculada, principalmente, através dos meios de comunicação social e da promoção de eventos que aglomeram enorme quantidade de fiéis e simpatizantes, não moradores nas comunidades".[38]

A autora identifica na Canção Nova dois sentidos da metáfora "mergulho no Espírito de Deus": a primeira que corresponde a um "mergulho místico", que significa a total dependência e confiança na Providência Divina; e a segunda que corresponde a um "mergulho ascético" referente ao caráter institucional-pragmático orientador da conduta do membro da comunidade.[39] Sua análise nos traz a luz o viés restritivo em relação ao livre arbítrio do indivíduo e também a perspectiva de encasulamento proposta pelo movimento. Ambas as tendências estão presentes no PHN.

> [...] na Canção Nova, não se vive em comunidade unicamente porque se estima a vida comunitária da Canção Nova por ela mesma. A vida comunitária da Canção Nova era diferente da vida comunitária de outros exemplos de comunidade, porque na Canção Nova se vive "no Espírito".[40]

Viver no Espírito significa viver para Deus, abdicando-se de si mesmo e deixando de lado a vida no mundo. Pois do mundo provém tudo que leva ao pecado, principalmente a sexualidade "vivida sem as regras da moralidade católica", isto

---

37 OLIVEIRA, Eliane M. de (2004). "O mergulho no Espírito Santo: interfaces entre o catolicismo carismático e a Nova Era (o caso da Comunidade de Vida no Espírito Santo Canção Nova)". In *Religião e Sociedade,* vol. 24, n. 1. Rio de Janeiro: ISER, out., p. 86.

38 Id., ibid., p. 90.

39 Id., ibid., p. 91-95.

40 OLIVEIRA, Eliane M. de (2009), op. cit., p. 205.

é, o sexo fora do casamento, a homoxessualidade, o uso de anticoncepcionais, o aborto, o adultério e o divórcio. Todavia, a Canção Nova também busca desenvolver uma ação no mundo:

> Ao mesmo tempo, afirmam os Canção Nova[41] que o "mundo de Deus", não sendo "do mundo", também se faz presente "no mundo" em realidade espiritual – manifesta na irrupção dos carismas do Espírito Santo e na ação da Providência Divina – e em realidade histórica – manifesta nas iniciativas de evangelização dos movimentos pastorais e comunitários da Igreja, mas particularmente na Renovação Carismática e nas Novas Comunidades Carismáticas.[42]

Nesse sentido, apesar do mundo conter tudo aquilo que é passível de sensações e emoções (dor e alegria), tudo aquilo que é perecível, corruptível e efêmero, faz-se necessária uma ação nesse espaço profano no sentido de se conquistar almas. Pretende-se apresentar aos possíveis novos fiéis a experiência da vida no Espírito: "[...] um tipo de vida sublime, superior, intensa, espiritual (sobrenatural), moralmente 'santificada', movimentada (conduzida) pelo fluxo do Espírito num ritmo progressivo, essencialmente imprevisível para os humanos, embora eterno para Deus".[43]

Com esse intuito, além da vida comunitária distanciada do mundo, a Canção Nova recebe fiéis das mais variadas dioceses e grupos de oração do Brasil em atividades de massa chamadas de "acampamentos". Os acampamentos são eventos em que se estabelecem momentos de oração, cura e libertação de jovens, adultos,

---

41 A autora usa o termo "os Canção Nova" para se referir aos membros da comunidade ("um tipo de pessoa que possui o dom Canção Nova") e o termo "cançãonovistas" para os seguidores da comunidade, ou seja, aqueles que participam das atividades de massa e acompanham a comunidade, mas não fazem parte de seu grupo de moradores. Nas palavras da autora: "Nem todos são Canção Nova, mas qualquer um pode ser cançãonovista (ser como os Canção Nova, imitá-los)" (OLIVEIRA, 2009, p. 200, nota de rodapé).
42 OLIVEIRA, Eliane M. de (2009), op. cit., p. 206-207.
43 Id., ibid., p. 209.

homens e mulheres, os quais vão para a comunidade em busca de salvação. Público esse, em sua maioria, de formação familiar carismática católica. Entretanto, há também os recém-convertidos que vislumbram encontrar na Canção Nova a tão sonhada terra santificada, isto é, um espaço sagrado, divino, consagrado, cuja presença de Deus pode ser sentida cotidianamente, um "território eucarístico".

Para isso há uma estrutura preparada para receber mais de 100 mil pessoas na comunidade. A cidade de Cachoeira Paulista se mobiliza para receber grande parte dessa população em pousadas familiares e nos dois únicos hotéis existentes. Todavia, a maior parte da estrutura se encontra mesmo dentro da Canção Nova, na Chácara Santa Cruz, que tem pousada própria, estacionamento, áreas para camping (dividido entre feminino, familiar e masculino), posto médico, padaria, lanchonete, restaurante, três espaços para atividades de massa (Auditório São Paulo, Rincão do Meu Senhor e o novo Centro de Evangelização Dom João Hipólito de Moraes, com 21 mil metros quadrados cobertos e capacidade para cerca de 100 mil pessoas), confessionários, capelas (como a Ermida Mãe Rainha), além das lojas de venda de produtos Canção Nova (Loja do DAVI, Porta a Porta), confeccionados pela própria comunidade no Departamento de Audiovisuais (DAVI), entre outros.[44] Toda estrutura possibilita, por exemplo, a venda em CDs e DVDs de palestras logo na sequência de sua realização.

Nesse cenário e estrutura foi possível vislumbrar e formatar um modelo de evangelização para adultos e jovens. No caso dos jovens gestou-se o PHN. O idealizador da proposta, o cantor e apresentador Dunga, entrou para a comunidade vários anos depois do início da Canção Nova, em 1991, mas parece ter trazido novidades para o grupo que vinte anos depois da

---

44 Há também um conjunto residencial para os membros da comunidade, uma central de jornalismo, a rádio e TV Canção Nova, o prédio do DAVI, local em que há a produção dos produtos da comunidade como DVDs, CDs, livros, camisas, bonés etc. Em 2009 estava em construção a nova Igreja da comunidade com custo avaliado em torno de 18 milhões, empreitada que conta com doações em ouro dos fiéis. Toda essa estrutura e serviços são administrados por meio da Fundação João Paulo II.

fundação, em 1998, realizou seu primeiro "Acampamento PHN" em Cachoeira Paulista, na Chácara Santa Cruz.

O PHN: Por Hoje Não vou mais pecar

O PHN – Por Hoje Não vou mais pecar – é o setor juvenil da Canção Nova e foi idealizado por um de seus membros, Francisco José dos Santos, conhecido como Dunga. Ele é casado com Neia e pai de três filhos, sendo que todos moram na Canção Nova. Trata-se de um membro preocupado com a questão juvenil, que grava CDs, apresenta programas na TV,[45] no rádio e organiza eventos de massa para a juventude, chamados de Acampamentos de Oração.[46] Esses acampamentos são temáticos: há o acampamento de carnaval, que tem o intuito de proteger os jovens das festas mundanas desse feriado, os acampamentos de libertação e cura, entre outros. Entretanto, o acampamento mais visitado pelos jovens é o Acampamento PHN, que apresenta diversos cantores católicos e promove várias atrações e momentos de louvor, celebração e festa para os carismáticos. Em 2008, na ocasião da celebração dos 10 anos do PHN (que teve o lançamento de uma coletânea de palestras com sete CDs que retratam o movimento em seus 10 anos de existência e um livro de Dunga escrito a partir da música "Restauração", que contém o lema do PHN), o evento contou com a presença de 138 mil participantes. Em 2009, o Acampamento PHN teve a presença de cerca de 180 mil fiéis nos três dias de atividades.[47] Há duas semanas do evento já não se encontrava com facilidade algum local para hospedagem em Cachoeira

---

45 Para uma descrição do programa televisivo PHN da TV Canção Nova, ver Braga (2004, p. 120).

46 Oliveira (2004, p. 90) apresenta a seguinte descrição dos acampamentos de oração: "É um megaevento realizado, em sua maioria, em fins de semana na Chácara da Canção Nova e tem uma periodicidade variante de duas a três vezes ao mês, ao longo de todo o ano. Reúne cerca de 15 a 30 mil pessoas por dia de encontro".

47 Esta atividade, segundo Dunga (Entrevista, Canção Nova, 1 e 2/9/2009), bateu o recorde de participação em atividades de massa da comunidade.

Paulista, sendo que na Canção Nova haviam poucos espaços livres para camping, já que a maioria tinha sido reservada para as delegações vindas de paróquias de todo o país.

O PHN é considerado aqui como uma estratégia para evitar a rotatividade de jovens na RCC, uma tentativa de manter o jovem no movimento, um método de evangelização "pós-conversão". Alguns termos usados pelo movimento ajudam no entendimento dessa proposta: "Viver o PHN é lutar contra o pecado", "Jovens como semente de uma nova geração", "A bandeira PHN é um jeito jovem de evangelizar", "Um caminho a seguir deixando-se renovar pelo Espírito". Esses termos apontam para a necessidade de consolidar a permanência do jovem no movimento carismático e o PHN atua no sentido de enfatizar a necessidade de distanciamento do mundo que o jovem carismático precisa manter para mergulhar em sua fé e se preparar para o enfrentamento do mal, livrando-se totalmente do pecado.

O idealizador do PHN tem consciência de que a principal dificuldade do jovem que participa da Igreja é a questão da permanência no movimento:

> Estes jovens que estão inseridos, a dificuldade que eles terão é da perseverança [...] e para perseverar necessita ter mais amigos PHN [...] antes de ele estar dentro da igreja a dificuldade dele era se libertar da droga, prostituição, da violência, da depressão. Uma vez que ele é liberto e entra na caminhada ele precisa apenas de incentivo. Aí vem o pai incentivando, a mãe, o irmão mais velho, o vizinho, o amigo da escola. Então essa pedagogia do incentivo, do ânimo é o que nós trabalhamos, porque essa vai ser para o jovem que já está dentro da Igreja a sua maior dificuldade.[48]

Esse incentivo dado pelo movimento é feito, principalmente de duas maneiras: 1 – com a promessa de que o jovem ao seguir os preceitos do PHN vai "colecionar vitórias e amigos todos os dias"; 2 – com um discurso magicizado da realidade, na qual a presença do "mal" é uma

---

48 Entrevista Dunga, Canção Nova, 1 e 2/9/2009.

Por Hoje Não: jovens, católicos e carismáticos 183

constante na vida das pessoas, tendo a necessidade de ser combatida cotidianamente.

Em um depoimento extraído do portal da Canção Nova, José Urbano, membro da comunidade, afirma o seguinte:

> Pois bem, o PHN é um estado de alerta contra o pecado, pois todos os dias, o demônio tem seus planos para nos fazer cair. Ele quer a toda hora nos seduzir, usando nossos sentidos, nossos sentimentos, nossa sexualidade e afetividade. E é através dos *outdoors*, bancas de revistas, locadoras, lojas de roupas, bares, músicas, comerciais de TV etc. O seu "arsenal" é grande, pois ele sabe que em nós está todo um declínio para: o poder (dinheiro, cargos importantes), o prazer (comer sem controle, sexo, comodidades), em tudo isso devemos estar em estado de alerta PHN... Por Hoje Não, Por Hoje Não vou mais pecar, Por Hoje Não vou me afastar de Deus para ser enganado pelo mundo.[49]

O participante do PHN é chamado a estar mais próximo de Deus com o auxílio da experiência cotidiana, e o PHN é um elemento que permite recomeçar a cada dia. Outro depoimento extraído do portal na internet, na mesma data afirma que, "Quando seguimos a mensagem do PHN, nós participamos ativamente da vitória de Cristo sobre o pecado, através de sua morte e ressurreição na cruz. Não somos mais escravos do pecado".

Dunga identifica que o principal problema do jovem é a falta de referência e identidade. Tiba, membro da Canção Nova e ajudante de Dunga no Programa de TV PHN, também fala em frustração do jovem. Assim, o objetivo do PHN é justamente fazer o jovem recuperar seu direito de ser jovem, que, segundo Dunga, perdeu-se com a degradação da família e dos valores religiosos. Por isso, para o fundador do PHN, o jovem de hoje não tem conteúdo porque a instituição familiar está em ruínas e perdeu seus valores sólidos. Dessa forma, a referência maior deve ser a religião, que busca recuperar a família e seus valores, sendo o PHN criador de

---

49 Página de depoimentos do Portal Canção Nova. Acesso em 24/2/2007.

condições para reunir a juventude para juntas perseverar e combater o pecado em sua vida.[50]

A filosofia do movimento está reunida basicamente em dois livros de autoria de Dunga: *Jovens, o caminho se faz caminhando* e *PHN: sementes de uma nova geração*, além do livro *Geração PHN*, de Monsenhor Jonas Abib, fundador e principal liderança da Canção Nova. Nessas obras Dunga trabalha essencialmente o emotivo, e constantemente busca "levantar a moral" do jovem, ratificando o amor de Deus pelo pecador. "Ainda que o mundo julgue que você não é nada, que não tem cara de quem reza, não tem jeito de pessoas de Deus, ainda que tirem inúmeras conclusões sobre você, Deus conhece sua história desde sempre".[51]

É uma obra de autoajuda católica, voltada para o seguimento juvenil, que elege o pecado como tema central. O pecado é tudo aquilo que se faz contra a vontade de Deus, sendo que ao praticá-lo o jovem está suscetível ao sofrimento.

> O pecado traz sofrimento. Homessexualismo, uso de drogas, traição... Ou doenças físicas, espirituais, psíquicas, talvez somatizadas por causa de rancor, ódio, brigas, rixas. Até alergia de pele, dores na coluna, pressão na cabeça e na nuca, as decepções, os mal-entendidos, as quedas, enfim.[52]

A solução para o sofrimento é a redenção do indivíduo à glória de Deus. Nesse sentido, a luta contra o pecado é seguida da proposta de "conhecer Jesus". Eis, portanto, os fundamentos do PHN: conhecer Jesus Cristo para se livrar do pecado.

Dunga escreve com o intuito de convencer o jovem a mudar de vida, fazendo críticas exaltadas à homossexualidade, às drogas e à sexualidade ativa (sexo fora do casamento, masturbação, prostituição, traição, *ficar*). O

---

50 Entrevista Dunga, Canção Nova, 1 e 2/9/2009.
51 DUNGA (2005). *Jovem, o caminho se faz caminhando*. Cachoeira Paulista-SP: Canção Nova, p. 21.
52 Id., ibid., p. 56.

PHN propõe ao jovem o resgate de sua identidade, perdida no momento em que há o desvio de rota, desvio "daquilo que deveríamos ser".

> Você perdeu sua identidade, talvez esteja vivendo o homossexualismo. Essa não é a sua identidade. Deus não fez o homossexual, nem a lésbica. Ele fez o homem e a mulher. Deixe-O devolver a você sua identidade, sua verdade, o amor que procura não precisa ser mendigado, ele é gratuito e genuinamente bom.[53]

Em entrevista concedida para o autor, Dunga procura não se referir à homossexualidade de forma preconceituosa, mas diz o seguinte: "Porque a coisa é muito clara: existe o homem e existe a mulher; queira ou não queira isso, Deus criou o homem e a mulher". Em seguida, afirma que "existem muitos fatos: traumas de infância, vícios adquiridos ou até mesmo congênitos que fazem com que essa definição [de homem e de mulher] seja um pouco abalada. Aí a gente entra no campo da homossexualidade". Dunga constrói sua fala sobre a homossexualidade com muito cuidado, nega que ela seja uma doença, prefere na entrevista fazer a crítica mais direta aos homens metrossexuais, que, segundo ele, querem ser tão admirados quanto as mulheres, sendo que, para ele, isso não é correto. Entretanto, há uma desaprovação implícita em seu discurso sobre o tema, já que afirma que o gay ou a lésbica podem participar da comunidade católica contanto que eles assumam a castidade em suas vidas e procurem reprimir o desejo homossexual.

O sexo fora do casamento também é algo muito discutido pelo movimento PHN. "Se o pecado bater na porta de sua casa, ou alguém o convidar para ir ao motel, ou ficar com um 'gatinho ou uma gatinha', não tenha medo de dizer que você está morto para o pecado".[54] O sexo é considerado o principal desvio de rota do jovem, um verdadeiro descaminho para a santidade, o

---

53 Id., ibid., p. 25.
54 DUNGA (2005b). *PHN*: sementes de uma nova geração. Cachoeira Paulista-SP: Canção Nova, p. 18.

primeiro passo para fora do projeto de Deus. A prática da masturbação também é alvo de críticas: "Não nos enganemos com as pessoas que dizem que masturbação não é pecado", pois o pecado dessa prática está no fato de ela ser acompanhada de "pensamentos e sentimentos que não agradam a Deus".[55]

Portanto, a questão da sexualidade é considerada pelo PHN o principal fator que leva o jovem ao pecado. "A luta acontece principalmente em nosso interior, contra os prazeres da carne".[56] Todavia, além da questão sexual, o uso de drogas também é visto como elemento do "demônio" que aliena o jovem. "Quando olhamos um drogado na rua, percebemos a ação do demônio e quase nos esquecemos de que aquela pessoa é templo do Espírito Santo".[57] Para o PHN o combate ao tráfico deve acontecer a partir da ação do Espírito Santo.

Os livros de Dunga trabalham a questão da moral tradicional e defendem uma postura de distanciamento do jovem diante da sociedade. Dunga, que em 2009 completou 45 anos, escreve a partir de sua experiência pessoal, articulada pela ideia do "antes" e do "depois" da conversão ao carismatismo, e por isso faz constantes testemunhos em suas pregações e em seus textos:

> Chegou um dia em que estava tão drogado que acabei entrando numa igreja, depois de quatro anos de insistência de minha mãe. Vi uma porta aberta. Era um grupo de oração com mil pessoas. Eu estava totalmente drogado. Havia fumado, sozinho, dois cigarros de maconha. Entrei na igreja, sentei no fundo e comecei a ouvir o pregador falando do amor de Deus. Aquilo mexeu tanto comigo que os meus neurônios começaram a funcionar. Eu chorava e chorava. Ninguém chegava perto de mim, eu estava muito feio, com uma camisa do Iron Maden, coturno do quartel, cabelo muito doido.[58]

O Diácono Nelsinho Corrêa, membro da comunidade Canção Nova, dá seu testemunho sobre a vida de Dunga:

---

55 Id., ibid., p. 13.
56 Id., ibid., p. 15.
57 Id., ibid., p. 12.
58 Id., ibid., p. 67.

O Dunga experimentou a imensidão do amor de Deus que o retirou das drogas, de uma vida errada. Hoje, ele divulga o PHN, levando ao mundo o amor de Deus. Continua lutando, sobretudo, para não parar diante das limitações humanas. Diariamente sustenta seu próprio PHN, experimentando esse amor de Deus que não tem limites.[59]

Em sua biografia encontrada na internet. está descrita as principais características do idealizador do PHN:

> Missionário da Canção Nova há 14 anos, casado há 19, tem três filhos. Dunga, cujo nome de batismo é Francisco José dos Santos, cumpre a missão de evangelizar por meio dos livros, da música e da pregação. A busca pela vivência cristã aconteceu como uma maneira de abandonar o vício das drogas, que o acompanhou durante sua adolescência. Da sede de santidade e da vontade de fugir do pecado vista na juventude, idealizou a marca PHN – "Por Hoje Não vou mais pecar", bandeira que vem arrastando multidões de jovens que, convictos da verdade estampada nesta ideologia, acompanham seus shows pelo Brasil, e por países que já receberam o músico, como Canadá, USA, Japão, França, Inglaterra, Portugal, Itália, Paraguai e Israel. Dotado de uma personalidade moderna e irreverente, Dunga é o representante da evangelização jovem na Canção Nova. Participa de acampamentos de oração, encontros religiosos, Congressos e Peregrinações por todo o mundo, apresenta programas na TV e faz locução na Rádio Canção Nova, AM e FM.[60]

A rotina de Dunga na Canção Nova é voltada para a área da comunicação. Ele apresenta programas diários na rádio (AM e FM), na TV, na internet, participa das atividades de massa realizadas na Chácara Santa Cruz e faz shows por todas as dioceses do Brasil e diversos países do mundo. Trata-se do membro da comunidade voltado para a evangelização juvenil que investe na comunicação

---

59 DUNGA (2008). *Abra-se à restauração*. Cachoeira Paulista-SP: Canção Nova, p. 32.
60 Página com o perfil dos membros da comunidade, disponível no Portal Canção Nova. Acesso em 24/02/2007.

de massa como principal instrumento de difusão do PHN. Segundo Dunga, as quatro principais fontes utilizadas pelo movimento são: a música, a internet, o celular (envio de torpedos com mensagens diárias) e a televisão. Apesar de eleger a TV apenas como quarto meio de divulgação das ideias do PHN, tem consciência da importância do Programa PHN da TV Canção Nova devido ao "encantamento" que esse meio de comunicação tem em relação a seus telespectadores. Ele utiliza esse "encantamento" para a evangelização, sabendo que a TV é importante para projeção de sua figura de liderança.

Entretanto, nega a ideia de se tornar um ídolo para os jovens carismáticos mesmo tendo certa consciência de que os jovens o admiram como tal.

> Nesses momentos que nós estamos atuando na televisão, então a pessoa que está em casa, que está com os seus problemas, com suas dúvidas, com seus medos, ao ligar a televisão e nos ver, não tem outro tipo de relacionamento conosco a não ser este. Ou seja, quando estamos falando sob a ação do espírito e ela ouvindo dentro de sua necessidade própria, cria-se então aí, se estabelece uma relação de ovelha e pastor, ou seja, alguém que tem em nós uma referência muito grande. Então nós não podemos fugir dessa responsabilidade, eu não fujo dessa responsabilidade, eu sei o que eu represento para esse povo, de uma maneira especial para a juventude, para os pais dessa juventude, que tem em mim também a esperança do filho mudar de vida. Então isso ao longo de 18 anos a gente pode interpretar mais ou menos assim: não somos ídolos, não queremos ser conhecidos ou reconhecidos nessa perspectiva, mas somos sim grandes líderes formadores de opinião e referências para esse povo.[61]

Seu discurso é de que busca a fama do "bem" em referência à fama do "mal", fazendo a defesa dos meios de comunicação católicos em oposição à TV laica. Para ele, na TV secular é estabelecida essa relação fã X ídolo, mas na TV católica a relação precisa ser diferente. Por isso, afirma que não aceitou em 1997 o convite da Polygram para gravar um CD, já que essa empresa exigia sua exclusividade.

---

61 Entrevista Dunga, Canção Nova, 1 e 2/9/2009.

Em 1997, a Polygram antes de fechar com o padre Marcelo [Rossi] me procurou, eu era o número 1 de uma lista de nomes onde também aparecia o padre Marcelo [Rossi], que até então não era conhecido. E a Polygram na época me fez uma proposta muito boa, ela queria lançar um produto católico no mercado. Independentemente do nome, existia um plano de mídia, um plano de venda muito forte e, independentemente de quem fosse lançado, venderia 3 milhões de cópias por todos os sistemas que eles têm de venda e de mídia, independentemente de quem fosse gravar. Segundo pesquisas o meu nome aparecia em primeiro lugar e eu aceitei por três vezes. Fizemos três reuniões e justamente em uma das reuniões eles pediram exclusividade total, e justamente aí que eu percebi que não poderia dar uma exclusividade total, porque nós tínhamos uma mídia que estava começando a acontecer. E justamente por não querer enfraquecer essa mídia que estava começando e que hoje é forte graças a Deus, eu disse não. E por eu ter dito não eles foram então para a segunda opção, que foi então o que aconteceu com o padre Marcelo, com toda aquela explosão [...] Eu vejo que a fama, ela acontece de várias maneiras: ou ela pode acontecer rápida pelo poder de uma mídia, uma mídia pode levantar uma pessoa em um mês e também pode colocar no estaleiro para o resto da vida. Agora a boa fama, isso que é bom, ser famoso é bom, mas quando você faz o bem, porque isso é espalhar uma boa notícia. Ela também pode vir [...] de um trabalho longo, duradouro, perseverante, que é o que eu optei, eu optei por ficar na Canção Nova, eu optei por participar de uma mídia católica, onde nós temos não apenas a Canção Nova, mas temos a Rede Vida, temos a TV Século XXI, TV Aparecida, muitas e muitas rádios católicas, inclusive a Canção Nova, TV Canção Nova [...] Então eu vejo que é muito bom para quem está em uma mídia hoje, como aconteceu com o padre Marcelo Rossi, como está acontecendo com o padre Fábio de Mello, eu acho que isso é plano de Deus também, são pessoas que Deus suscita para essa missão, mesmo que seja por um tempo [...] Então a mídia suga por um tempo e depois ela deixa um pouco no estaleiro, mas por esse tempo que a mídia usa, Deus usa da mídia [...] Eu vejo que hoje um padre Marcelo Rossi e um padre Fábio de Mello estão capacitados para isso, só que isso não pode ser um modelo da música católica, isso é uma exceção da música católica [...] Eu acho muito interessante que isso aconteça desde que nós não enxerguemos isso como sendo o modelo da música católica, é uma fase.[62]

---

62 Entrevista Dunga, Canção Nova, 1 e 2/9/2009.

Identifica-se que no mesmo período em que Dunga afirma ter sido procurado pela Polygram, ele havia sofrido uma "punição" no interior da comunidade. Na época, Monsenhor Jonas havia destituído a Banda Canção Nova, que estava em ascensão, e enviado Dunga para trabalhar na lanchonete da comunidade. No ano seguinte, em 1998, o Pe. Marcelo Rossi estoura nas paradas com o CD "Músicas para louvar o Senhor", e Dunga dá início ao movimento PHN. De toda forma, a opção de Dunga pela mídia católica, independente de ter sido uma opção forçada ou não, possibilitou a construção da trajetória de sucesso no interior do movimento carismático, principalmente no meio juvenil a partir da ideia do "por hoje não vou mais pecar".

Retomando a discussão, no processo de evangelização do PHN ocorre a construção de uma nova identidade do jovem, que passa a olhar para sua realidade de maneira diferenciada. Os escritos de Dunga ratificam a intolerância com relação às questões de gênero e também de preconceito com o diferente, principalmente no que ser refere às orientações sexuais e religiosas. Há no interior do movimento uma defesa incontestável do catolicismo em detrimento das outras religiões, vistas como não válidas para a salvação e absolvição dos pecados.

A partir da influência de seu idealizador, o movimento juvenil PHN, promovido pela Canção Nova, busca apresentar Jesus para o jovem e, consequentemente, livrá-lo do pecado. A consequência desse processo é o estreitamento do livre arbítrio do jovem carismático. Existe a negação da capacidade de julgamento do indivíduo num processo de educação que produz a recusa do espaço social no qual está inserido. "Nossa cabeça pode ser oficina do diabo se permitirmos que nossos pensamentos nos dominem, e basta um pequeno desvio para que isso aconteça".[63] Propõe-se abertamente que o jovem se distancie de seu meio social para aprimorar sua fé, para assim voltar no futuro e "falar de Deus". Fala-se em recuperação: "Porém,

---

63 DUNGA (2005b), op. cit., p. 42.

antes, precisamos ficar um tempo afastados para que a nossa recuperação seja completa e nossa vida volte a ser organizada".[64]

Portanto, em nossas observações e análise da RCC, depreende-se que o PHN é um modo de vida, nas palavras de Dunga, um instrumento para a grande batalha contra o pecado. "O PHN é, sem dúvida, uma grande arma nessa luta. Vamos combater, até o sangue, o pecado em nossa vida".[65] Trata-se de uma proposta de organização para a vida juvenil "repleta de possibilidades e caminhos contraditórios aos desejos de Deus". O movimento, ao se propagar pelos diferentes meios de comunicação, principalmente a TV, transforma-se na principal referência de vivência cristã dos jovens carismáticos, sendo no grupo de oração, notadamente os voltados para o público juvenil, que esse processo de evangelização se estabelece e desenvolve.

O PHN surge no contexto descrito na Parte I deste livro, isto é, numa perspectiva de futuro imediato. "Pensar em não pecar nunca mais nos dá uma grande insegurança: 'Eu não vou conseguir'. Mas por um dia, só pelo espaço de um dia, se apresenta mais possível e a gente cria coragem".[66] A RCC compreende essa realidade e trabalha com essa possibilidade diante de um cenário de falta de perspectiva, principalmente para os jovens que se encontram ainda em processo de estabelecimento na sociedade. Monsenhor Jonas defende: "Vai ser mais fácil: por hoje, só por hoje eu não vou mais pecar. Quando chegar amanhã eu vou começar tudo de novo". O PHN reforça essa realidade de indeterminação e ensina o jovem a enfrentá-la a partir daquilo que ele consegue enxergar, ou seja, o futuro próximo, o agora mesmo, o imediatamente posto. Nesse sentido, desenvolve-se a pedagogia para convencer o jovem a permanecer no roteiro proposto pelo movimento. Roteiro que possui uma fundamentação teológica e moral, concebida

---

64 Id., ibid., p. 26.
65 DUNGA (2005), op. cit., p. 20.
66 ABIB, Pe. Jonas (2005). *Geração PHN*. Cachoeira Paulista-SP: Canção Nova, p. 11.

principalmente por Jonas Abib e difundida de forma eficiente por seu fiel escudeiro, o famoso cantor, compositor e apresentador Dunga.

Fundamentos teológicos e morais do PHN

Ao ser questionado sobre quais seriam os fundamentos teológicos do PHN, Dunga afirma que a passagem bíblica principal se encontra no Novo Testamento, na Epístola aos Hebreus (capítulo 3, versículo 13): "[...] mas encorajai-vos uns aos outros, dia após dia, enquanto durar a proclamação do *hoje*, a fim de que ninguém dentre vós se *endureça*, enganado pelo pecado". Sobre essa passagem, Dunga argumenta que:

> Quando perguntaram o nome de Deus ele mandou responder: diga que eu sou aquele que sou, ou seja, presente. Quem deu o recado, deu o recado assim: ele mandou dizer que ele é aquele que é presente. Então vivendo bem o dia de hoje, eu estou garantindo um futuro brilhante [...] Então isso é interessante porque muitas pessoas chegam para um jovem e falam: você nunca mais poderá usar droga! Nunca mais é muito tempo, nunca mais a pessoa já desanima ali na hora, porque ela sabe que ela não vai conseguir. Ela está nas drogas há 15 anos e você diz para ela que ela não poderá usar drogas nunca mais, ela não vai acreditar nem nela [...] Agora se você falar para ela que ela pode ficar sem a droga hoje, que ela pode lutar todo dia, só por um dia; se você falar para um marido que é adúltero: nunca mais você vai procurar essa amante! Talvez ele não consiga, mas se você disser para ele: por hoje não, por hoje olha para sua esposa, olha para seus filhos! Ele vai pensar: hoje eu consigo. Mas só que o amanhã quando chegar vai se chamar também hoje. Então é uma pedagogia simples, tem base filosófica, muitos filósofos famosos abrangeram a palavra "hoje".[67]

Apesar da explicação dada por Dunga em entrevista, é no livro "Geração PHN", escrito por Jonas Abib, que é visto por Dunga como seu "pai espiritual", que encontramos registrados os fundamentos da teo-

---

67 Entrevista Dunga, Canção Nova, 1 e 2/9/2009.

logia do movimento PHN. Tendo como método a utilização de algumas figuras bíblicas do Antigo e Novo Testamento, como, por exemplo, Paulo, Maria Madalena, Davi, Sara e Tobias, o livro apresenta os principais elementos teológicos que estruturam a linha de ação do jovem carismático.

Com a história de conversão do personagem Saulo de Tarso, mais conhecido pelo nome de São Paulo, que escreveu diversos livros do Novo Testamento, entre eles "Epístola aos Coríntios", Abib argumenta que "foi em sua juventude que Jesus o encontrou e o transformou".[68] Dessa maneira, apela ao jovem que também assuma o "chamado" para acompanhar a Igreja ao afirmar que o demônio faz hoje o que fez no passado com o apostolo Paulo, ou seja, antes de sua conversão o utilizou contra os cristãos. Monsenhor Jonas chama o jovem a passar para o lado de Deus, entregando-se a seu plano divino. "Você precisa ser cheio do Espírito Santo, para ser projetado por Jesus sobre a massa imensa que precisa ser resgatada e transformada pelo Senhor. Você só pode ser Santo!".[69] Ele faz o apelo para uma vida comunitária na Igreja, no movimento PHN.

Jonas Abib ressalta o esforço que Maria Madalena, a prostituta que é convertida por Jesus e aparece nos Evangelhos do Novo Testamento,[70] fez para deixar sua vida de pecados e seguir Jesus, enfatizando que sua vida ganha novo sentido nesse rompimento com o mundo. Segundo o sacerdote, "[...] a geração PHN rompe com os padrões e, em plena pós-modernidade, entra na aventura de ser discípulo de Jesus".[71] Com o exemplo de Maria

---

68 ABIB, Pe. Jonas (2005), op. cit., p. 14.

69 Id., Ibid., p. 17.

70 Não fica explícito que Madalena tenha sido uma prostituta. No Evangelho de Lucas (8,2) é descrito que Jesus a libertou de sete demônios e, a partir de então, ela passou a segui-lo. Todavia, há indícios de que a mulher pecadora que aparece em Lucas 7, 37-50 e Maria Madalena seja a mesma pessoa. Ver BONFILS, François (2006). *Dictionnaire des personnages de La Bible*. Paris: Librio Inédit, p. 77.

71 ABIB, Pe. Jonas (2005), op. cit., p. 26.

194   Religião e Juventude – os novos carismáticos

Madalena, o jovem é convidado a rever sua vida e recomeçar a viver sob uma nova ótica, uma visão nova, segundo o movimento.

A figura de uma prostituta (ou de uma mulher pecadora) convertida é utilizada pelo fato do tema da sexualidade, como já foi visto, estar fortemente presente nos escritos carismáticos voltados aos jovens. Para Monsenhor Jonas o sexo é apenas para procriação.

> Dou um passo a mais e convido também os casados a assumirem um compromisso com o Senhor: viverem suas relações conjugais de maneira pura, santa, como Deus quer! Sem as aberrações que o mundo ensina através dos filmes, vídeos, revistas e tudo o mais [...] O mundo nos quer ver sujando aquilo que de mais puro Deus criou: a união do homem e da mulher como sócios d´Ele para a existência de filhos neste mundo. Foi Deus quem quis que a criação de seus filhos continuasse por meio da sexualidade do homem e da mulher.[72]

Significa que é necessário viver a castidade até o casamento e depois de casado deve-se praticar o sexo como forma de procriação. O PHN cobra uma renúncia de "si mesmo" a partir da não prática do sexo antes do casamento e de sua prática no casamento segundo os planos de Deus: a ligação entre homens e mulheres no sentido de dar continuidade à existência humana, sendo que a prática do sexo apenas para o prazer é algo inaceitável.

As figuras de Sara e Tobias, personagens do Antigo Testamento que aparecem no Livro de Tobias, pertencente ao conjunto de livros deuterocanônicos,[73] são resgatados para reafirmar a necessidade da manutenção da virgindade até o casamento. Tobias e Sara casaram virgens e na noite de núpcias decidiram rezar durante três noites antes de manterem

---

72 Id., Ibid., p. 34.
73 Os livros deuterocanônicos são: Tobias, Judite, I e II Macabeus, Sabedoria, Eclesiástico e Baruc. Ver BÍBLIA SAGRADA (1996). *A Bíblia*: tradução ecumênica. São Paulo: Loyola/Paulinas.

Por Hoje Não: jovens, católicos e carismáticos 195

relações sexuais.[74] Jonas Abib se apropria desses personagens bíblicos para convencer o jovem da necessidade da castidade.[75] Afirma que ao transar antes do casamento, o jovem se "queima", ou seja, machuca-se.

O testemunho de uma jovem é descrito em seu livro *Geração PHN* para convencer o fiel dessa necessidade: afirma que ela recuperou sua virgindade[76] ao se converter para o movimento e assumir o plano de Deus. Além disso, para ele, o preservativo é na verdade uma falsa prevenção, sendo a castidade a única forma de se manter livre de doenças sexualmente transmissíveis.

Acerca do assunto do uso do preservativo como falsa prevenção, o professor Felipe Aquino, apresentador da TV Canção Nova, afirma que é uma irresponsabilidade científica dizer para o jovem que é seguro transar com preservativo. As análises de Aquino sobre algumas pesquisas científicas, em relação à seguridade desse tipo de relação sexual, levam-no a afirmar que "em média, três relações sexuais com camisinha têm o risco equivalente a uma relação sem camisinha".[77] Diante dessa realidade apresentada, ele afirma que a única segurança para o jovem é a castidade, com submissão total à Igreja, pois transar com preservativo seria como praticar "roleta russa". Defende a centralidade da Igreja Católica como controladora da vida do fiel e pede ao jovem que seja ordeiro, obediente à "única e verdadeira" Igreja de Cristo.

No interior da IC, há a necessidade de uma vivência comunitária obediente. Acerca disso, Pe. Léo, fundador da Comunidade Bethânia e muito respeitado na Canção Nova, alerta: "Comunidade exige renúncia do 'eu', exige esquecer-me de mim mesmo, exige ser filho obediente a meu supe-

---

74 Ver Antigo Testamento, TB 8, 4-5.
75 Jonas Abib omite o fato de que Sara era parente (provavelmente sobrinha) de Tobias. BONFILS, François (2006), op. cit., p. 117-118.
76 O livro relata que houve a recuperação da virgindade física, sendo considerado pelo autor como um milagre que ocorreu em virtude da conversão da jovem.
77 AQUINO, Felipe (2005). *Jovem, levanta-te!* Lorena-SP: Cléofas, p. 102.

rior, ao coordenador de minha casa. É obedecer mesmo quando a ordem dada vai contra meus princípios".[78] Portanto, a libertação do fiel passa pela subserviência total a Deus, que é representado na terra pela IC e mais diretamente pelo coordenador do grupo, da comunidade e da paróquia.

Nesse sentido, o líder carismático tem o controle dos fiéis. Como podemos observar entre os jovens, as pregações e mensagens de personagens como Dunga, Monsenhor Jonas e o próprio Pe. Léo são assumidas na vida de forma integral, principalmente na questão da defesa da Igreja Católica como única verdadeira na sociedade e também as posições preconceituosas com relação aos homossexuais, visto como pessoas portadoras de doenças psíquicas ou que tiveram algum tipo de trauma sexual. E como já vimos o pecado sexual é o mais combatido.

Portanto, pode-se observar a presença de um tipo de dominação, nos moldes weberianos, dos líderes carismáticos em relação a seus fiéis. Como havíamos já afirmado na parte I, dentre os três tipo de dominação (legítima, tradicional e carismática) encontrados em Weber, há a predominância da dominação de tipo carismática em virtude da forte presença de figuras com poderes sobrenaturais (no caso da RCC, trata-se de figuras repletas de carismas e dons) que indicam o caminho da salvação para seus fiéis. Um exemplo nacional é o próprio Monsenhor Jonas e o exemplo local é o jovem Claudinei do grupo de oração Novo Pentecostes de Araraquara. Ambos são conhecidos pela capacidade de curar doenças (físicas e psíquicas) e libertar os indivíduos de espíritos e demônios.

Retomando a análise dos elementos teológicos, além de aos elementos bíblicos, os carismáticos recorrem às mensagens de "Nossa Senhora" (Maria, mãe de Jesus) em suas supostas aparições em Medugorje (Bósnia e Herzegovina), Lourdes (França) e Fátima (Portugal) para apresentar um método de libertação total do pecado. Jonas Abib é o principal propagador das mensagens miraculosas e apresenta os cinco elementos que, segundo as mensagens de Medu-

---

78 LÉO, Padre (2007). *Jovens sarados*. Cachoeira Paulista-SP: Canção Nova, p. 29.

Por Hoje Não: jovens, católicos e carismáticos 197

gorje, ajudam o fiel a se manter no caminho de dor, sofrimento e renúncia em direção à redenção: a) a prática da oração do Rosário; b) a comunhão cotidiana da eucaristia; c) a leitura da Bíblia; d) o jejum; e) a confissão diante de um sacerdote.[79] Esses elementos devem ser utilizados pelo fiel para se afastar do mundo que seduz o jovem pelos meios de comunicação do "mundo".

Os cinco elementos sugeridos nas aparições em Medugorje são dogmas de fé para o carismático. "O rosário é treinamento para adquirir 'fôlego' na oração". Esse método de oração utiliza sua forma de repetição da reza da "Ave Maria" no sentido de acostumar o fiel na prática da oração permanente. A ideia da eucaristia tem o objetivo de fazer com que o fiel frequente as missas quantas vezes puder, de preferência diariamente. Monsenhor Jonas aconselha a presença diária nas missas. A leitura bíblica é sugerida a partir de um método: "ler a Bíblia e fazer o nosso Diário Espiritual todos os dias". O jejum é visto também como forma de oração, a "oração do corpo", que permite domesticar os instintos humanos. A necessidade da confissão tem o sentido de reconhecimento do fato que o fiel é um pecador. A ideia segue a lógica da doença: se o indivíduo está doente, precisa saber como se curar. A mesma coisa acontece com o pecado, visto como uma doença a ser curada, precisa do padre para dar a receita do tratamento. "O único jeito de acabar com o pecado em nossa vida é nos confessarmos regularmente".[80]

O resultado dessa proposta de evangelização pode ser observada no testemunho do Pe. Roger Luiz, sacerdote carismático:

> Aprendi a orar com eficácia com a Canção Nova e com o Monsenhor Jonas Abib. Foram as cinco pedrinhas que me ajudaram a vencer o gigante Golias que havia dentro de mim – a Eucaristia, a Confissão, o Rosário, o Jejum e a Palavra de Deus. O Senhor foi me *adestrando* e me fazendo um valente guerreiro, me ensinando a fazer as opções certas e definitivas.[81]

---

79 ABIB, Pe. Jonas (2005), op. cit., p. 87.
80 Id., ibid., p. 90, 91, 94.
81 DUNGA (2008), op. cit., p. 68, grifo nosso.

Os cinco elementos são apresentados por Jonas como as "cinco pedrinhas" que as supostas aparições indicam para o fiel carismático. Essa "arma contra o diabo" é a chave para permanecer firme na espera da volta de Jesus, que, segundo o movimento, muitos sinais indicam que está próxima.[82] Para a RCC, o jovem é o principal alvo do demônio. Nesse sentido, os fiéis jovens são convidados a entrarem "nessa batalha contra o mal" do lado dos "vencedores", daqueles que pertencem ao PHN.

O primeiro passo é evitar que a "concupiscência" tome conta da vida juvenil, isto é, deixar que a "vontade de fazer o que nós sabemos que não é certo e que muitas vezes nos domina".[83] O PHN propõe ao jovem suportar suas vontades e deixar de ser impulsivo, pois o PHN é uma escola de "campeões" que são "adestrados" para dominar o pecado que habita cada indivíduo. Assim, entende-se que a evangelização juvenil na Canção Nova se estabelece por um processo de adestramento do fiel.

Monsenhor Jonas parte da apresentação das figuras bíblicas e das mensagens de Nossa Senhora para, em seguida, defender a tese do pecado como doença. Ele ressalta a necessidade da libertação total desse mal. "Há uma doença mais fatal do que o alcoolismo, e que precisa ser enfrentado da mesma forma: *é o pecado*".[84] Para o sacerdote, o pecado é uma doença hereditária, sendo as pessoas portadoras dessa doença congênita. Por isso é preciso ruptura radical com essa situação.

> Pensamos que não é preciso ser radical; temos medo de nos tornar fanáticos [...] Pensamos que o "mais ou menos" pode dar certo na vida cristã. Não! Se na área da saúde é essencial a limpeza, ausência de bactérias e micróbios; se na área da matemática, da física e da química é preciso ser exato, e não existe "mais ou menos"; na vida cristã, muito mais! [...] Ou você é

---

82 No final dos anos 1990, Jonas Abib ficou muito conhecido por fazer pregações e escrever livros sobre a *Parusia,* que significa a segunda vinda de Jesus. Ver ABIB, Pe. Jonas (2003). *Céus Novos e uma Terra Nova.* Cachoeira Paulista-SP: Canção Nova.
83 ABIB, Pe. Jonas (2005), op. cit., p. 106.
84 Id., ibid., p. 322, grifo do autor.

radical e acaba de vez com os micróbios ou pega uma "infecção generaliza-da" capaz de destruir sua vida e a vida daquele com quem você caminha.[85]

O PHN defende a necessidade de uma "radicalidade na medida certa", que significa ter jovens ativos no movimento, mas controlados pela insti-tuição. Por exemplo, Dunga constantemente enfatiza sua crença na radica-lidade do jovem em fazer o "bem". Para ele é importante que a juventude tenha capacidade de escolher o que é bom e descartar o que é ruim. E o PHN procura dar os parâmetros para essa escolha. A expressão do que o movimento deseja nessa escolha pode ser encontrada no depoimento dado por Tiba da Canção Nova: "Então, quando eu faço a opção pelo 'bem', eu me torno verdadeiramente livre [...] liberdade é quando se tem a capaci-dade de escolher pelo que é certo".[86] Portanto, a verdadeira liberdade só é alcançada quando se escolhe o bem, sendo considerado como "bem" tudo aquilo que é classificado como tal pelo PHN.

Para Dunga, se nos anos 1970 havia a juventude que lutava contra a Di-tadura Militar, se nos anos 1990 houve os jovens "Carapintadas", nos anos 2000 é a vez da juventude PHN. Assim, há um estilo de vida para o jovem cuja característica é procurar "não errar o alvo", visto que "o maior benefício do PHN é fazer com que o jovem erre pouco, ou não erre".[87] O significado de "não erra o alvo" é não pecar, evitar o pecado diariamente, ou seja, fazer a escolha pelo "bem". Pois o pecado, constata Dunga em concordância com seu pai espiritual, Monsenhor Jonas, é uma doença. Dunga explica que o pecado é considerado uma doença na medida em que o indivíduo, quando está em pecado, está prejudicando seus próximos.

Por esse motivo, os carismáticos defendem a ideia de que existe a vida "natural" para se viver, uma vida sem a doença do pecado. Essa doença você

---

85 Id., ibid., p. 41.
86 Entrevista Tiba, Canção Nova, 4/7/2009.
87 Entrevista Dunga, Canção Nova, 1 e 2/9/2009.

adquire ao desfrutar daquilo que é "artificial" e oferecido pelo "mundo", veiculado pelas revistas, filmes, músicas, pornografia, enfim, "aberrações sexuais".[88] O PHN busca convencer o jovem de que o artificial não sacia, mas apenas vicia. O natural é bom para o corpo e para a alma. Por exemplo, ao experimentar o artificial do sexo fora do casamento (sexo não autorizado pela Igreja Católica) o jovem fica estragado. A radicalidade do PHN significa viver em castidade até o casamento e a fidelidade conjugal até o fim da vida. Portanto, a radicalidade está pautada no elemento sexual, tido como principal porta de entrada para contrair a doença do pecado.

Para o movimento carismático as pessoas podem ser salvas a qualquer momento, mas existe uma "dinâmica da salvação" que exige uma seriedade por parte do fiel. "Se ele o chama agora, é preciso entrar na arca agora!". Significa que não se pode recusar um chamado de Deus, pois ele pode não te chamar novamente, defende o movimento. "Há muitos que precisam ser salvos: você corre o risco de perder a sua vez. E a sua vez é agora". Nessa lógica não é possível que o jovem espere sua maturidade, sua terceira idade, para se converter. Ele precisa doar sua jovialidade para a Igreja e assim se salvar.[89]

A partir dessa dinâmica da salvação, o PHN dá sentido para a vida do jovem. Diante de uma realidade sem perspectiva de futuro e de uma sociedade sem ancoradouro seguro, os jovens da RCC são convidados a assumirem um caminho de sofrimento e dor, um caminho, entretanto, com sentido certo. A RCC se aproveita dessa falta de perspectiva e insere o jovem numa realidade de certeza imbuída de sofrimento, ao molde do cristianismo tradicional.

A noção da presença da dor na vida é constante nos escritos de Jonas Abib. A vocação é aquilo que o movimento chama de "seguimento de Jesus". Significa assumir os elementos definidores da vida carismática em comunidade, que, para o jovem, é traduzido em castidade, celibato, renúncia

---

88 ABIB, Pe. Jonas (2005), op. cit., p. 42.
89 Id., ibid., p. 48-49.

do mundo, rompimento com o grupo de origem e muitas vezes com a própria família. A receita para conseguir se manter nesse caminho é a confissão constante, o distanciamento de tudo que induz ao sexo e a abdicação do livre arbítrio. Para Jonas o jovem "[...] precisará fazer violência a si mesmo: vencer a própria concupiscência e colocar rédeas em si".[90]

A recompensa dessa vida de dor é dada por Deus por meio de "resultados com eficácia", pois "Deus, de antemão, já planejou tudo".[91] Nesse sentido, o resultado é alcançado, mas há a necessidade da entrega total da vida, isto é, da renúncia da própria história em benefício de um plano divino. As lideranças do PHN, como, por exemplo, o cantor e membro da Canção Nova, Diego Fernandes, focam a ideia do "ser diferente" no sentido de reafirmar a identidade do movimento carismático como algo positivo para o jovem. Assim, o fiel é convidado a "mudar de tribo" e entrar para a "tribo de Cristo", que no começo pode parecer algo estranho, mas que é o verdadeiro caminho para a felicidade e realização pessoal. "Nosso futuro precisa estar nas mãos de Deus, e não em nossas mãos; só assim alcançaremos a felicidade e seremos libertos da ansiedade e do medo do que será de nós amanhã".[92]

Portanto, que tipo de jovem a RCC pretende formar? Diante das entrevistas, dos documentos elaborados pelo movimento, principalmente os ligados ao movimento PHN, e os trabalhos de observação para elaboração deste livro, os carismáticos buscam um jovem ordeiro, que não questione, que não lidere, mas que aceite a "palavra do pastor" de forma integral e que seja ativo na execução das tarefas do movimento, que assuma com radicalidade os preceitos do PHN. A revolta é entendida como coisa do diabo. "Ele (o diabo) é o revoltado contra tudo e contra todos, e seu objetivo é

---

90 Id., ibid., p. 63.
91 Id., ibid., p. 70.
92 FERNANDES, Diego (2007). *Fala sério! É proibido ser diferente?* Cachoeira Paulista-SP: Canção Nova, p. 46.

nos transmitir o vírus da revolta".[93] Os carismáticos confundem a ideia de revolta com o ódio. Para eles tudo que se revolta é movido pelo sentimento de ódio e rancor. Por isso, o jovem não deve se revoltar, precisa se conter e apenas amar. Amar é o sentimento bom, o sentimento de Deus. E os jovens da geração PHN devem fazer a opção pelo amor. E não se fala aqui do amor sexual. Esse deve estar bem distante das aspirações juvenis, conforme se discute a seguir.

Religião e sexualidade: elementos para a compreensão do PHN

Dada a centralidade da questão sexual nos temas tratados pela RCC relacionados ao pecado, é fundamental encerrar este capítulo com uma discussão teórica acerca da relação entre sexualidade e religião. Para fazer isso, recorre-se a Weber, autor central utilizado para estruturar as análises deste estudo.

A discussão sobre as esferas da sociedade está contida no conceituado texto de Weber *Consideração Intermediária,* que está traduzido para o português com o título *Rejeições religiosas do mundo e suas direções.* Trata-se da terceira versão que foi revisada pelo próprio autor no final de sua vida, entre 1919 e 1920. Os objetivos de Weber no texto é apresentar os motivos pelos quais as éticas religiosas passaram a nutrir a rejeição do mundo e como os elementos da racionalidade advindos com a modernidade contribuíram para esse processo.

Logo no início, o autor alerta para o caráter *ideal típico* de sua construção. "Como iremos ver facilmente, as esferas individuais de valor estão preparadas com uma coerência racional que raramente se encontra na realidade".[94] Weber utiliza esse instrumental para compreender os processos sociais, produzindo um *elo* entre o mundo e sua teoria. Dessa forma, consegue explicar que o processo de rejeição do mundo é feito a partir das religiões de salvação que prometem a seus fiéis a libertação do sofrimento,

---

93 ABIB, Pe. Jonas (2005), op. cit., p. 82.
94 WEBER, Max (2002), op. cit., p. 226.

como no caso do movimento carismático católico. Assim, gera-se uma relação cada vez mais tensa entre a esfera religiosa e as outras esferas da sociedade na medida em que o indivíduo toma consciência da existência de tais esferas que pressionam para a autonomia do fiel com relação a sua crença.

> A religião da fraternidade sempre se chocou com as ordens e valores deste mundo, e quanto mais coerentemente suas exigências foram levadas à prática, tanto mais agudo foi o choque. A divisão tornou-se habitualmente mais ampla na medida em que os valores do mundo foram racionalizados e sublimados em termos de suas próprias leis.[95]

O autor busca explicar que o tipo de religiosidade fraternal, ou seja, a comunidade religiosa, foi a responsável por essa situação. Ele fala do dualismo presente nessas comunidades: a moral do grupo e a moral do mundo. Esse dualismo produz um distanciamento das esferas "seculares" irrigadas de racionalidade e com posições contraditórias à moral religiosa, conforme se identifica nas comunidades carismáticas.

Por exemplo, Weber trata da relação entre as religiões congregacionais e a economia capitalista, afirmando que "nenhuma religião de salvação autêntica superou a tensão entre sua religiosidade e uma economia racional".[96] Tensão "igualmente aguda" se dá com a esfera política no sentido de que a religião e sua exigência da fraternidade não aceitam o uso da violência e dos meios coercitivos das ordens políticas no mundo.

Todavia, são as esferas seculares não racionais – estética e erótica – que na sociedade moderna irão entrar em efetiva concorrência com a religião.

> A ética religiosa da fraternidade situa-se em tensão dinâmica com qualquer comportamento consciente-racional que siga suas próprias leis. Em proporções não menores, essa tensão também ocorre entre a ética religiosa e as forças de vida "deste mundo", cujo caráter é essencialmente

---

95 Id., ibid., p. 231.
96 Id., ibid., p. 232.

não racional, ou basicamente antirracional. Acima de tudo, há tensão entre a ética da fraternidade religiosa e as esferas da vida estética e erótica.[97]

A partir da perspectiva dual presente nas comunidades religiosas, existe a negação e até mesmo a suspeita da obra de arte no momento em que ela constrói sua autonomia, já que nesse processo a arte assume uma função de salvação no mundo. "Com essa pretensão a uma função redentora, a arte começa a competir diretamente com a religião salvadora".[98]

A mesma situação se dá entre a religião e o amor sexual, entre a esfera religiosa e erótica. "Quanto mais sublimada é a sexualidade, e quanto mais baseada em princípio, e coerente, é a ética de salvação da fraternidade, tanto mais aguda a tensão entre o sexo e a religião".[99] O ponto central dessa tensão está ligado à questão do erotismo. A força interior produzida pelo sexo compete "da forma mais aguda possível" com a religião.

Essa competição é interpretada por Flávio Pierucci a partir do tema referente ao reencantamento do mundo:

> A crer em sua *Consideração intermediária*, o *locus* da existência humana em que se esgueira uma possibilidade efetiva de encantar novamente o mundo não é a esfera religiosa, mas uma outra esfera cultural, ao mesmo tempo não religiosa e não racional: a esfera erótica, onde reina, segundo Weber, "a potência mais irracional da vida" – o amor sexual.[100]

Pierucci encontra uma das principais causas da rivalidade entre as duas esferas que potencializa ainda mais as contradições centradas no erotismo. A competição não existe de forma equilibrada, mas há uma perspectiva maior de vitória do sexual sobre o religioso, principalmente quando se pen-

---

97   Id., ibid., p. 237.
98   Id., ibid., p. 238.
99   Id., ibid., p. 239.
100   PIERUCCI, Antonio F. de O. (2003), op. cit., p. 221.

sa a realidade das comunidades religiosas composta majoritariamente por jovens, considerando essa fase da vida como um momento cujo desejo de experimentação é fortemente presente.

Considera-se que as esferas seculares estão em competição direta com a comunidade religiosa na medida em que se tornam autônomas com relação aos valores religiosos e a ética de salvação proporcionada pelas igrejas. A concorrência ocorre no âmbito do racional, quando as esferas seculares racionalizadas – da economia e da política, por exemplo – assumem sua libertação da esfera religiosa;[101] todavia, há também a concorrência no âmbito do irracional na possibilidade do reencantamento do mundo proporcionado pela sexualidade em detrimento do religioso.

Significa que a religião, apesar de seu caráter racionalmente burocratizado de funcionamento interno, assume função irracional na sociedade moderna: a de salvação do indivíduo do sofrimento e consequentemente do pecado. Dessa forma, a concorrência com as esferas seculares racionais e irracionais acontece na medida em que surgem os conflitos de interesses na sociedade. Por exemplo, no caso da economia há a competição de influência mútua entre o econômico e o religioso. No caso do erótico, há a disputa de valores diretamente ligada à função da sexualidade na sociedade: para a Igreja vale a procriação, enquanto que a esfera erótica valoriza o prazer, o desejo sexual.

Diante dos elementos apresentados e do debate em torno dos fundamentos teológicos e morais do movimento de jovens PHN, é importante acrescentar que a renovação carismática tem feito a disputa direta com a esfera erótica na sociedade na medida em que centra em seu projeto de evangelização juvenil o elemento afetivo-sexual como foco da origem do pecado na vida do fiel. No 6º capítulo é apresentado como esse processo se estabelece efetivamente em uma determinada realidade.

---

101 Ressalta-se que essa autonomia é relativa, pois como o próprio Weber afirma o econômico e o religioso se influenciam mutuamente.

Um movimento de juventude?

A partir das considerações contidas neste capítulo é possível classificar o PHN não apenas como uma "bandeira" do movimento carismático, mas como um verdadeiro movimento juvenil presente na Comunidade Canção Nova. Um movimento interno que possui seu próprio programa de TV e rádio, blog na internet, camisetas, DVDs e CDs, uma liderança forte e reconhecida na RCC e na Canção Nova, enfim, uma estrutura de articulação que tem se expandido em países da América. Sua difusão se dá por meio do sistema de comunicação Canção Nova e de eventos de massa, principalmente o Acampamento PHN, que acontece anualmente no mês de férias (julho), em Cachoeira Paulista. Entretanto, Dunga viaja o Brasil e o mundo – Paraguai e EUA têm sido destinos comuns entre 2007 e 2009 conforme relatos contidos no blog pessoal de Dunga, que fala sobre a comemoração de seis anos do PHN no Paraguai[102] – para difundir sua "filosofia" aos jovens.

Como observamos, a ação social do jovem PHN se desenvolve em um cenário cuja força do coletivo é capaz de moldar sua identidade formada pelos princípios católicos conservadores. O carisma do líder, Dunga e Monsenhor Jonas notadamente, possibilita a unidade do grupo e dá consistência à teodiceia formulada para fazer o jovem parar de pecar. Nesse sentido, pode-se vislumbrar um tipo ideal de jovem PHN: aquele que assume em sua vida, por um tempo determinado conforme a experiência, o desafio de a cada dia renovar seus votos de dizer não ao pecado. Nas palavras da Coordenadora do MUR na Diocese de São Carlos:

> E a gente sofre porque a nossa humanidade, o corporal, ele é débil, ele cai, ele não consegue. E acho que o PHN é interessante porque você não faz uma proposta para o resto da vida, é uma decisão que você toma todos os dias e acho

---

102 Portal Canção Nova. Acesso em 4/5/2009.

que é mais maduro. É um chamado à maturidade, porque eu não posso tomar uma decisão hoje para eu fazer durante 50 anos. Todos os dias eu tenho que decidir, todos os dias aquela decisão tem que ser avaliada e retomada e talvez até modificada dando passos à frente. Isso é interessante do PHN, você não tem uma proposta para 50 anos, ainda mais para jovem, ainda mais, por exemplo, a questão da castidade: eu vou casar com 26 anos. Não é uma proposta para 10 anos que você faz, é uma retomada todos os dias e você vai fortalecendo aquilo.[103]

É assim, decidindo diariamente, que o jovem carismático é conduzido no interior do PHN a uma vida de castidade e dedicação ao projeto divino. Todavia, como Weber mostra, na disputa com a esfera erótica a religião tende a ser derrotada na modernidade. Decorre disso a importância das comunidades de vida e aliança para criar um ambiente favorável e viável para realização da proposta carismática de vida juvenil. Questionada sobre a viabilidade do PHN fora da Canção Nova, uma jovem que viveu durante nove anos nesta comunidade e habita atualmente em Araraquara afirma:

> E você percebe que o PHN é um caminho a ser trilhado, a ser conquistado. Porque para você, um jovem, que não vive a realidade de uma comunidade, que não está inserido em uma comunidade, é muito difícil [...] viver o PHN, porque para viver primeiramente o PHN, você tem que ter um encontro pessoal com Jesus. Que depois que você tem um encontro pessoal com Jesus, você começa a olhar a vida de uma forma diferente. Você começa a olhar a vida, você começa a dar valor ao outro, a você mesmo, principalmente a você mesmo. O que você tem feito de sua vida, no seu cotidiano? Qual o caminho que você tem trilhado? Você tem trilhado um caminho de bem? Um caminho que te leva também a experimentar as coisas boas? Ou você tem optado por um caminho que tem deflagrado a imagem de Deus em você? Então, primeiramente para você viver o PHN, estou contando a minha experiência, você primeiramente tem que ter uma experiência do amor de Deus e saber que acima de sua cabeça tem um Deus que te olha, um Deus que te ama, um Deus que cuida de você.[104]

---

103 Entrevista, C. D. L., Cachoeira Paulista-SP, Canção Nova, 26/7/2007.
104 Entrevista, L. C., Araraquara, 22/5/2009.

Assim, analisa-se uma proposta que tem sua eficácia na vida comunitária, visto que, no contato com "o mundo", o jovem tende a retomar uma vida de sexualidade ativa e consequentemente de pecado, segundo a Renovação Carismática. Diante desta lógica o que se observou no grupo de oração Novo Pentecostes, da cidade de Araraquara, foi seu engajamento em manter o jovem em um ambiente carismático favorável, realizando atividades como encontros semanais do grupo de oração, reuniões de curas e intercessão, programas de rádio, cristotecas, visitas à Canção Nova, entre outros. E o mais importante que foi observado é que o jovem é convidado a assumir uma vida de intimidade com Deus no interior de uma comunidade de aliança e até mesmo a pensar na possibilidade de entrar em uma comunidade de vida.

O PHN é uma "marca" forte no grupo de oração jovem observado, como se retrata no último capítulo. Os jovens mostram sua identidade com o PHN por meio de camisas, broches, bonés, blusas e uma variedade de produtos, sendo que o exemplo é dado pelo próprio coordenador do grupo que se veste com características muito parecidas com o apresentador e cantor Dunga. Compreende-se que o ideal, ou tipo ideal, do jovem PHN pode ser visualizado na imagem difundida de Dunga: um jovem que largou as drogas e assumiu Jesus, casou, tem filhos, foi viver em comunidade e prega o Evangelho testemunhando sua própria trajetória.

Esse exemplo passa a ser almejado pelos jovens que, em situação de risco, procuram o grupo de oração para tentar uma vida nova. Não foi possível saber se o que se fala e escreve de Dunga é totalmente realidade, pois se trata de um homem que possui vida de pop-star, uma figura de difícil acesso, a quem os jovens desejam pedir autógrafos, abraços, fotos. Entretanto, o que importa neste trabalho é compreender o tipo de jovem que o movimento carismático quer moldar, e esse tipo é completamente vislumbrado e difundido tendo Dunga como grande exemplo. O próprio Dunga busca assumir esse papel, conforme se observou, principalmente nos dois dias de entrevista concedida ao autor.

Certamente esse encanto dos jovens com Dunga também é visto com relação ao Monsenhor Jonas Abib, ao próprio Pe. Fábio de Melo – o padre-cantor mais famoso da atualidade – e ao Pe. Marcelo Rossi em suas missas no Santuário

Bizantino. Trata-se de uma religião de clientela, na qual o fiel busca algo que possa ser consumido: CDs, DVDs, livros, fotos com personagens famosos da Igreja e, sobretudo, algo que possa transformar seus sentimentos de fraqueza e angústia em alegria e felicidade. Trata-se de um tipo de religião cuja emoção domina as ações, já que se almeja acima de tudo experiências mágicas, contato com o sobrenatural, traduzido na Igreja Católica Carismática de cultura midiática pelos nomes de Jesus, Deus e anjos.

Nesse contexto, os jovens são atraídos pela perspectiva de "tempos heroicos", no qual há uma intensa batalha entre o sagrado e o profano, entre a Igreja e o mundo. Essa "paixão romântica" juvenil requer o contato com experiências de encantamento diante de um mundo "que valoriza decisões e práticas racionais".[105] E é no contexto das comunidades de vida e aliança que esse jovem é convidado a vivenciar sua religiosidade, cabendo a ele a escolha em participar das atividades abertas da comunidade, como acampamentos, retiros, shows, ou assumir uma perspectiva mais radical e aceitar viver em comunidade.

A "vigência da ordem" e a "legitimidade" da RCC é construída por meio da "dominação" e da "disciplina" presentes nas comunidades de vida e grupos de oração. Assim, o "efeito prático" da religião na vida do jovem carismático se estabelece, no caso do PHN, de forma efetiva por meio de exigências éticas ligadas à noção de pecado e à ideia da salvação alcançada no seguimento dos dogmas católicos. A batalha entre o sagrado e o profano, no caso específico do religioso e do erótico, fará com que o efeito prático do processo de formação dos jovens carismáticos do PHN se estabeleça de forma provisória em virtude daquilo que Weber descreve em sua discussão sobre as esferas na sociedade. Significa afirmar que a presença do fiel no grupo de oração ocorre em um período determinado, sendo que muitas vezes não passa de 1 ano de participação.

Portanto, ao analisar o contexto no qual se gestou o PHN e sua filosofia ou pedagogia, passando pela discussão das juventudes carismáticas, das novas co-

---

105 CARRANZA, Brenda & MARIZ, Cecília L. (2009), op. cit., p.155.

munidades carismáticas e da discussão sobre as esferas de Weber e seus conceitos fundamentais, afirma-se que enquanto movimento juvenil carismático, o PHN conduz sua juventude em um contexto de isolamento de tudo que possa levá-lo ao pecado. Assim a perspectiva de vida comunitária, de vivência intensa da religiosidade pautada na emoção e no sobrenatural, é almejada para essa juventude que procura se isolar do mundo vivendo uma realidade mágica, construída artificialmente pelo movimento por meio de atividades de massa e com a ajuda dos recursos midiáticos da TV, rádio e internet[106] que difundem o catolicismo carismático enquanto alternativa a uma sociedade que deixou de oferecer perspectivas concretas para o futuro de seus cidadãos.

No próximo capítulo veremos como essa influência se concretiza na realidade de um grupo de oração da cidade de Araraquara, Diocese de São Carlos, interior de São Paulo. O grupo Novo Pentecostes da Igreja Matriz São Bento, localizado no centro da cidade, é o exemplo de como se estabelece a influência da Canção Nova e especificamente do PHN entre jovens de uma realidade local.

---

106 A Canção Nova mantém na internet um portal de relacionamentos para jovens carismáticos. Essa ferramenta – muito parecida com o Orkut, Facebook etc. – tem o objetivo de criar possibilidades de convivência entre fiéis de diversas partes do país para aprofundar as amizades entre aqueles que participam da comunidade católica e comungam com a espiritualidade carismática.

6

O GRUPO DE ORAÇÃO NOVO PENTECOSTES

Este último capítulo tem como proposta caracterizar os elementos do contexto local deste estudo. Primeiro, é descrito o contexto do município de Araraquara no que tange os temas juventude e religião. Segue-se com a análise do grupo de oração Novo Pentecostes e a influência do PHN em sua estrutura, organização e dinâmica de funcionamento. Além disso, há uma discussão acerca da influência da música no processo de evangelização proposto pelo movimento carismático. Trabalha-se com a perspectiva de relatar alguns exemplos de jovens que mudaram suas vidas em contato com a RCC como exemplo da maneira com que esse processo se configura no interior dos grupos de oração. E para finalizar, discute-se os resultados de algumas observações feitas em Paris, França, no sentido de mostrar as discrepâncias entre o grupo do exterior e do interior de São Paulo.

Juventude e religião numa realidade local

Uma pesquisa realizada em abril de 2007 pela UNESP, sob encomenda da Prefeitura Municipal de Araraquara, apresenta dados significativos e importantes para entender a realidade juvenil desta cidade. O levantamento foi feito pela "Paulista Júnior Projetos e Consultoria", empresa júnior administrada por estudantes e ligada à Faculdade de Ciências e Letras, campus Araraquara. Foram entrevistados 400 jovens entre 15 e 29 anos em 14 microrregiões da cidade. Os entrevistados responderam a 38 questões, com uma margem de erro de 5,8%. A pesquisa intitulada "Mapa Municipal da Juventude" foi realizada com

212 Religião e Juventude – os novos carismáticos

recursos do Programa Municipal de Prevenção às DST/HIV/AIDS e contou com a coordenação de jovens da Comissão Municipal de Juventude, representando a Coordenadoria de Participação Popular e o Centro de Referência do Jovem e Adolescente da Prefeitura de Araraquara. O acesso aos dados se deu por meio do relatório elaborado pela prefeitura, por reportagens e artigos veiculados nos jornais "Tribuna Impressa" e "O Imparcial".

Segundo o relatório, o "objetivo da pesquisa se concentra em traçar o perfil do jovem e do adolescente da cidade de Araraquara", e de acordo com os dados coletados 47,93% dos entrevistados são do sexo feminino e 46,56% do sexo masculino (5,51% dos entrevistados não responderam). Com relação à questão étnica, 58,01% são de cor branca; 21,55% pardos; 17,40% negros; 2,49%, amarelos e 0,55% indígenas. Dentre os entrevistados 52,50% se declaram católicos; 20,00% evangélicos; 10,83 de outras religiões (entre elas religiões afro-brasileiras e espíritas); e 16,67% não pertencem a nenhum tipo de religião (religiosos sem religião e ateus).

O relatório da prefeitura indica que "91,74% destes dizem não participar de qualquer tipo de grupo e 7,99% dizem participar de algum tipo de grupo". Todavia, aqueles que participam de grupos juvenis, 44,83% pertencem a grupos de motivação religiosa; 20,69% de grupos artísticos e culturais; 13,79% de grupos em torno do esporte; 10,34% de grupos de ação social; 6,9% de grupos que discutem sexualidade; e 3,45% de grupos ligados à educação. Portanto, os jovens organizados são minoria; porém, dos que participam de agrupamentos juvenis, quase metade é identificada com grupos religiosos.

O esporte e o lazer também se configuram como importantes atrativos para o meio juvenil na cidade. Acerca disso, o documento da prefeitura faz um apontamento importante:

> Do reduzido número de jovens que se organiza em grupos (8% em Araraquara), a maioria se aglutina em torno de motivações religiosas (44,8%), dado que dialoga com o alto grau de confiança depositado pelos entrevistados na religião (37,47% avaliam como "boa" essa instituição). As manifestações artísticas e culturais representam a motivação de 20,7% dos

O grupo de oração Novo Pentecostes

213

grupos e o esporte surge como motivação para 13,8%. 10,3% dos grupos orientam-se em favor de ações comunitárias locais, geralmente associadas a projetos de "voluntariado". A importância dada pelos grupos juvenis a objetivos de ordem prática, em torno de valores que ganham coerência no curso de sua vida cotidiana, revela um traço específico desta geração.[1]

No que diz respeito às opções de lazer, 32,96% dos jovens preferem os programas do centro de juventude da prefeitura, 31,84% preferem eventos culturais; 26,28% preferem eventos esportivos e 8,36% concursos culturais (0,56% não responderam). Os espaços de lazer utilizados são: 21,23% casas de amigos, 20,11% SESC, 11,73% parques; 11,17% bares; 8,94% clubes; e 26,28% outros. O relatório considera que as dificuldades materiais enfrentadas pelos jovens colocam as casas de amigos e grupos de jovens das igrejas como horizontes possíveis enquanto espaços de socialização, já que esses geralmente se localizam nos bairros. Entretanto, o grupo de oração Novo Pentecostes foge à regra, visto que se reúne na Igreja Matriz, na região central, e mesmo assim recebe jovens de diversos bairros e, mesmo, de outras cidades da Diocese de São Carlos.

O documento também conclui que "Os jovens relacionam-se com a escola e com o trabalho de maneiras distintas. A maioria deles, conforme se aproximam da idade adulta, deixam progressivamente de se relacionar com a educação para se relacionar com o trabalho". Para os autores do relatório:

> A situação de desemprego, combinada a uma crescente flexibilização das condições de trabalho, além de gerar distorções na possibilidade de acesso futuro à previdência social, faz com que a busca do emprego seja reduzida a um trabalho precário e temporário, uma inserção subordinada no mercado de trabalho.

Essa situação é retratada em reportagem do jornal *Tribuna Impressa* de 01/06/07 intitulada "Perfil da juventude de Araraquara" em que é apresen-

---

1 PREFEITURA MUNICIPAL DE ARARAQUARA (2007). *Mapa municipal da juventude.*

tada uma realidade preocupante sobre a questão trabalhista no ambiente juvenil na medida em que a pesquisa da prefeitura indica que 49,7% dos jovens dependem da renda familiar, 21,9% estão desempregados e à procura de emprego, 27% não trabalham, apenas estudam, 1,9% não trabalha e não estuda, e somente 32,7% dos jovens possuem renda própria.

No quesito educacional, em Araraquara a educação pública tem se apresentado como central na formação dos jovens, já que 39,89% estudam em escolas públicas (municipal e estadual) e apenas 9,55% em escolas particulares. A pesquisa indica que 50,56% da juventude araraquarense não está na escola. Por esses motivos, a análise dos dados "apontam para uma queda do espaço escolar enquanto principal construtor das identidades e representações juvenis". Como vimos, o bairro passa a assumir tal centralidade.

Nesta situação, identifica-se que o tipo de manifestação artística que mais atrai o jovem é a música, com 52,17% das respostas. Em seguida vem o cinema com 17,93% e a dança com 17,39%. A música é um importante instrumento de mobilização juvenil e tem sido utilizada com demasiado sucesso no grupo de oração observado e nas religiões em geral. A música possibilita que a mensagem religiosa, cultural, política, educacional seja passada de forma agradável para o universo juvenil. Ela possibilita que temas desagradáveis (como o controle da sexualidade, da liberdade individual, sobre a violência e as drogas) sejam veiculados com melhor repercussão entre os jovens. Por isso, neste capítulo há uma seção dedicada ao assunto.

A questão da sexualidade também foi abordada na pesquisa. O relatório indica que: "Quando indagados sobre a idade que os amigos começaram a atividade sexual, 68,89% disseram que os amigos começaram a atividade sexual entre 15 e 18 anos e 25% disseram que começaram entre 12 e 15 anos". Ou seja, quase 94% da juventude tem sua iniciação sexual antes de atingir a maioridade. Trata-se de um dado importante para compreender os motivos que levam as instituições religiosas a colocarem a questão da sexualidade como tema central nas atividades voltadas para o público jovem. Preocupadas com o controle desse público, o processo de evangelização nas

O grupo de oração Novo Pentecostes 215

igrejas se realiza num contexto de oposição ao ato sexual tão presente na realidade dessa categoria social.

Apesar da abrangência e da qualidade no que tange à elaboração das questões e à coleta de dados, a pesquisa da prefeitura não identifica os grupos de jovens organizados no município. Os próprios idealizadores deste trabalho admitem no relatório que: "O GT [Grupo de Trabalho] do Mapa da Juventude avalia que outros grupos juvenis que atuam de forma diversificada em Araraquara escaparam do escopo desta pesquisa". Dessa forma, apresenta-se a seguir uma breve descrição desses grupos.

Um importante agrupamento juvenil se organiza em torno do Movimento Cultural Hip-hop: são os "manos" e as "minas" do Rap. Em Araraquara existem vários grupos de Rap, DJs, B. Boys (dançarinos) e grafiteiros. Há, inclusive, uma associação, porém, de atuação limitada em virtude das divergências entre os grupos com relação a representação do movimento perante o poder público. Mas o Movimento Hip-hop enfrenta um conflito mais sério entre os MC'S (Rappers) e os B. Boys em virtude do uso de espaço em atividades culturais. Em diversas ocasiões os espaços são preparados apenas para os grupos de Rap, sendo que os outros seguimentos do movimento ficam esquecidos, em especial o Breaking. Esses grupos se concentram nas regiões sul e norte da cidade, nos quais são organizadas festividades comunitárias que visam contribuir com a inserção cultural da juventude que está presente no movimento e promover o entretenimento para a comunidade em geral.

O movimento estudantil também agrupa jovens: no meio secundarista há a UMESA (União Municipal dos Estudantes Secundaristas de Araraquara), sendo que os estudantes mais atuantes são geralmente da EEBA (Escola Estadual Bento de Abreu), situada no centro da cidade. Esta entidade estudantil é controlada majoritariamente pelo grupo político-partidário MR8, sendo que o atual prefeito foi militante estudantil deste grupo nos anos 1970 e depois ingressou no PMDB.

Os estudantes universitários estão em duas frentes: na UNESP, onde há um movimento intenso de estudantes preocupados com a defesa da qualidade e da gratuidade da universidade pública; e na UNIARA, onde os temas debatidos e abordados são ligados às necessidades e defesa dos direitos dos estudantes de escola privada. Há diversos centros acadêmicos em ambas as universidades, sendo que o diretório central dos estudantes da UNIARA tem se configurado como um importante aglutinador do movimento estudantil da cidade na medida em que busca se articular com os estudantes da UNIP, que possuem nível baixo de organização, e pelo fato de seus estudantes serem provenientes da cidade ou da região, diferentemente da UNESP, que tem uma localização distante do centro e um público majoritariamente externo.

Dentre os grupos políticos pode-se destacar o MPS (Movimento Popular e Socialista): um grupo pluripartidário que trabalha com a questão da comunicação alternativa (rádios comunitárias, jornais setoriais, etc), mas que tem pouca presença na cidade atualmente. E o GIEPS (Grupo Independente de Estudos Políticos e Sociais), um grupo de jovens anarquistas que se reúne para discutir textos e organizar cursos de formação e ciclos de cinema. Eles também podem ser encontrados na Praça Santa Cruz (centro) durante a semana. Há também as juventudes partidárias do PT, PMDB/MR8, PPS, PSOL, PSTU e alguns militantes do movimento humanista.

Com relação aos grupos culturais, esses são bem diversificados. Na cidade existem bandas de música de música (rock, pagode, samba) que se reúnem em bares na maioria dos casos e podem ser encontradas em eventos musicais como o "Araraquara Rock" ou o "Araraquara Punk". Há um bar na Rua São Bento que concentra um grande números de jovens roqueiros e punks nos domingos à noite. Os jovens que gostam de samba e pagode estão frequentemente ligados aos grupos de carnaval da cidade: tem escola de samba nos bairros do Selmi Dei, Victório De Santi e Vila Xavier. Os grupos de dança e teatro também são atuantes. A prefeitura, em parceria com o SENAC (Serviço Nacional de Aprendizagem Comercial), mantém uma escola de teatro (técnico ator) e organiza todo ano um festival internacional de dança que recebe grupos de todo o Brasil e convidados do

O grupo de oração Novo Pentecostes

exterior. Além disso, há a Escola Municipal de Dança Iracema Nogueira, voltada para crianças de escolas públicas.

Enfim, os grupos religiosos, como mostram os números, concentram-se entre católicos e evangélicos (mais de 70%). A cidade possui vários grupos evangélicos que não se relacionam com outros grupos e participam apenas dos eventos de suas igrejas. A maioria dos grupos de jovens católicos também só tem envolvimento com atividades religiosas das paróquias ou da diocese (Dia da Unidade, Retiros). O destaque evangélico é a reunião da Terapia do Amor, que acontece aos sábados à noite na sede da Igreja Universal do Reino de Deus. O destaque católico é o grupo de oração Novo Pentecostes, que reune semanalmente cerca de dois mil jovens na Igreja Matriz. Aliás, é importante lembrar que não se tem conhecimento de outro agrupamento na cidade que se organize em reuniões semanais e seja tão numeroso como esse grupo carismático. As outras juventudes católicas são: Pastoral da Juventude, CLC/TLC/Escalada (grupos ligados aos Cursilhos de Cristandade), Juventude Vicentina, jovens do movimento Maranata e grupos de jovens paroquiais sem identificação com algum movimento católico nacional ou internacional.

A maioria católica pode ser identificada a partir da estrutura da Diocese de São Carlos, que possui um total de 100 paróquias situadas em 29 municípios da região central do Estado de São Paulo, com uma superfície de 13.056,5 Km^2 e uma população de aproximadamente um milhão de habitantes. Em Araraquara há 18 paróquias (incluindo a Paróquia da Saúde, responsável pelo atendimento nos hospitais aos doentes, enfermos e acamados; a Igreja Santa Cruz, coordenada pela congregação dos padres redentoristas; e a Diaconia de Santa Ângela, considerada como uma "quase" paróquia na estrutura católica), o Santuário de Nossa Senhora, administrado pelas irmãs de Schoenstatt, além de uma casa de formação (Casa de Emaús) e três comunidades religiosas femininas, as Irmãs Apostólicas do Sagrado Coração de Jesus (que trabalham na Santa Casa de Misericórdia), as Irmãs Franciscanas da Imaculada Conceição (que administram uma escola – Externato Santa Teresinha) e as Irmãs

Franciscanas do Apostolado Paroquial (que trabalham no hospital Beneficência Portuguesa).[2]

Considerando que uma paróquia, situada em um bairro importante, possui em média três ou quatro capelas nos bairros próximos, Araraquara possui igreja católica em todas as regiões da cidade. Essa estrutura possibilita que a instituição católica atue em diversas frentes: em hospitais, escolas, políticas públicas (a principal liderança do Conselho Municipal da Criança e do Adolescente é uma freira e o único programa de alfabetização de jovens e adultos da cidade também é coordenado por uma religiosa) e associações beneficentes, já que diversos leigos católicos são lideranças de associações de bairros, entidades sociais e grupos de trabalho voluntário.

A diocese tem a atuação de cerca de 20 pastorais e 14 movimentos católicos. Todavia, a Renovação Carismática Católica é atualmente a mais estruturada e atuante em Araraquara. O coordenador regional da RCC afirma que em 2008 havia cerca de 24 grupos de oração no município, com presença em todas as paróquias e diversas capelas católicas. Ele não soube precisar quantos desses grupos são voltados para jovens, pois há o indicativo dos grupos serem misturados (adultos, jovens e idosos). Porém, observou-se que muitos grupos são formados em sua maioria de jovens e o próprio coordenador da renovação chegou a afirmar que grande parte dos membros dos grupos de oração na cidade vem do setor juvenil.

Esses jovens se reúnem anualmente para a realização de um evento municipal que se chama *Dia da Unidade*, uma espécie de feira religiosa com produtos católicos e apresentação de cantores carismáticos e atrações artísticas ligadas notadamente à espiritualidade da RCC. Tal atividade consegue reunir jovens de outros setores do catolicismo municipal e diocesano, principalmente aqueles ligados aos Cursilhos de Cristandade.

---

2 Informações obtidas no Portal da Diocese de São Carlos. Acesso em 17/7/09.

Como já foi anunciado, o grupo de oração escolhido para análise é o grupo Novo Pentecostes, pelo fato de possuir uma maioria de jovens e ser coordenado por um jovem de 27 anos. Este grupo existe há mais de 10 anos e tem se apresentado com intensa força religiosa na cidade diante das outras religiões e também diante do contexto católico. A filosofia do "Por Hoje Não vou mais pecar" está presente na identidade do grupo, que possui camisa própria com *slogan* e logotipo do PHN. Mas o mais importante é o discurso do líder, que é profundamente influenciado pelas lideranças da Canção Nova e tem relação muito próxima com um padre muito conhecido na diocese por seus dons de cura e libertação. A seguir é analisado as características desse grupo.

O Novo Pentecostes e o PHN

O grupo de oração Novo Pentecostes foi selecionado para as observações sistemáticas por se tratar de um grupo que mais se aproxima do tipo ideal de grupo construído neste estudo, ou seja, um grupo voltado para a evangelização da juventude católica nos marcos do movimento carismático. E, além disso, é o grupo que mais identidade tem com o PHN na cidade de Araraquara, que organiza encontros e "baladas" PHN, que aborda temas que o PHN discute (notadamente a questão da sexualidade) e que, pelas palavras do Coordenador Nacional do Ministério Jovem ao descrever um grupo de oração juvenil, "o som é mais alto, canta-se mais". Também foi um grupo que chamou a atenção pela presença de disputa interna na Igreja: esse grupo teve problemas com diversos setores católicos na cidade. Isso possibilitou acompanhar um exemplo local de como se estabelecem as disputas entre as tendências orgânicas do catolicismo.

Os momentos do Grupo

O grupo se articula em quatro momentos: a) Nas reuniões às quartas-feiras com a equipe de apoio. Trata-se do grupo de oração para as lideranças do grupo, chamadas pelo público em geral de "servos do Claudinei"; b) Nas reuniões de cura e libertação aos sábados à tarde em que há atendimentos pessoais. Momento de oração individual de imposição de mãos por parte do líder carismático sobre os fiéis. Geralmente quem faz as orações é o próprio líder do grupo, Claudinei, sendo que as pessoas fazem fila de espera para serem atendidas; c) No programa da Rádio Cultura AM 790 aos domingos das 21 às 22 horas; d) E no grupo de oração de massa, aberto ao público em geral, que acontece toda segunda-feira à noite na Igreja Matriz São Bento, no centro de Araraquara.[3]

Os grupos de oração são o campo próprio do movimento carismático. Carranza[4] os considera como intermediários das comunidades carismáticas. O grupo de oração seria o "anzol que atrai" novos adeptos ao movimento carismático. Entretanto, nota-se na realidade observada que, com a consolidação das comunidades de vida e sua presença nos meios de comunicação, a Canção Nova, por exemplo, constitui-se no principal meio de atração de novos fiéis para os grupos de oração. Portanto, há uma relação dialogal nesse processo: em alguns casos é a comunidade de vida que mais atrai para o grupo (a partir dos meios de comunicação e de atividades de massa) e em outros é o grupo que leva para a comunidade (a partir das reuniões semanais nas paróquias).

Os grupos se reúnem semanalmente durante a noite e possuem um roteiro específico que é obedecido em todas as dioceses no Brasil. No grupo há oração de louvor, de ação de graças e de intercessão. "O grupo é aberto a pessoas de fora e oferece aos que desejam uma caminhada de preparação para a efusão do Espírito".[5] Portanto, é a "porta de entrada" do movimento, o meio principal para que novos membros experimentem a espiritualidade carismática, notadamente veiculada e difundida atualmente pelas comunidades de vida e aliança. A diferença de um grupo de oração comum e o genuinamente juvenil está nos

---

3 O líder do grupo, Claudinei, participa de outras atividades de evangelização durante a semana: na terça-feira participa de um grupo de oração na Fundação CASA (antiga FEBEM) e na sexta-feira organiza uma vigília para jovens em uma paróquia da cidade.
4 CARRANZA, Brenda (2000), op. cit., p. 83.
5 HÉBRARD, Monique (1992), op. cit., p. 40.

O grupo de oração Novo Pentecostes

temas que são tratados. Nos organizados para jovens, aborda-se os temas das drogas, dos símbolos da Nova Era (movimento agnóstico), o rock e outros ritmos mundanos, sobre sexualidade e afetividade. No grupo Novo Pentecostes, nota-se a influência do PHN, principalmente no modo de condução do grupo por parte das lideranças e na escolha dos assuntos. Nesse sentido, cabe a descrição detalhada dos momentos e do que acontece no grupo de oração.

Na reunião semanal aberta ao público há seis momentos: a) Animação: contato entre as pessoas (abraços, cumprimentos de boas vindas, música); b) Louvor (música, orações, falas,); c) Proclamação da palavra (leitura bíblica e explicação); d) Louvor (mais intenso, com música mais agitada e oração em línguas – glossolalia); e) Revelação das curas e milagres (o líder anuncia os curados e alguns testemunham sua cura); f) Oração de encerramento e envio (começa com a Ave-Maria e termina com a Ave-Maria e o Pai-Nosso).

O grupo é antecedido da oração do terço mariano. Os participantes são recebidos em clima de oração, possibilitando assim certo controle das conversas dentro da igreja. No final dessa oração um animador imediatamente inicia a atividade com música alegre e estimula os participantes a se olharem, abraçarem-se e desejarem uns aos outros uma boa noite. O animador também declama algumas frases, que são repetidas por todos, sobre o amor que Jesus tem pelos presentes e palavras de acolhimento: usam-se termos comumente encontrados nos textos do PHN e nas atividades promovidas por esse movimento.

Em seguida, entra o animador principal (todos os grupos têm uma liderança que é a referência, sendo neste caso o jovem Claudinei), que entoando cânticos de louvor fala das curas, físicas e espirituais, operadas no grupo. Durante as músicas as pessoas são estimuladas a orarem em voz alta até que se atinge um ponto clímax do encontro, no qual o animador começa a orar em línguas (na linguagem dos anjos, conforme a RCC) e grande parte dos presentes o acompanha. Nota-se uma semelhança na condução do grupo em relação ao Programa PHN, conduzido e apresentado por Dunga na TV Canção Nova.

Em uma dessas reuniões visitadas, Claudinei caminhou entre os participantes e fez orações com imposição de mãos sobre os fiéis, principalmente oração em línguas. Ele motiva os participantes a "orarem ao Senhor", estimulando à oração em línguas coletivas. Nessa mesma reunião, outra animadora introduziu a leitura do Antigo Testamento, livro de Isaías 40, 30: "Até os adolescentes podem esgotar-se, e jovens robustos podem cambalear...". Convida para o louvor e adoração ao senhor e, em seguida, ela faz críticas ao rock e ao pagode, a suas letras, ritmos e seus ambientes mundanos, convocando os jovens a baterem palmas para Deus e a pararem de participar de festas e shows de rock. Um fato interessante foi que a última música tocada no grupo tinha ritmo de *rock-and-roll*.

Nos momentos finais do grupo de oração, fala-se novamente das curas operadas no grupo e pessoas dão testemunhos de que foram curadas. Os principais testemunhos observados falavam de cura de vícios em drogas, pessoas que aprenderam a dar o perdão ao próximo, curas de câncer. O animador fala de pessoas que foram curadas de Aids e outras que voltaram a enxergar. O fechamento do encontro se dá com a oração do Pai-Nosso, normalmente cantada, e a oração da Ave-Maria. Portanto, o grupo de oração se inicia e é finalizado com oração mariana. Após o grupo, há uma quantidade significativa de pessoas que ficam para receberem as orações, com a imposição das mãos por parte dos coordenadores do grupo. Portanto, essas são as características principais dos encontros observados: forte devoção à Maria, muitos louvores e diversos testemunhos de curas físicas e espirituais, além da presença constante de momentos de oração coletiva em línguas, chamada nas ciências sociais de glossolalia.

Dando sequência à análise do grupo Novo Pentecostes, é importante afirmar que o grupo de oração jovem, apesar da presença predominante do público juvenil, tem a presença de famílias (pai, mãe, filho), idosos, adultos. Mas quem recebe as atenções especiais dos organizadores são os jovens; o grupo é conduzido para os jovens. O perfil dessa juventude é bem parecido com os encontrados na sociedade em geral: observou-se a participação de vários agrupamentos juvenis – rappers, pagodeiros, roqueiros – que vão para conhecer. Apesar disso, existe no grupo um modelo predominante, os jovens casais de namorados e recém-casados, além dos jovens vindos do sacramento da Crisma. Assim, o perfil de jovem

O grupo de oração Novo Pentecostes

no grupo de oração são os oriundos de famílias católicas. Observou-se que o processo de entrada do indivíduo no grupo se dá da seguinte maneira: a) no princípio entra sozinho ou em pequenos grupos; b) sendo que no início está solteiro; c) em seguida, os namoros acontecem no grupo a partir dos encontros periódicos; d) por fim, com o tempo há um distanciamento dos casais jovens do grupo.

O roteiro de passagem apresentado acima é uma formulação típico-ideal aos moldes de Weber, preocupada em apresentar o processo de entrada e saída dos jovens no movimento. Alguns dados justificam essa construção. O grupo de oração que no início das observações começou com 400 participantes, em algumas reuniões chega atualmente a contar com mais de 2.000 pessoas. Um dado importante é que a igreja fica cheia, e também a praça em torno dela. Portanto, dois ambientes estão configurados: os de dentro e os de fora. Talvez essa situação apresente física e geograficamente o processo de entrada, formação e distanciamento do fiel na juventude carismática. Afirma-se que os jovens que ficam na praça constituem um grupo intermediário entre os iniciantes e aqueles que deixam de participar, já que vários jovens que estavam "do lado de fora" em uma das últimas observações já haviam sido vistos "do lado de dentro" nas observações iniciais. De toda forma, a rotatividade é enorme e provoca processo de adesão e desistência permanente no grupo, sendo que normalmente as saídas acontecem principalmente entre os jovens casais de namorados.

Ao ser questionado sobre o problema da rotatividade dos jovens em seu grupo, Claudinei dá o seguinte depoimento: "Eu conheço os dois lados: os que passaram no grupo e que estão no grupo e os que passaram pelo grupo e hoje já não estão mais. Aí é uma questão de escolha, a pessoa está livre para escolher, os que ficaram foram os que realmente tiveram um encontro pessoal com Jesus".[6] Ele afirma que o problema principal do jovem que sai do grupo é a falta de perseverança, seguindo a mesma linha de pensamento de Dunga, conforme foi discutido no capítulo anterior. Para Claudinei, a falta de compromisso inviabiliza

---

6 Entrevista com Claudinei, Araraquara, 02/10/2009. Todas as citações que se seguem advêm desta entrevista.

que muitos jovens continuem no grupo "[...] porque muitos jovens querem Jesus, eles querem a graça, ou melhor, os jovens querem as coisas de Deus, mas não querem o Deus das coisas". Ele explica que a juventude quer mudar sua vida, mas tem dificuldades de se enquadrar nas leis da Igreja. Isto é, a juventude não aceita abrir mão de sua liberdade de escolha.

Nesse sentido, chega-se à conclusão de que a questão do livre arbítrio é demasiadamente cara para o jovem que, ao ser submetido a um cenário de estreitamente de suas escolhas, na maioria das vezes abandona o grupo. Os casos mais significativos estão relacionados aos temas da afetividade e sexualidade, como já vimos e como relata o próprio Claudinei: "Eu também tenho dificuldades de evangelizar muitos jovens por conta de a sua sexualidade, a sua afetividade, está mal canalizada, ou seja, os jovens não tem uma vida regrada".

Dessa forma, a figura do líder que dá exemplo com sua conduta de vida para os jovens configura-se como elemento primordial nos grupos de oração a fim de manter os participantes fiéis aos preceitos carismáticos. Acerca da figura da liderança carismática cabe um debate agora.

O líder carismático

Como se afirmou anteriormente, todo grupo de oração possui uma liderança que se configura como a referência principal para os frequentadores das atividades da RCC nas comunidades. Esse líder possui as características que já foram descritas aqui. No Novo Pentecostes há a liderança de Claudinei, que anima o grupo de oração e tem-se constituído como uma importante figura carismática conhecida em toda cidade. Sua importância se dá pelo fato de se articular como uma pessoa com "carisma" para trabalhar com jovens na Igreja.

Essa liderança jovem se espelha em Dunga e no Monsenhor Jonas, da Canção Nova. Sobre essas duas personagens Claudinei relata:

> Uma pessoa que me inspirou muito foi o padre Jonas, da Canção Nova. Esse homem é um homem que eu acredito que é um santo [...] O Dunga é e

sempre vai ser para mim uma referência. Quando você fala de PHN, quando você fala de juventude, quando você fala de evangelização eu logo olho para o Dunga.

Além disso, Claudinei se considera um cançãonovista: "Eu digo que mesmo não estando na Canção Nova, eu sou Canção Nova porque eu vivo tudo, a Canção Nova é uma escola, a Canção Nova é o lugar onde eu me inspiro, eu vou todos os anos lá".

Ele assume em seu papel de líder algumas características dos profetas, descritos no Antigo Testamento, na medida em que acredita trabalhar inspirado por Deus por meio do Espírito Santo e por ter sido perseguido por setores da sociedade e também pelo fato de não ser compreendido por muitas outras lideranças constituídas na cidade. Segundo ele:

> A perseguição é muito grande por parte de muitas pessoas [...] até de sacerdotes também tive algumas implicações, mas só que muitas vezes eles perseguiram e depois eles reconheceram que aquilo [sua ação no grupo de oração] era o mover[7] de Deus. E teve perseguições de pessoas, teve já muito falatório, pessoas que falaram um absurdo, calúnias que foram levantadas.

Esse estigma de "perseguido" também foi passado para os participantes do grupo, que, em diversas ocasiões observadas, fazem a defesa de seu líder afirmando que muitas pessoas que não conhecem o trabalho do grupo de oração fazem a crítica de forma maldosa. Portanto, a ideia do profeta perseguido, incompreendido, mas que traz uma mensagem religiosa, que pratica curas e faz milagres, possuidor de seguidores que o defendem, está contida nas características de liderança desse jovem de 27 anos que começou a coordenar o grupo quando tinha apenas 14 anos de idade. Ao ser questionado

---

7 Termo comumente utilizado no movimento carismático para se referir à presença e ação de Deus na vida do fiel e na condução do grupo de oração. Para Claudinei, por exemplo, sua pregação é efeito direto do Espírito Santo.

sobre o início de seu trabalho de coordenador do Novo Pentecostes, Claudinei afirma o seguinte:

> O grupo, que eu coordeno hoje nasceu de umas cinco pessoas, não tinha música, não tinha nada [...] e aconteceu que Deus começou a me usar e eu comecei a falar. Então eu falava as coisas, começou a acontecer, por exemplo, tinha dia que a gente começava a orar, abria a Bíblia e caia cinco pessoas endemoniadas na igreja. Situações de sinusite começaram a ser curadas, gente que não enxergava começou a enxergar [...] Deus começou a me usar e o grupo foi crescendo [...] e hoje nós temos esse grupo que hoje tem umas três mil pessoas toda segunda-feira.

Para complementar a descrição da jovem liderança do Novo Pentecostes, utiliza-se principalmente o depoimento de um jovem que participa há mais de 10 anos do grupo. Segundo esse jovem,[8] no início das reuniões havia poucos participantes. "Naquele tempo tinha umas 15 pessoas no grupo de oração, era 15 pessoas só e o Claudinei lá celebrando, fazendo o grupo". Ele afirma que Claudinei o procurou no final de uma das reuniões e mesmo sem conhecê-lo pediu-lhe para jogar fora um Buda que possuía em sua residência. Esse jovem afirma que ficou assustado e sem saber o que fazer, mas depois disso não parou mais de participar das atividades do grupo, conforme relata:

> Aí comecei trabalhar com o Claudinei, faz 10 anos que estou com o ele. Fiz vários cursos da Renovação Carismática com ele, até um com o padre José de Dourado, que é o único padre exorcista que tem na Diocese. E tem todo o processo, vida de comunidade, tudo, e estamos até hoje. Vem e a gente adquire o Dom de Oração, no começo foi duro para mim, chegar pôr a mão e a pessoa cair. Não sei se você já viu isso lá de segunda-feira. É difícil, mas no mesmo tempo que é difícil, é gratificante para você lidar com essas pessoas.

---

8 Entrevista com C. R. P., Araraquara, 29/11/08. Todas as citações que se seguem advêm desta entrevista.

O grupo de oração Novo Pentecostes

Esse jovem também relata como foi o início das atividades de Claudinei, mostrando a precocidade do aparecimento de seus dons carismáticos:

> A mãe dele contou como surgiu o dom do Claudinei aos 12 anos. O Claudinei ia para missa e gostava de ficar olhando o Santíssimo. Num determinado dia na casa dele, no São José, no quintal de terra, tinha um quartinho e ele fez um altar. Nesses livrinhos de orações selecionadas tem Oração do Exorcismo, e ele invocou a Oração do Exorcismo e começou a ter perseguição dele e recebeu o dom e com 12 anos ele tava fazendo oração para as pessoas. E desde lá já vem perseguido, porque teve gente que já colocou o nome dele dentro de sapo, foto dele e costurou e colocou na casa dele. Com 26 que ele tem agora já foi muito perseguido e ele não quer parar não com essas andanças.

Segundo esse informante, o grupo de oração mais forte da cidade é o grupo do Claudinei: "Tem segunda-feira que é 1.500 pessoas, já chegou a ter 3.000 pessoas...". Mas ele afirma que quando o Claudinei não pode participar (por estar em viagens de missão em outros lugares) o público diminui. Isto foi realmente observado: nas reuniões em que a liderança avisa que não vai, o público é menor, pois muitos esperam um contato pessoal com Claudinei no final da reunião para pedir-lhe uma oração de cura e libertação, como relata nosso entrevistado:

> A coisa pega lá, e depois quando acaba o grupo o Claudinei vai para o porão da igreja. Antes de acabar o grupo a turma já vai saindo, forma fila lá; eu brinco, às vezes parece fila de INPS. Vai até na esquina. Teve um que incorporou o Lúcifer na pessoa, e eu levei para Dourado quarta-feira passada. No porão a coisa pega, é o Claudinei fazendo Cura e Libertação mesmo... Lá é forte, depois do grupo, e ele não tem hora pra chegar em casa. Tem dia que dá três horas da manhã ele tá lá socorrendo o povo.

Claudinei constantemente afirma que Deus fala com ele e diz que as pessoas estão sendo curadas. Ele indica, inclusive, o local na igreja no qual está o curado e solicita que a pessoa se manifeste para confirmar "a glória de Deus". Acerca disso, Claudinei afirma que:

Nesses 15 anos de grupo eu vi muita coisa [...] temos que evangelizar e como consequência da evangelização vem a cura, vem a libertação, vêm os milagres [...] e a gente tem um dom chamado "palavra de conhecimento", onde a gente começa a orar, e Jesus mostra que ele está curando alguém com câncer, por exemplo, no intestino. E na hora da oração eu peço que a pessoa se levante, porque Jesus mostra muitas vezes em qual lugar que ela está sem eu ter conhecimento natural. E a pessoa sente que está sendo curada naquele momento e a pessoa se manifesta. E depois eu mando que procure um médico que constate a cura pela ciência, então aí em outra semana, outro mês, vem o testemunho de cura.[9]

Mesmo quando o grupo acontecia no bairro Quitandinha, com 400 participantes, já havia um grupo grande de pessoas que ficava até o final da reunião para receber oração de cura e libertação com a imposição de mãos desse líder carismático, pois ele é muito conhecido pelas curas de doenças graves que são "operadas" em seu ministério. Ele mesmo chega a afirmar alguns desses acontecimentos:

Então, são vários os casos que aconteceu de cura e que está acontecendo (*sic*) em nossa igreja ainda hoje [...] teria até cura de AIDS, cinco casos que não puderam ser divulgadas por questões éticas, porque são pessoas que são muito conhecidas na cidade.

O fato interessante é que o Claudinei é um líder carismático, no termo weberiano, muito respeitado pela juventude do grupo. Ao mesmo tempo em que se apresenta com um poder sobrenatural de curar as pessoas, também consegue estar no meio da juventude e utiliza uma linguagem que os jovens entendem.

Hoje em dia o que os jovens precisam é que alguém acredite neles, alguém que acredite que ele pode ser uma pessoa que pode levar Deus

---

9 Entrevista com Claudinei, Araraquara, 2/10/2009. Todas as citações que se seguem advêm desta entrevista.

[...] Então hoje eu acredito que sou um desses jovens que provoca isso no coração da juventude que está a meu redor e é por isso que eles caminham comigo.

Ele se apropria da música para passar sua mensagem: sempre tem música nova com coreografia para ensinar aos fiéis. Então, no começo da reunião há música, dança e festa. Do meio para o final começa outro lado do grupo, mais de oração (glossolalia, alguns repousos no Espírito) e anúncio de curas físicas e espirituais processadas por Deus naquele grupo. Acerca da ação do Espírito Santo no grupo, Claudinei dá o seguinte depoimento:

O Espírito Santo é o responsável por isso. Eu nunca sei o que vou falar e eu nunca sei o que vou fazer, mas quando eu falo para o Espírito Santo: – Faz em mim, fala por mim!, e as coisas acontecem [...] o Espírito começa a agir com poder [...] Ele [o Espírito Santo] aproveitou a minha juventude, a minha alegria e junto com ela misturou a unção Dele, a graça Dele. E hoje Ele está fazendo o que está fazendo através de mim pela cidade e por aí adiante.

Esse jovem que atrai multidões toda semana em seu grupo é o nome forte do PHN na Diocese de São Carlos. O jovem informante do grupo disse que "[...] o Claudinei vai sempre para a Canção Nova, assiste a todos da Canção Nova, Ricardo de Sá, Dunga, padre Jonas. Em todas as pregações o Claudinei pega o útil e o agradável e traz e passa pras pessoas". Apesar de ser leigo, Claudinei tem um diretor espiritual como todos os seminaristas da diocese. Seu diretor é o padre José Antonio, da cidade de Dourado, o padre "exorcista" relatado pelo nosso informante.

Portanto, esse líder tem sido acompanhado e orientado em suas ações na instituição católica. Apesar de incomodar muita gente, o que parece é que ele é mais querido do que rejeitado, já que possui um número significativo de seguidores e conta com a proteção do padre da principal paróquia de Araraquara. O próprio Claudinei tem consciência de sua importância para a Igreja: "Quantas pessoas saíram do espiritismo, do ocultismo, saíram da magia negra, da bruxaria, e graças ao grupo de oração, que é uma obra de Deus, e não minha. Deus resgatou trazendo de volta muitas pessoas que tinham se afastado da Igreja".

Como relata nosso jovem informante: "As pessoas ajudam ele (*sic*), ele já ganhou um carro de um senhor, as pessoas dão muito dinheiro, ele não pede, mas colocam na bolsa dele uma quantia alta, assim ele é sustentado". Na data da entrevista, foi dito que Claudinei não trabalhava e nem estudava. O jovem até disse que Claudinei queria fazer psicologia, mas seu orientador espiritual, padre José Antonio, "falou não. Você já é um psicólogo". Entretanto, em 2009, Claudinei começou a trabalhar e passou a chegar em cima da hora às reuniões do grupo. Teve dia que o início foi atrasado para esperar sua chegada; entretanto, as vezes em que falta ao grupo são justificadas por suas atividades de missão em outros lugares.

Enfim, o grupo Novo Pentecostes é, acima de tudo, um lugar agradável para se fazer amigos. A igreja é segura, bonita e acolhedora. Há agrupamento juvenil com gente da mesma geração e que pensa igual. Assim, têm-se melhores possibilidades de "paquera" e, além de todos esses atrativos, "ainda dá para rezar", e os "pais não reclamam da saída à noite", como relatou um dos jovens em uma das reuniões. Significa que no começo a atração é a própria juventude reunida, que se aglomera para participar do grupo. Há a identificação de uma tribo juvenil, católica e carismática, mas, sobretudo, composta por jovens.

Na sequência acontece a influência da religião, veiculada por meio da internet, TV e rádio, nas pregações do grupo, nos eventos e atividades para a juventude. E se ocorre a conversão, o Batismo no Espírito, o "encontro pessoal com Deus", o religioso se torna ainda mais predominante. Assim, aquele ponto de encontro juvenil possui um potencial para se tornar um espaço de evangelização. O Claudinei tem papel central para que isso ocorra e tem alcançado, dentro dos parâmetros analisados neste livro, sucesso em seus métodos de evangelização da juventude. Ele representa o PHN na cidade e tem se apropriado dos recursos disponibilizados por essa pedagogia para trabalhar em seu grupo, principalmente os elementos artísticos e musicais do movimento carismático. Por isso, analisa-se o papel da música nos trabalhos de evangelização para jovens, mas antes é importante discutir as divergências desse líder carismático com outros setores do catolicismo e da sociedade araraquarense para se ter a visão de como acontecem essas disputas nas paróquias e dioceses do país.

As disputas internas

As entrevistas com Dunga e Claudinei mostram que há certa consciência das disputas no interior do catolicismo, na medida em que Dunga faz crítica velada à Teologia da Libertação, dizendo que ela só foi necessária em algumas regiões do Brasil (Nordeste). No caso do Claudinei, ele cita quase todos os movimentos de juventude católica ao se referir a sua visão coletiva da Igreja, mas não faz referência aos grupos de pastorais da juventude ligados à TL, apesar de ficar explícito em outros momentos que sabe da existência desses grupos.

O grupo de oração Novo Pentecostes acontecia na Igreja N. S. do Carmo, no Bairro Quitandinha, mas foi transferida para a Igreja Matriz São Bento por motivos de divergências com o padre local. Identifica-se, portanto, uma manifestação das lutas entre as tendências orgânicas do catolicismo. Esse grupo se reunia em uma capela de uma paróquia de um bairro de classe média, afastado do centro da cidade. Um desentendimento entre o padre (com características do cristianismo da libertação, ou seja, adepto da Teologia da Libertação, que pertence à tendência radical do catolicismo) e Claudinei, liderança jovem do grupo de oração (ligado à Renovação Carismática Católica, que pertence à tendência modernizadora-conservadora), fez com que o grupo ficasse por um curto período sem local para realizar as reuniões. Em seguida, o grupo foi acolhido em uma associação católica do bairro (aparentemente ligado ao setor carismático, mas com fortes influências da tendência tradicionalista da Igreja Católica), mas também houve conflito e o grupo foi transferido para a igreja Matriz da cidade, a convite do pároco, simpatizante do movimento carismático. A mudança ocasionou o aumento do número de participantes assim como a popularidade de Claudinei, observado a partir de comentários informais e entrevistas com participantes da RCC.

Acerca das divergências com o clero no caso da expulsão da comunidade anterior, nosso informante descreve sua versão dos fatos e faz uma defesa da liderança do grupo:

> O padre deu seis meses para o Claudinei mudar. O Claudinei começou a fazer isso, fazer as exigências que o padre queria. Só que neste tempo o padre colocou uma missa das 19 às 20h missa, e das 20 às 22h grupo de oração. E um dia estávamos todos lá, com a Eucaristia, porque a Eucaristia é melhor que estar num grupo de oração, deu 19h50 nada, 20h nada. O padre começou a falar que a missa é mais importante que o grupo de oração. Pronto, o Claudinei começou a ficar nervoso e os jovens também, e começaram a bater boca, os jovens com o padre, as mulheres, o padre. Conclusão: teve uma coisa chata, os jovens riscaram o carro do padre, com prego, pedra e deu isso, esse problema, e o padre falou: – "Tchau, não tem mais grupo de oração aqui". E mandaram embora [...] A Renovação é boa e gostosa de trabalhar, só que no mesmo tempo que é gostoso, é difícil, é difícil trabalhar nisso, mas só que a única coisa que a Renovação tem é que ela traz [resgata] muitos jovens da droga, da prostituição, está trazendo, só que muitos padres não gostam da Renovação Carismática. Se existe um ou dois padres que gostam da Renovação Carismática em Araraquara é muito. Um padre que é carismático é o padre Pedro. O padre Edson da Nossa Senhora das Graças, ele gosta; o padre Roberto, que faz Missa de Cura e Libertação do São José. O padre Gilmar também [...]. Então se tiver só esses quatro padres é muito. Agora, só que os padres têm que saber é que a Renovação está trazendo jovens para a Igreja.[10]

---

10 Entrevista com C. R. P., Araraquara, 29/11/08. Todas as citações que se seguem advêm desta entrevista.

As divergências de Claudinei se dão não apenas com outros setores católicos, mas também mostram que esse líder é polêmico mesmo dentro do movimento carismático:

> Então, só que tem muita gente querendo tirar o Claudinei daqui de Araraquara, falam que está virando Igreja Universal do Reino de Deus. Tem muita gente falando mal do Claudinei, isso não o abala, só que as pessoas querem tirar o Claudinei, um exemplo é a Associação do padre Pio, quer tirar o Claudinei. Aquele povo quer tirar o Claudinei.

A associação mencionada acima recebeu o grupo do Claudinei quando esse foi despejado da igreja do Bairro Quitandinha. Todavia, a relação durou pouco tempo, e um novo conflito passou a existir. Segundo nosso informante há também conflitos com outras religiões presentes na cidade:

> [...] ele [Claudinei] tem uma força e as pessoas acreditam no poder dele, na unção dele, só que em Araraquara é em uns aspectos ungida e em outros não é. É uma cidade rodeada por Centro Espírita e isso incomoda muito eles, que 1.500 pessoas frequentem o grupo, isso atrapalha eles [...] São gente assim, de fora, que quer destruir ele, de fora, são gente da macumba. Há um tempo ele recebeu um bolo de uma mulher de centro, ele rezou e tinha coisa para ele no bolo, trabalho. E dessa mesma mulher ele recebeu trezentos reais, e o que ele fez com os trezentos reais? Ele picou, picou e queimou. Já teve esse tipo de coisa. Então ele é abençoado de um lado e perseguido de outro.

O fato é que o animador do grupo Novo Pentecostes chama atenção por possuir um estilo muito parecido (físico inclusive) com o apresentador e cantor Dunga e também por conseguir reunir semanalmente em 2006/2007 cerca de 400 pessoas e em 2008/2009 cerca de 2.000 pessoas, com um público majoritariamente juvenil. Esse grupo também chama a atenção por possuir uma relação de seguimento ao PHN, não apenas no grupo de oração, mas também com a organização de retiros nos moldes do PHN e participação frequente em eventos com membros do PHN, além de visitas periódicas e excursões à Canção Nova. Portanto, a relação de Claudinei no interior da RCC e com outros setores católicos da cidade se configura dentro daquilo que havíamos descrito no capítulo terceiro deste livro. Assim, há dificuldades de relacionamentos identificados no documento da CNBB que trata dos católicos carismáticos, mas a opção majoritária na Igreja é de acolhimento dessas lideranças na medida em que conseguem levar centenas de jovens para seu interior.

A centralidade da música no PHN

Os outros espaços de evangelização juvenil da RCC para além dos grupos de oração e estimulados pelo movimento são as "Baladas PHN", isto é, os Barzinhos de Jesus, as *raves* católicas e as cristotecas.[11] Os barzinhos são organizados por jovens católicos para realização de festas com os participantes do grupo e as *raves* e cristotecas são discotecas que tocam músicas com letras que falam de Jesus no ritmo de *dance music* e nas quais há até DJs (DJ Guto é o mais famoso, e Dunga inclusive tem um CD de *Dance* chamado *Dunga na Pista*). Nessas festas o consumo de álcool é proibido e há um clima que evita (ou sugere que se evite) os namoros momentâneos e sem compromisso ou, como dizem os jovens, o *ficar*. O discurso de quem organiza esses eventos é de que os jovens devem aproveitar o momento para dançar, fazer amigos e se divertir. Porém, tudo isso deve ser feito sem pecar, e *ficar* é pecado. Esses eventos representam uma extensão do grupo de oração, são momentos de descontração que possibilitam diversão ao jovem sem ter que recorrer às "festas do mundo".

Por trabalhar com a juventude, o movimento PHN busca construir uma linguagem que atinja essa camada da sociedade. Nos acampamentos, por exemplo, além das palestras, orações e momentos de louvor, missas,

---

11 A comunidade Shalom é conhecida por organizar lanchonetes cujos lanches possuem uma nomenclatura ligada ao universo católico.

O grupo de oração Novo Pentecostes

atividades religiosas em geral, há também momentos de recreação com esporte (basquete de rua, skate, bicicleta), jogos e brincadeiras; enfim, o PHN propõe uma gama de atividades que possibilitam diálogo e um processo de evangelização mais eficaz. No 11º Acampamento PHN, em 2009, o Departamento de Tecnologia da Informação da Canção Nova distribuiu gratuitamente um jogo de videogame chamado "Game ERBOT – O Robozinho aventureiro no PHN". Todos são instrumentos de evangelização da juventude, destinados aos participantes dos grupos de oração.

No entanto, o instrumento de grande eficácia na evangelização e com repercursão nos grupos de oração é o Ministério de Música, e, sobretudo, a música em si tem sido utilizada com sucesso pelo PHN. Uma música muito conhecida e considerada instrumento de conversão por parte dos líderes carismáticos e jovens do PHN é a música *Restauração*, de autoria de Dunga:

> Deus vê o coração / Sonda com a compaixão / E sabe o tamanho / de sua dor / Ele não pode pôr / Limites no seu amor / Pois sabe até onde vai / Todo pecador. Lágrimas são suor / De almas que lutam só / Só Deus pode entender / O que lhe causa a dor / Pense no seu Senhor / Recorra a seu amor / E creia ele é fiel / Justo é o seu amor. Pare de se maltratar / Não queira aos outros culpar / Diga por hoje não / Por hoje eu não vou mais pecar / Estenda a sua mão e abra o seu coração / Volta pro seu Senhor e se abra à restauração. Com Cristo você vai superar / Todas as barreiras passar / Todo pecado vencer / Um novo homem vai nascer.

Para Monsenhor Jonas Abib essa música é o hino do PHN. Alguns jovens relataram que se trata de uma música que promove curas no momento em que é tocada e cantada por Dunga. Por exemplo, Tiba relata: "A [música] *Restauração*, que até hoje quando é tocada movimenta a juventude, quanta gente já parou Dunga e falou: – Olha, essa música transformou a minha vida!".[12] O próprio Dunga afirma que "A música *Restauração*, ela

---

12 Entrevista com Tiba, Canção Nova, 4/7/09.

surgiu com uma força muito grande há 11 anos e ela permanece com a mesma forma e ela opera um dos mais importantes milagres, que eu considero, que é o milagre da conversão...".[13]

Sua importância é tão grande que Dunga organizou um livro sobre ela que foi escrito por 24 personalidades do movimento carismático, principalmente por membros da Canção Nova. Cada frase da música se transformou em um capítulo que foi dado por Dunga a seus convidados para elaboração do conteúdo.

A música foi composta por Dunga em 1998, num período de dificuldades em sua vivência na comunidade Canção Nova. Como afirma Luzia Santiago, cofundadora dessa comunidade de vida: "A música *Restauração* nasceu no coração do Dunga num tempo muito duro de seu Ministério de Música e da banda Canção Nova".[14] Ela explica que Monsenhor Jonas Abib havia destituído a banda e mandado Dunga trabalhar na lanchonete da comunidade. A explicação de Jonas é que "Eles eram bons músicos, uma excelente banda, mas não era o suficiente. Precisavam ser, antes de tudo, homens de Deus, e então músicos de Deus".[15]

A situação descrita mostra a forma como funciona o projeto de evangelização e formação religiosa dos membros da comunidade: utiliza-se a pedagogia da dor. Houve um processo de constrangimento, de "poda", no qual o próprio Dunga vivencia momentos de dor e angústia. Monsenhor Jonas acredita que o caminho para a verdadeira conversão passa pela dor, conforme vimos anteriormente. Segundo ele a própria música *Restauração* "realiza maravilhas na vida de tantas pessoas porque nasceu na dor, num momento de fortíssimo e incompreensível sofrimento".[16] Pode-se afirmar que o próprio PHN nasce, conforme os relatos, da dor, da angústia e da depressão.

---

13 Entrevista com Dunga, Canção Nova, 1 e 2/9/09.
14 DUNGA (2008), op. cit., p. 19.
15 Id., Ibid., p. 50.
16 Id., ibid., p. 49.

Essa visão é compartilhada pelas lideranças da comunidade: "O amor divino nos fere para curar [...] Os homens agradáveis a Deus são provados pelo cadinho da humilhação", explica Luzia. A própria esposa de Dunga, conhecida como Neia, relata: "Fomos provados pelo cadinho da humilhação, mas como o ouro e a prata se provam no fogo para ver seu verdadeiro valor, fomos purificados pelo Espírito Santo".[17]

Nesse período Dunga mostrou também sua obediência aos líderes da comunidade, conforme relata Luzia: "Dunga, como líder do grupo, vivia o conflito e as angústias dos demais companheiros da banda, porém ele não podia manifestar nenhum tipo de revolta que influenciasse os demais".[18] Observa-se que a virtude da obediência se configura em característica central da juventude PHN.

O que o movimento carismático espera é que o jovem, com sua obediência, assuma sua responsabilidade em seu processo de santificação. "Para superar uma situação de vício ou pecado, precisamos confiar intensamente na graça de Deus, mas é preciso o esforço de não mais pecar. O PHN é uma afirmação clara de que Deus precisa do nosso empenho para evitar toda forma de mal [...] Deus quer a nossa participação no milagre", defende Pe. Joãozinho no livro organizado por Dunga.[19] Porém, a autonomia do jovem carismático fica restrita pela limitação das opções. Conforme explica Gabriel Chalita:

> A liberdade é um presente complexo. Os caminhos que se abrem a cada dia trazem a sensação de angústia. É preciso escolher [...] Escolher é assumir que se é livre e assumir o resultado da própria escolha. É essa a luta diária. Não permitir que as escolhas matem o principal, a liberdade de escolher [...] Todos os dias é preciso decidir, e essas decisões podem levar ao aprisionamento ou à liberdade.[20]

---

17 Id., ibid., p. 94.
18 Id., ibid., p. 21.
19 Id., ibid., p. 41.
20 Id., ibid., p. 44.

Um dos jovens[21] carismáticos entrevistados em Araraquara falou que a juventude do mundo não é livre, pois ela não conhece o "outro lado da moeda", ou seja, conhece apenas a realidade do pecado. A verdadeira escolha acontece quando o indivíduo conhece os "dois lados da moeda": o lado do pecado e o lado da santidade. Entretanto, esse jovem afirma também que só é livre aquele que escolhe o lado da santidade. O que se entende do discurso de Chalita e do depoimento do jovem de Araraquara é que os indivíduos livres são aqueles que passaram por uma situação de risco em suas vidas, mas que mudaram e começaram a viver na perspectiva do Por Hoje Não vou mais pecar.

Sobre esse assunto, Márcio Todeschini no livro de Dunga é enfático: "Porque Ele nos deixa livres para fazermos a nossa escolha. Se escolhemos ir até Ele, estender a nossa mão e ouvir a sua voz, somos verdadeiramente livres. Se assim não o fizermos, tornamo-nos escravos do pecado, e se somos escravos, já não somos livres".[22] No capítulo anterior já havíamos feito esta discussão e mostrado que, na concepção dos carismáticos, a verdadeira liberdade é alcançada quando se escolhe o "bem".

A própria felicidade está restrita a essa condição, já que ao pecar o jovem abre mão de sua felicidade, defendem os carismáticos. Para Miguel Martini "Deus nos criou para sermos eternamente felizes. Mas isso só é possível se permanecermos Nele [...] O pecado nos distancia da felicidade...".[23] A felicidade também cura: "O nosso organismo é todo interligado e, quando curtimos uma tristeza, o nosso corpo sente e adoece", defende o Pe. Cleidimar Moreira.[24]

Assim, a música *Restauração* se constitui num excelente exemplo de como se dá a repercussão do PHN e da liderança de Dunga nos grupos de oração carismático. Essa música é considerada por Eto, da Canção Nova, como o

---

21 Entrevista com C. G., Araraquara, 12/4/09.
22 DUNGA (2008), op. cit., p. 111.
23 Id., ibid., p. 59.
24 Id., ibid., p. 80.

retrato da vida, do interior de Dunga, que inventou um excelente remédio para vencer e superar as faltas cometidas pelos jovens: o PHN.[25] Ao utilizar a música tema do PHN ilustra-se como a questão musical tem atingido os jovens dos grupos de oração espalhados nas dioceses e paróquias. No grupo Novo Pentecostes, há uma banca com produtos católicos da livraria São Pio, situada em Araraquara. Os CDs e DVDs de músicas são os mais procurados pelos jovens em detrimento dos livros. O dono da livraria afirma que os CDs mais procurados são os de Dunga, Pe. Marcelo Rossi e Pe. Fábio de Melo. Entretanto, observa-se também a procura grande pelos CDs e DVDs de palestras do Monsenhor Jonas Abib e do falecido Pe. Léo.

O jovem gosta de "curtir" uma música. Por isso o movimento carismático investe nas festas católicas (barzinhos, cristotecas, *raves*) e também nos Ministérios de Músicas dos grupos de oração. Um grupo bom tem que ter música boa, tocada com qualidade, na hora certa. Isso tudo tem sido observado no grupo da Igreja Matriz São Bento, sendo que o jovem Claudinei, em quase todas as reuniões observadas, trazia uma música nova para ensinar a letra e ensaiar os gestos e a coreografia. Com o apoio da música, ele conduz o grupo, fazendo com que o participante entenda sua mensagem e assimile o projeto de vida proposto pelo movimento carismático. Segundo Claudinei, ele procura utilizar a música de forma espontânea para possibilitar a ação do Espírito Santo. Assim, a maioria dos momentos de intensa oração com fervorosas manifestações dos fiéis é conduzida a partir da musicalidade, das canções cujas letras e ritmos conseguem preparar um clima favorável para as manifestações mágicas e fantásticas (transes verbais e corporais) frequentes nos grupos de oração e atividades de massa do movimento carismático católico.

---

25 Id., ibid., p. 131.

Os testemunhos dos jovens

Um elemento que chama a atenção do grupo Novo Pentecostes é seu caráter de cura e libertação. Isso tem atraído pessoas de toda a diocese e, sobretudo, jovens de todas as regiões da cidade. Uma das entrevistas exemplifica esse fato:

> Olha, eu cheguei lá no grupo, na verdade eu participava de um grupo de oração às sextas-feiras. E falavam que era um grupo de Cura e Libertação. As pessoas trabalhavam especificamente com isso. Por eu ter um histórico de ser usuário de drogas dois anos, eu tinha a necessidade de procurar alguma coisa que realmente pudesse me ajudar a sair dessa realidade. Minha grande pergunta que eu sempre fazia era: eu ia tirar a droga de minha vida e ia colocar o quê?[26]

Nota-se no depoimento deste jovem que sua procura inicial por um grupo de oração priorizou a característica da cura e libertação em virtude da situação de risco que vivia no momento da ida para a Igreja. Ele não procurou o grupo estudado; no entanto, seu depoimento possibilita compreender que o grupo de Claudinei, além de ter se tornado um ponto de encontro juvenil, tem o diferencial da proposta da cura, tornando-se um atrativo a mais que tem possibilitado seu crescimento nos últimos anos.

Há a intenção do movimento carismático em recrutar jovens para suas comunidades. Assim que ele se converte e recebe o Batismo no Espírito Santo, procura-se incentivá-lo a viver em comunidade. Tudo começa com as atividades extragrupo de oração, que já foram expostas aqui (festas, retiros, encontros vocacionais). No processo, o jovem é integrado paulatinamente à realidade carismática, permeada de situações miraculosas (curas, profecias, transes). Esse contexto gera um sentimento de viver tudo isso cotidianamente, e assim o indivíduo é induzido a procurar uma comunidade de vida ou aliança e até mesmo a começar algo novo.

---

26 Entrevista com F. G. G., Araraquara, 30/11/08.

O grupo de oração Novo Pentecostes

No caso da Canção Nova, há uma estrutura para receber novos membros. O processo de entrada, discernimento e iniciação pode durar em torno de quatro ou cinco anos. Por meio do depoimento de uma jovem[27] que viveu nove anos na comunidade e em 2009 morava em Araraquara, identifica-se quatro etapas desse processo: 1) No início o jovem precisa se corresponder (telefone, carta ou e-mail) com um membro da comunidade que participa da equipe vocacional. Esse acompanhador avalia a vontade e a vocação do pretendente, procura saber do interesse real da pessoa. Nesse tempo há em torno de 4 encontros vocacionais no período de 1 ano, e o jovem também é estimulado a participar das atividades de massa e ajudar nos eventos da Canção Nova. 2) Depois o jovem vai morar em uma casa de pré-discipulado por 1 ano. 3) Em seguida parte para o discipulado, no qual a formação é mais intensa, com duração de 1 ano. 4) E por último é o período de missão, em que o iniciante parte para viver em uma das casas da Canção Nova no Brasil ou no mundo. Essa etapa, chamada de juniorato, tem a duração de 2 anos, e apenas a partir do segundo ano é que o jovem pode começar a namorar. Portanto, o pretendente chega a ficar até 4 anos sem namoro, essa é uma exigência da Canção Nova. Mas apesar das dificuldades não faltam pretendentes: há duas casas de pré-discipulado com cerca de 60 pessoas em cada uma.[28]

Todavia, observa-se que a maioria dos jovens que participa de grupos de oração não completa esse processo. Os namoros interrompem a "caminhada", e o jovem que chegou solteiro relaciona-se e acaba saindo em conjunto com o novo parceiro ou parceira, pois o relacionamento traz de volta a alegria e felicidade na vida do casal. Neste caso, há talvez um reen-

---

27 Entrevista com L. C., Araraquara, 22/5/09.

28 Dunga afirmou em entrevista que, apesar da existência desse processo de entrada na comunidade, o Monsenhor Jonas tem o poder de convidar quem ele quiser para a Canção Nova, pois ele é o fundador dessa obra. O próprio Dunga é um exemplo de membro que não precisou passar por essas etapas pelo fato de ter sido convidado por Jonas Abib.

cantamento do mundo pela esfera erótica. Um dos entrevistados relata que é comum essa situação nos grupos de oração da cidade:

> Quando a pessoa não se compromete e não se identifica [com o grupo de oração], de alguma maneira ou de outra não passa de um ano [...] É bem diversificado, eu vejo, alguns procuram outras paróquias, outros grupos de oração, ou até mesmo param de frequentar o grupo de oração e vem e procuram quando têm algum tipo de problema, de necessidade. Isso eu identifico bastante. Tem pessoas que vão lá de tempos em tempos, algum tipo de necessidade e vai (*sic*) lá e procuram [...] Começa (*sic*) a namorar e aí sai (*sic*) os dois. Já teve muitos casos assim.[29]

Um dos casos relatados acima aceitou conceder uma entrevista para relatar a experiência no grupo de oração. O casal entrevistado participava do grupo Leões de Judá, um dos poucos que se identificam em Araraquara como grupo de oração para jovens. Esse caso é um exemplo muito interessante que retrata o perfil dos jovens que participam por um breve período do movimento carismático. A primeira característica é que ambos são de famílias católicas, portanto de cultura católica. Esses jovens foram convidados para o grupo por pessoas próximas: no caso da moça, a irmã, e no caso do rapaz não ficou muito explícito, mas parece que foi persuadido por amigos. Eles já se conheciam, mas começaram a namorar no grupo de oração, ou seja, o grupo foi o meio que os aproximou e os conduziu para o namoro e o casamento. O casal passou um período de mais ou menos 10 anos no grupo e depois se afastou.[30]

Nos bate-papos com jovens participantes do grupo Novo Pentecostes, quando perguntados sobre o tempo que estão participando, as respostas são sempre em meses. Sobre quem os convidaram, as principais respostas são: amigos, parentes, colegas, conhecidos, vizinhos. Enfim, é dessa maneira que

---

29 Entrevista com F. G. G., Araraquara, 30/11/08.
30 Entrevista com A e L, Araraquara, 11/4/09.

O grupo de oração Novo Pentecostes

o processo tem se configurado, sendo que a proposta do PHN possui um atrativo inicial não sustentado nos meses seguintes em virtude dos fatos já mencionados, principalmente aqueles relacionados com a questão da afetividade e da sexualidade.

Duas realidades: Brasil e França

Para uma breve comparação, pontua-se algumas características dos jovens carismáticos no Brasil e na França a partir dos elementos das observações realizadas no grupo de oração Plenitude de Paris. O grupo parisiense se intitula "carismático e ecumênico" e conta com a participação de franceses originários do território francês e também das colônias francesas no continente africano.

O grupo se reúne toda segunda-feira na Paróquia Saint André d´Europe e acontece a partir de oito etapas que são muito parecidas com aquelas observadas nos grupos brasileiros: 1 – A sessão começa com a oração do terço (Rosário) das 20h até 20h30min; 2 – Depois do terço o grupo inicia efetivamente com os cantos de louvor; 3 – No momento seguinte, os organizadores e coordenadores do grupo fazem profecias sobre a vida dos fiéis; 4 – Ao fim do momento de profetização um animador fala a partir da leitura da Bíblia Sagrada e de testemunhos de sua própria vida; 5 – Em seguida há oração coletiva em voz alta, na qual os organizadores oram pelos participantes, impondo-os as mãos sobre a cabeça. Nesse momento, diversos fiéis "repousam no espírito"; 6 – Depois disso há o momento consagrado aos "mantras" (orações em forma de música com pequenas frases que são repetidas durante um longo tempo); 7 – Volta-se após as orações de louvor com muita música; 8 – Por fim, há a oração final e de envio dos participantes.

Essas observações revelaram as diferenças e similaridades entre as práticas carismáticas no Brasil e na França. Notou-se um caráter essencialmente corporal dos transes na França (o fato de "repousar no espírito", por exemplo) em relação ao Brasil, no qual se observa a preferência pelo transe verbal, como a oração em línguas (glossolalia). Aliás, a participação de franceses no movimento carismático se configurou como outro aspecto interessante revelado pelo trabalho de campo, diferentemente da grande presença de fiéis imigrantes observada em igrejas pentecostais em algumas capitais da Europa.

Todavia, existem mais pontos em comum do que divergentes entre carismáticos brasileiros e franceses. Assim, do mesmo modo que os grupos brasileiros, o grupo Plenitude cultiva uma dimensão magicizada da realidade e utiliza a terceira pessoa da santíssima trindade cristã, o Espírito Santo, para construir seu processo de evangelização. O grupo Novo Pentecostes de Araraquara tem apresentado momentos intensos de êxtase corporal nas sessões que ocorrem após o grupo, nas ocasiões em que há as orações de imposição de mãos por parte do líder carismático.

O repouso no espírito, que é considerado como algo comum no grupo Plenitude de Paris, é motivo de desavenças no grupo Novo Pentecostes de Araraquara. Um de nossos entrevistados relatou que:

> Lá, assim, o que a gente tem informação é que ele recebe muita reclamação. O jovem que frequenta lá. Eu não posso confirmar isso, mas tive a informação de que pais ligam reclamando dos jovens que vão lá, por essa questão do repouso. Então eu sei que o Claudinei tem muito problema com isso.[31]

No entanto, o que é motivo de reclamação é também um elemento de sucesso do grupo de oração, que possui um dia dedicado a esse tipo de manifestação. Todos os sábados, Claudinei faz plantão de oração no porão da igreja. Trata-se de uma reunião menor com muitas manifestações de transe corporal, diferentemente do observado no grupo maior às segundas-feiras. Essas sessões de cura e libertação também têm atraído pessoas de diversas localidades da diocese. Elas aconteciam às sextas-feiras, porém, como Claudinei começou a trabalhar em 2009, teve que ser mudada para os finais de semana.

---

31 Entrevista com F. G. G., Araraquara, 30/11/08.

O grupo de oração Novo Pentecostes

Assim, a possibilidade de conversão, de mudança de vida, se caracteriza como o principal atrativo para muitos indivíduos que se encontram em situações de dificuldades. A procura pelo grupo acontece muitas vezes como a última tentativa de superação dos problemas, sendo que isso ocorre tanto no Brasil como na França.

Por fim, como elemento dessa breve comparação, é importante inserir a questão do ecumenismo, visto que no Brasil não há relação com outras denominações e na França o grupo tem o costume de convidar periodicamente pastores evangélicos para pregar no grupo de oração.

O território eucarístico dos carismáticos

A Canção Nova é considerada um "território eucarístico" para os fiéis que a frequentam nas atividades de massa. Há uma forte atração dessa comunidade entre os jovens que desejam abandonar tudo para viver junto com seus membros famosos. No processo de entrada há a necessidade de se fazer uma opção concreta pela vida comunitária, conforme relato de uma postulante:

> Deus pediu a minha família e eu vim para a Canção Nova. Deixei a faculdade, namorado, amigos, o meu grupo de oração para viver em comunidade. Quero deixar para trás o que é meu e assumir o que Deus tem sonhado para mim.[32]

Este capítulo tratou de apresentar a estrutura, o funcionamento e o cotidiano do grupo de oração Novo Pentecostes, em Araraquara. Por meio da descrição e análise do perfil da liderança principal, Claudinei, compreende-se as motivações dos participantes e as estratégias dos organizadores. Mostrou-se também a presença e importância da pedagogia PHN no gru-

---

32 Jovem iniciante, noviciado, na Canção Nova. Depoimento em grupo de oração na Ermida Mãe Rainha, Canção Nova, em 3/7/09.

po e o envolvimento dos jovens com essa proposta. Pôde-se constatar os elementos mágicos do grupo, presentes nas manifestações de glossolalia, repouso no Espírito, orações de imposição de mãos, depoimentos de curas milagrosas, enfim, presenciou-se a capacidade de atração do grupo em suas reuniões públicas semanais.

Essa capacidade de atração tem conseguido trazer muitos jovens ao grupo: propondo-lhes o distanciamento das coisas do mundo; indicando-lhes o namoro santo enquanto alternativa ao sofrimento e solidão; e orientando-lhes a ligarem seus projetos de vida com o projeto de Deus, que significa "assumir aquilo que Deus quer para você", conforme defende Dunga. Como já foi afirmado, constata-se que esse processo se estabelece de forma provisória na vida do jovem, sendo que na sequência há, na maioria dos casos, um distanciamento do grupo em virtude da disputa entre as esferas religiosa e erótica. Todavia, na mesma frequência com que saem, há a entrada de novos participantes que garantem a grande quantidade de participantes toda semana.

Nesse processo, o movimento carismático ou, como diz Dunga, a "Igreja Católica Apostólica Romana Carismática e Mariana" tem se apresentado com sucesso no processo de recuperação de fiéis para a instituição católica. Por esses motivos, tem assumido conflitos diversos, mas também tem constituído uma força importante na disputa do mercado religioso brasileiro. Disputa que pode ser vista no âmbito local por meio da experiência do grupo de oração Novo Pentecostes.

Em relação aos jovens da RCC, afirma-se que eles são evangelizados a partir de um roteiro bem definido, que tem como porta de entrada o "grupo de oração jovem" e como finalidade principal a adesão do jovem a uma comunidade de vida ou de aliança com o distanciamento do mundo como forma de conhecer Jesus e se livrar do pecado. O roteiro se complementa pela participação em "Ministérios de Música" e em atividades específicas como "acampamentos", "barzinhos de Jesus", "*raves*", "cristotecas", enfim, as atividades de "lazer no Espírito" ou "baladas PHN". O vetor que orienta

O grupo de oração Novo Pentecostes

e possibilita a permanência nesse roteiro é o movimento PHN, por ser o difusor de uma prática cristã-carismática capaz de envolver a vida do jovem de forma global e integrada.

A forte influência do PHN nos grupos de oração, principalmente no interior de São Paulo, dá-se por meio do sistema de comunicação de massa da Canção Nova (CD, DVD, livros, internet, rádio), principalmente a televisão. O PHN possui um espaço significativo na TV Canção Nova com um programa que é transmitido ao vivo para todo o Brasil (nas cidades em que a RCC conseguiu instalar o retransmissor, sendo que atualmente são cerca de 500 retransmissoras em todo país) às terças-feiras, à noite.

Considera-se que o roteiro de evangelização proposto pelo PHN se desenvolve a partir de uma mudança de impacto, mas se estabelece de forma provisória na vida do jovem. O fato observado de os jovens depois de um tempo de participação, no grupo de oração e nas atividades específicas, distanciarem-se da RCC nos remete à discussão de Weber sobre a esfera estética e erótica na sociedade. Segundo o autor, o estético e o erótico concorrem com a religião na modernidade. Dessa forma, ambas as esferas possuem um sentido transformador que segue em direção à autonomia com relação ao campo religioso.

Parece ser essa a explicação para a eficiência apenas provisória do PHN na vida do jovem religioso; pois, ao descobrir a sexualidade no namoro, o jovem tende a se distanciar do movimento que foca sua discussão do pecado no elemento erótico. Ao restringir e condenar o sexo, a masturbação, o *ficar*, enfim, o prazer sexual, o PHN se fecha para aquela juventude que descobre a força vital da sexualidade em sua vida.

Todavia, apesar de provisório, a prática cristã-carismática proposta pelo PHN possui eficiência, observada a partir do discurso dos jovens, em um determinado período. Além disso, o PHN consegue, inclusive, manter em seus quadros um pequeno, mas significativo, número de adeptos que se tornam lideranças nos grupos de oração, nas paróquias e nas comunidades de vida e aliança da RCC e na sociedade.

Por outro lado, assiste-se a um processo de submissão ao líder carismático, no qual um estilo de vida se afirma por meio de uma profunda desconsideração (distanciamento) da realidade e de uma total intolerância com a diferença. A nova tribo adotada pelo jovem convertido ao movimento carismático possui seus próprios princípios e os conserva colocando-a em oposição ao outro, ao diferente. Do lado do bem se encontram os vencedores, estes que retiraram o pecado de suas vidas, ou seja, os jovens do PHN. Do lado oposto, se encontram aqueles que pertencem ao mal, os homossexuais, os jovens que praticam sexo fora do casamento e se masturbam, os membros de outras religiões, as outras tribos juvenis que não participam da igreja, ou seja, os jovens do mundo.

Nesse sentido, o distanciamento do mundo como método de evangelização se torna inevitável em um cenário difícil de colocá-lo em prática, na medida em que a realidade se nivela no momento em que o jovem retorna a seu meio social (família, trabalho, escola). Nesse processo, o prejulgamento e a intolerância são cónvocados como armas de defesa dessa realidade que difere daquilo que o carismático vivencia na comunidade religiosa, na paróquia e no grupo de oração.

Por fim, ao construir uma perspectiva inclusiva de distanciamento do mundo e mesmo de intolerância, a RCC produz também o distanciamento da própria instituição católica, já que se observou o fato de uma parte significativa dos jovens participarem apenas das atividades específicas do movimento carismático. O exemplo mais importante desta realidade se encontra na Igreja Matriz São Bento na qual o grupo de oração Novo Pentecostes consegue encher a igreja em suas reuniões de segunda-feira à noite, sendo que tal participação não pode ser observada nas missas dominicais da mesma igreja.

Além disso, entra-se em choque também com as outras sensibilidades religiosas presentes no contexto católico, principalmente aquelas que dialogam de certa maneira com elementos da modernidade e com as esferas seculares do mundo não compartilhados pelos carismáticos.

QUEM SÃO OS NOVOS CARISMÁTICOS?

"É pela insatisfação dos jovens com o mundo que Deus age na vida deles". Com essa visão da realidade o movimento carismático tem articulado seu processo de evangelização no ambiente juvenil. A proposta começa no grupo de oração, mas, em muitos casos, a mensagem tem chegado antes: pela televisão, pela internet e pelo rádio. No grupo, o jovem é acolhido, inserido na dinâmica da comunidade e convidado a deixar sua antiga tribo para "aceitar Jesus" e conhecer uma nova "família" caracterizada por um novo estilo de vida, em que: "Já não sou eu que vivo, mas Cristo vive em mim", [1] *slogan* de uma camiseta de um fiel carismático.

Assim, toda a vida do carismático é movida pela ação do Espírito Santo. Essa situação pôde ser observada, por exemplo, nos seis dias de trabalho de observação sistemática desenvolvida em 2007, no Congresso dos 40 anos da RCC, em Cachoeira Paulista. Durante o evento houve diversos momentos de efusão do Espírito Santo, pois a vida do carismático está completamente envolvida por situações miraculosas, com um cotidiano permeado por elementos sobrenaturais. Desde a escolha de uma roupa (como foi presenciado em uma das lojas da Canção Nova) até a escolha de um coordenador nacional para um ministério da RCC (como testemunhou um jovem), há a presença e o pedido da intervenção do Espírito de Deus.

"Então vem amigo! Vem cantar comigo! Segue seu coração, vem fazer parte desta geração".[2] Os jovens carismáticos, na maioria dos casos observados, já são de famílias católicas, no entanto, sem a experiência "forte"

---

1 Ver Bíblia Sagrada (Gálatas 2,20): "Eu vivo, mas já não sou eu; é Cristo que vive em mim. A minha vida presente, na carne, eu a vivo na fé no Filho de Deus, que me amou e se entregou por mim".

2 Música *Vem Amigo*, de autoria de Dunga.

de vida religiosa. E quando recebem a "efusão do Espírito Santo", o segundo batismo ou batismo no fogo, quando fazem seu "encontro pessoal com Deus", passam a desconsiderar a experiência anterior, vista então de forma depreciativa. "Antes eu não era nada, mas hoje sou católico praticante com muito orgulho", afirma um dos jovens participantes do 11º Acampamento PHN na Canção Nova, em 2009.

A iniciativa de procurar um grupo acontece em momentos críticos: quando há a decepção amorosa, relações com as drogas, problemas familiares, dificuldades financeiras; enfim, quando a situação é desfavorável para "seguir em frente", para pensar um projeto de vida. Com esse público a RCC desenvolve encontros de massa no estilo Televisão *versus* Telespectador, ou seja, o público apenas ouve, sendo que os momentos de manifestação se dão nas orações, no louvor, nas "aeróbicas de Jesus", na dança e na música. Os momentos para o público falar são restritos e as palestras das lideranças são articuladas em torno de testemunhos de vida. Assim o líder carismático, pensando no caso da Canção Nova (principalmente os ligados ao movimento PHN), é aquele que renasceu: que vivia nas "trevas" das drogas, da sexualidade ativa, do desconhecimento do plano de Deus, e que, ao aceitar Jesus em sua vida, teve uma segunda chance. A grande maioria das palestras ouvidas e assistidas para realização da pesquisa possui estas características, sendo Dunga a figura símbolo desse método de evangelização na medida em que vivenciou o mundo das drogas e conseguiu se libertar do vício.

Essa empresa de bens de salvação, em sua versão juvenil identificada pelo Por Hoje Não vou mais pecar, configura-se numa religião de clientela. São infinitos os produtos que o jovem pode comprar com a marca e o conteúdo do PHN: camisetas, blusas, bonés, broches, CDs, DVDs, adesivos, entre outros. Entretanto, todos esses produtos representam na verdade o principal e fundamental elemento comercializado na Renovação Carismática Católica: trata-se da oferta da vida nova, que contém um projeto ligado diretamente àquilo que Deus deseja para o fiel. Assim, tem-se um "produto" que dá novo significado para a vida do indivíduo, conduzindo-o de forma segura nas situações postas pela realidade de dificuldades e desafios.

Todavia, ao adquirir esse "produto" o jovem precisa abandonar tudo aquilo que o mundo havia lhe oferecido. Precisa abandonar inclusive sua liberdade de escolher, já que a liberdade autenticada pelos carismáticos é aquela ligada à única escolha possível, a escolha certa para a vida do jovem, isto é, a escolha da santidade, a escolha daquilo que Deus quer para a juventude. E o que Deus quer para o jovem na concepção do PHN? Ele deseja um jovem ordeiro, obediente, que siga os preceitos da liderança na comunidade.

Identificou-se também alguns elementos progressistas no movimento carismático. Um exemplo foi a palestra da então coordenadora nacional do Ministério de Fé e Política da RCC, Marizete Resende, no Encontro Nacional do Ministério Jovem em 2007. Ela afirmara que "O jovem da cultura de pentecostes é aquele que é construtor da Civilização do Amor". Ao descrever a juventude, Marizete utiliza as seguintes características: inconformado, questionador, radical, criativo, portador de uma força nova, alegre, sensível aos problemas sociais, não tem medo, injeta esperança no adulto e rejeita a hipocrisia. Entretanto, quando fala em ação do jovem carismático, Marizete centra seu discurso contra o aborto e na defesa da castidade do jovem. Ela fala em uma "opção preferencial pela castidade" em referência à "opção preferencial pelos pobres" da Teologia da Libertação e das Pastorais da Juventude do Brasil. Para ela o jovem precisa ler a Bíblia todos os dias e tem que "deixar o Espírito Santo agir em sua vida". Afirma que a vida do jovem tem que se articular em um tripé: oração, formação e missão. Portanto, mesmo nos discursos mais progressistas com relação ao jovem, as lideranças carismáticas buscam conduzir seu rebanho para uma ação em defesa de temas moralistas defendidos pela instituição católica; mais precisamente, defendidos pelos setores conservadores do catolicismo, ligados às tendências *tradicional* e *modernizadora-conservadora*.

Talvez o exemplo mais significativo seja o discurso do Monsenhor Jonas Abib. Em sua pregação no evento de comemoração dos 40 anos da

RCC, esse sacerdote posicionou a RCC como um órgão da Igreja Católica que busca formar "jovens santos, jovens cheios do Espírito Santo". O tema preferido deste padre, em suas palestras para jovens, é a questão da sexualidade. Ele afirma que a sociedade é "depravada e maliciosa", sendo o jovem do mundo pertencente a uma "geração perversa e pervertida". Esse mundo transforma pessoas boas em pessoas más. O desafio é ser santo neste ambiente. Jonas afirma que é preciso ser diferente sem ser esquisito, ser diferente da geração do mundo, mas estar com eles. "Você não é do mundo, mas está no mundo", afirma Jonas. Entretanto, Dunga defende o distanciamento do mundo no início da caminhada para se preparar para a grande batalha contra o pecado. "Os dias são maus, a maldade está no mundo", adverte Dunga. E também argumenta que: "O não envolvimento com o pecado e com a deteriorização ou corrupção provenientes de certas situações, lugares e até mesmo pessoas me possibilitam dizer SIM a tudo o que Deus tem como plano diário em minha vida".[3]

Mas o que é ser santo? Para Adriano, apresentador do Programa Revolução Jesus da TV Canção Nova, ser santo é sair do pecado e dar exemplo. Em um grupo de oração no dia 3 de julho de 2009, na comunidade Canção Nova, esse conhecido apresentador afirmou que santidade significa olhar para as imperfeições e pedir o auxílio de Deus: "Onde sou fraco, sou forte", acredita. Ele fala que o jovem tem que "ser santo de calça jeans", tem que querer mudar o mundo, mas precisa começar por mudar ele mesmo, um por um, a família, os amigos; enfim, a mudança acontece aos poucos.

Ainda no tema da santidade, Dunga afirma que o indivíduo porta duas realidades: "Nascemos santos e pecadores". Em sua palestra no 11º Acampamento PHN disse: "Quem vive o PHN vai permitindo que o lado santo prevaleça e você vai agradando a Deus". Para ele o jovem não deve desejar ficar com a maioria da juventude, que é pecadora, mas deve ficar com a

---

3 DUNGA (2008), op. cit., p. 97.

minoria, pois é ela que transforma. "A minoria é como o sal, o fermento, a luz, é necessário um pouquinho para fazer a diferença. Uma pitada de sal dá sabor, um pouquinho de fermento faz crescer a massa, um raio de luz mostra o caminho".[4]

Na concepção dos líderes carismáticos a juventude do mundo é revoltada. Padre Paulo Ricardo, em palestra proferida no 11º Acampamento PHN, fez uma retrospectiva da juventude do movimento estudantil dos anos 1960. Afirma que os jovens do maio de 1968 eram movidos pela insatisfação, queriam mudar o mundo, que estava errado, queriam "quebrar" o mundo. Porém, na perspectiva desse padre, o diagnóstico estava errado, pois o problema não está no mundo, mas no próprio indivíduo. Para Paulo Ricardo, o resultado da ação dessa juventude é uma realidade em "cacos".

Para ele o jovem fez a revolução, colocou tudo abaixo, quebrou as estruturas, mas no final viu que tudo isso não resolveu nada. Em avaliação desse processo diz: "O problema está em nós, o mundo não está errado, foi criado por Deus. O combate começa no seu coração, dentro de você [...] Não foi Deus que fez o mundo errado, mas é você que tem que mudar, você que espera algo do mundo que ele não pode lhe dar".[5] Para esse padre, os jovens dos anos 1960 tinham força e coragem, mas a utilizaram em lugar errado e de forma equivocada. Ele acredita que não tem problema nenhum o mundo que Deus criou, mas o problema está no indivíduo, que precisa "revolucionar" o coração. A expectativa do jovem é que está errada, pois está entrando na mentira do demônio, que coloca expectativas equivocadas no coração das pessoas. Por isso é preciso revolucionar o coração com as coisas de Deus.

Em se tratando do coração, o tema mais presente nas palestras e documentos do PHN é a questão da sexualidade. Ao adentrar nesse tema, Adriano do Programa Revolução da TV Canção Nova afirma que o jovem santo não deve querer conhecer os mistérios do corpo de imediato. Isso é

---

4 Dunga, palestra 11º no Acampamento PHN.
5 Pe. Paulo Ricardo, palestra no 11º Acampamento PHN.

para depois do casamento. Para Dunga, sexo é bom, mas sexo demais esgota a carne, cansa. A solução apresentada pela RCC é o "namoro santo" ou "namoro cristão". Um dos principais defensores desse tipo de namoro é o professor Felipe Aquino. "Namoro cristão é para conhecer o outro [...] O importante não é a paixão, o importante é o projeto de vida, são os valores [...] O namoro deve começar com uma boa amizade", defende o professor em uma palestra para jovens. Monsenhor Jonas recorrentemente defende a castidade do jovem acima de tudo. Para ser santo é preciso ser casto, defende em diversas palestras proferidas na Canção Nova.

Na estratégia de diálogo com os jovens, as lideranças da Canção Nova dão novo significado às palavras que possuem um sentido negativo, mas que estão presentes na linguagem juvenil. Por exemplo, Dunga defende que "A geração PHN está usando uma droga diferente: o corpo, o sangue, a alma e a divindade de Jesus Cristo". A palavra droga aqui é usada no sentido de drogaria, droga como remédio que cura. "Nossa droga chama-se eucaristia". Ele defende que o jovem deve ficar "embriagado" de Deus. "Neste acampamento eu sinto que você está começando a ficar bêbado, embebedado de Jesus".[6] Na mesma direção, Claudinei, do Grupo Novo Pentecostes, usa o termo "chapado" do Espírito Santo para se referir aos momentos em que os jovens entram em repouso ou recebem o batismo do Espírito Santo.

Padre Paulo Ricardo atribui outro significado à palavra "revolução". "É preciso revolucionar o coração", conclama. Assim, passa a conceber revolução como algo que tem que ser construído dentro do indivíduo e não com o objetivo de mudar a sociedade. O departamento de Tecnologia da Informação da Canção Nova fala em "contaminar" a internet com a Boa-Nova. Ao apresentarem um novo portal de relacionamentos para jovens católicos afirmam que no caso do PHN "o meio é virtual, mas a amizade é verdadeira". Assim, pretende-se contaminar a rede com coisas boas, com o vírus do amor.

---

6 Dunga, palestra no 11º Acampamento PHN.

Márcio Mendes, membro da Canção Nova, constrói um novo sentido para a palavra "prosperidade":

> Existe uma busca de prosperidade que não agrada a Deus. É quando pisamos nos outros para crescer. É quando o "ter" prevalece. Essa prosperidade é uma falsificação da prosperidade de Deus. O caminho dessa prosperidade é o Senhor, para prosperar e ser bem-sucedido tem que aceitar Jesus. Você precisa ser forte e corajoso, ser firme nas coisas de Deus, sem ter vergonha de dizer que é católico. Não ter vergonha de levar Jesus no coração.[7]

Para ele a verdadeira prosperidade é aquela que vem do céu, que significa ter sucesso nas coisas que Deus deseja para o indivíduo. Trata-se da noção de prosperidade com uma nova abordagem, na qual é preciso prosperar e ser bem-sucedido na perseverança da oração.

Enfim, para encerrar os exemplos de palavras ressignificadas no PHN, Dunga redefine o termo "excitado". A juventude PHN fica excitada no Espírito Santo. "Ontem não existe mais, amanhã não temos ainda, só temos o hoje".[8] Para que a juventude viva o hoje na proposta do Por Hoje Não vou mais pecar ele tem que estar excitado no Espírito Santo.

Dessa forma, o PHN pode ser concebido como um estilo de vida, numa referência à definição de Marialice Foracchi. Para Dunga, que idealizou o PHN, o "não" desse estilo de vida não é proibitivo, mas curativo. Ele afirmara em entrevista na televisão, no programa Vitrine Canção Nova, que em suas palestras para jovens trabalha com um estilo de "pregação direta", ou seja, fala diretamente para a juventude sem rodeios, sem palavras enigmáticas, mas apresenta aquilo que deve ser vivido pelo jovem PHN. Ele também fala de uma pedagogia, metodologia, espiritualidade PNH para guiar a vida do jovem.

---

7 Márcio Mendes, palestra no 11º Acampamento PHN.
8 Dunga, palestra no 11º Acampamento PHN.

A característica mais importante da juventude PHN é a obediência que se traduz, na prática, em seguir as orientações do líder carismático, do padre, do pai e da mãe; enfim, é preciso obedecer ao adulto. Mas por que então o PHN pode ser chamado de movimento juvenil? O PHN tem organizado jovens em todo o Brasil. O lema tem sido levado para os grupos de oração e para os jovens carismáticos em geral. Tem organizado grupos a partir das mensagens do Programa PHN e das atividades de massa, principalmente os acampamentos PHN anuais. Um dado importante e facilmente observável: a Canção Nova confecciona roupas e camisas com o símbolo do PHN, mas os grupos também fazem isso. No 11º Acampamento, por exemplo, havia diversas camisas de grupos de oração juvenil com o símbolo PHN. O grupo de Araraquara tem o símbolo do movimento em sua camiseta oficial. Portanto, o PHN tem se configurado como um movimento juvenil pelo fato de organizar jovens carismáticos em torno de suas ideias e, sobretudo, da simbologia que tem representado no interior do carismatismo.

A juventude PHN é formada por um público juvenil bem diversificado. Nela encontramos skatistas, esportistas, motoqueiros, roqueiros, jovens que gostam de "baladas" com *dance music*, enfim, há uma multiplicidade de tribos juvenis. Porém, ao aderir ao movimento PHN esses jovens se transformam e passam a assumir a filosofia do catolicismo carismático. Como já se constatou neste livro, a maioria tem uma adesão provisória, mas enquanto estão assumindo os preceitos PHN, de viver a cada dia sem pecar e de forma obediente, essa juventude compõe um dos mais importantes movimentos católicos juvenis da atualidade e, apesar da grande rotatividade, tem crescido consideravelmente nos últimos anos.

São jovens que se orgulham de terem se libertado das drogas, da criminalidade, da vida desregrada de sexualidade ativa. Jovens que conseguiram superar a solidão, a angústia por meio da palavra de Deus. Jovens como o motoqueiro que se apresentou em um dos acampamentos PHN: em seu testemunho afirma que tinha se envolvido com drogas e com o crime, mas havia encontrado a cura. Esse é o autêntico jovem PHN:

aquele que estava em situação de risco, mas foi resgatado pelo movimento carismático católico.

Dessa forma, os aspectos gerais da juventude que participa do movimento PHN são compostos basicamente pelos elementos descritos acima. Conforme foi anunciado na introdução, a partir da análise da juventude PHN, identificou-se os meios utilizados para atrair o jovem para a instituição católica e como a formação religiosa desenvolvida no movimento carismático respalda as dificuldades enfrentadas pelos jovens na sociedade brasileira.

O fundamental é compreender que o processo de entrada na Renovação Carismática é feito por meio do impacto, de uma conversão que acontece na maioria dos casos em situações de extrema dificuldade e fragilidade. Assim, o indivíduo assiste a um programa religioso na televisão, ou ouve no rádio, ou navega pela internet, procura a igreja ou o grupo de oração e passa a viver momentos de intensa relação com o sobrenatural. A esse processo o movimento chama de conversão ou batismo no Espírito Santo. É aquele momento em que o participante inicia a transformação para se tornar um fiel praticante do movimento carismático. No caso dos jovens são aqueles que estão em situação de risco, envolvidos com drogas, com a criminalidade, com a "sexualidade desregrada" ou simplesmente em situação de infelicidade, de angústia, de dificuldades em conseguir trabalho, enfim, sem perspectiva alguma de futuro. Nessas condições, ele procura a religião como forma de recomeçar sua vida ou dar novo sentido para sua existência. Portanto, é basicamente dessa maneira que se dá o processo de atração, sendo que no grupo de oração há as condições para acolher esse jovem "perdido" e inseri-lo em uma nova realidade na qual seu projeto de vida passa a estar ligado diretamente com o projeto de Deus, com aquilo que Deus quer para a juventude, tendo o PHN como intérprete desse desejo divino.

Nesse decurso, a resposta a todas as dificuldades está no "seguimento a Jesus Cristo" e no consequente distanciamento do meio no qual o novo fiel estava envolvido. O PHN esforça-se em dar uma nova tribo para o jovem, o que significa o abandono de sua tribo anterior. Os líderes consideram que esse distanciamento é necessário no início da evangelização para que depois esse jovem convertido e fortalecido assuma a evangelização de novos jovens. Assim, no momento em que se encontra preparado, ele volta para o mundo. A diferença é que ele não pertence mais ao mundo, dirigido pelo diabo, conforme ensinam os carismáticos.

O percurso construído neste livro conduz para a compreensão de que a resposta dada ao jovem diante de suas dificuldades é puramente emocional, ou melhor, motivacional. "Nenhuma oração ficará sem resposta de Deus", afirma Márcio Mendes, da Canção Nova. Para Luzia Santiago, cofundadora da Canção Nova, tudo o que o jovem necessita é ter seu encontro pessoal com Cristo. Significa que a alternativa para enfrentar os obstáculos da vida está na oração. Todavia, é preciso que o convertido não tenha mais vergonha de dizer que é religioso, conforme se observou em diversas camisetas disponíveis em lojas de produtos carismáticos: "Sou católico com muito orgulho" e "Sou católico e os incomodados que se... convertam".

A vivência diária da santidade com o seguimento dos preceitos do PHN leva a melhor qualidade de vida, defende Dunga. "Como não me envolvo com o pecado, sobra muito tempo dentro das 24 horas para dizer SIM a Deus e às pessoas que amo e que me amam! [...] Dizer não ao pecado e sim a Deus fará as pessoas felizes...".[9] Mas o que de fato a juventude PHN tem assimilado como formação nesse universo religioso? As pesquisas, principalmente a de Araraquara, e as observações expostas nesta obra, apontam para uma perspectiva otimista dos jovens praticantes. A religião traz otimismo, encantamento, sentido e perspectiva de futuro. Em um cenário de muitas alternativas e de poucas possibilidades concretas, ela simplifica as opções e dirige a vida do indivíduo com palavras de ordem como: "pare de pecar", "abandone as amizades ruins" e "caminhe com a Igreja".

---

9 DUNGA (2008), op. cit., p. 101, 106.

Provisoriamente isso tem dado certo. Nos momentos de dificuldades essa proposta funciona: tira das drogas, das situações de risco, alivia a tristeza e o sentimento de abandono no mundo. Mas quando a situação melhora, muitas vezes pela ação do grupo nos casos em que o jovem assume de fato a "tribo de Jesus", o que volta a predominar é o encantamento pela esfera erótica e não mais a religiosa. Talvez alterada, modificada, ressignificada, mas é ainda a dimensão do prazer, do amor sexual. Na perspectiva ideal típica acerca do processo de passagem do jovem no grupo de oração, a recuperação do fiel tem conduzido na maioria dos casos à vitória do erótico sobre o religioso.

A influência da proposta do PHN – metodologia, pedagogia, espiritualidade nas palavras de Dunga ou programa de vida conforme Jonas Abib – pôde ser observada no grupo de oração Novo Pentecostes da cidade de Araraquara. O principal difusor dessa proposta na Diocese de São Carlos é o Claudinei. A mensagem chega principalmente pela TV Canção Nova, mas não se questiona a importância dos acampamentos PHN que acontecem anualmente em Cachoeira Paulista e dos eventos de massa em todo o país que contam com a presença do Dunga.

Enfim, a trajetória da análise organizada em três partes teve o intuito de construir um discurso sócio-histórico no sentido de dar algumas respostas às perguntas enunciadas na introdução. Assim, o primeiro capítulo discutiu a questão da juventude no Brasil e sua tendência atual de se articular no interior de movimentos religiosos, principalmente de experiências mágicas. O segundo capítulo apresentou os elementos teóricos que direcionaram as análises daquilo que foi observado no trabalho de campo. O terceiro capítulo indicou o cenário religioso e o contexto no qual está inserida a Renovação Carismática no interior do catolicismo. No quarto capítulo fez-se a revisão e procurou-se atualizar as análises sobre o movimento carismático no Brasil. O quinto capítulo traçou o panorama da juventude carismática e configurou o movimento PHN (Por Hoje Não vou mais pecar) com sua estrutura e características. E o sexto capítulo identificou como o processo de evangelização do PHN se estabelece numa realidade local, em um grupo de oração.

No final de cada parte há uma síntese que tem o intuito de, gradualmente, estruturar o entendimento do significado do PHN para a juventude carismática e seu sentido para a sociedade brasileira. Assim, as constatações da Parte I tiveram a preocupação de relatar o contexto social da juventude e a religião como alternativa principal de enfrentamento dessa realidade. A Parte II apresenta a sistematização dos elementos de causalidade entre a situação social do jovem e a adesão ao religioso, além da afinidade eletiva entre juventude e movimento carismático. Finalmente, a Parte III mostra que o processo de conversão é feito a partir de um movimento de impacto e se estabelece de forma provisória na vida do jovem.

O livro chega ao final com algumas questões respondidas e com a possibilidade de formulação de novas perguntas para futuras pesquisas. A análise acerca do catolicismo em um contexto cuja competitividade no mercado religioso tem se configurado como principal característica do cenário religioso brasileiro foi o mote que estimulou o desenvolvimento deste estudo.

BIBLIOGRAFIA

ABIB, Pe. Jonas (2005). *Geração PHN*. Cachoeira Paulista-SP: Canção Nova.

_____. (2003). *Céus Novos e uma Terra Nova*. Cachoeira Paulista-SP: Canção Nova.

_____. (1999). *Canção Nova:* uma obra de Deus. Cachoeira Paulista e São Paulo: Canção Nova e Loyola.

ABRAMO, Helena W. & BRANCO, P. P. M. (org.) (2005). *Retratos da juventude brasileira:* análises de uma pesquisa nacional. São Paulo: Fundação Perseu Abramo.

ABRAMO, Helena W. (1994). *Cenas juvenis:* punks e darks no espetáculo urbano. São Paulo: Scritta.

ABRAMOVAY, Miriam (et. all.). *Juventude, violência e vulnerabilidade social na América Latina:* desafios para políticas públicas. São Paulo: UNESCO Brasil.

ALMEIDA, Ronaldo R. M. de & CHAVES, Maria de F. G. (1998). Juventude e filiação religiosa no Brasil. In *Jovens acontecendo na trilha das políticas públicas.* Comissão Nacional de População e Desenvolvimento. Brasília, Vol. 2.

AQUINO, Felipe (2005). *Jovem, levanta-te!* Lorena-SP: Cléofas.

AUBRÉE, Marion (2002). A difusão do Pentecostalismo brasileiro na França e na Europa: o caso da Igreja Universal do Reino de Deus. In *Estudos de Religião.* São Bernardo do Campo-SP, dez., n. 23, p. 12-21.

AUBRÉE, Marion. (2000). Dynamiques comparées de l'Église universelle Du royaume de Dieu au Brésil et. à l'etranger. In BASTIAN, J. P. et. all. (orgs.). *La globalisation du religieux.* Paris: L´Harmattan.

_____. (2000b). A visão da mulher no imaginário pentecostal. In *Revista Contemporânea de Antropologia e Ciência Política.* Niterói, EDUFF, vol. 9, p. 119-131.

_____. (1996). Tempo, História e Nação – o curto-circuito dos pentecostais. In *Religião e Sociedade,* Rio de Janeiro, n. 17 (1-2), p. 77-88.

_____. (1991). Les mouvements pentecôtistes au Brésil – De l'entraide à la fragmentation. In *Dossiers du CEDEJ,* CEDEJ, p. 157-166, Le Caire.

_____. (1986). A penetração do protestantismo evangelizador na América Latina. In *Comunicações do ISER,* Rio de Janeiro, dez., n. 23, p. 35-44.

_____. (1984). Les nouvelles tribus de la chrétienté. In *Raison Présente,* Paris, n. 72, p. 71-87.

_____. (1983). Du pentecôtisme en Amérique Latine. In *Critique Socialiste,* Paris, n. 47, nov., p. 42-51.

AUGUSTO, Maria H. O. (2005). Retomada de um legado intelectual: Marialice Foracchi e a sociologia da juventude. In *Tempo Social,* vol. 17, n. 2. São Paulo: USP, nov., p. 11-33.

BENEDETTI, Luiz R. (2009). Novos rumos do catolicismo. In CARRANZA, Brenda et. all. (orgs.). *Novas comunidades católicas:* em busca do espaço pós-moderno. Aparecida-SP: Idéias & Letras.

_____. (2006). Religião: trânsito ou indiferenciação?. In TEIXEIRA, Faustino & MENEZES, Renata (orgs.). *As religiões no Brasil:* continuidades e rupturas. Rio de Janeiro: Vozes.

BENEVIDES, Maria V. (2004). Conversando com os jovens sobre direitos humanos. In NOVAES, Regina R. (org.). In *Juventude e sociedade:* trabalho, educação, cultura e participação. São Paulo: Fundação Perseu Abramo.

Bibliografia

263

BERGER, Peter L. (1973). *Um rumor de anjos:* a sociedade moderna e a redescoberta do sobrenatural. Petrópolis-RJ: Vozes.

_____. (1985). *O dossel sagrado:* elementos para uma teoria sociológica da religião. São Paulo: Paulus.

_____. (2001). A dessecularização do mundo: uma visão global. In *Religião e Sociedade*, 21 (1), abr., Rio de Janeiro: ISER, p. 9-23.

_____. & LUCKMANN, Thomas (1976). *A construção social da realidade.* Petrópolis-RJ: Vozes.

BERTOLAZO, Gisele S. (2008). *Moral e comportamento sexual:* a perspectiva dos jovens do grupo de oração universitário valei-nos São José. Campo Grande-MS: Dissertação de mestrado, UFMS, mimeo.

BÍBLIA SAGRADA (1996). *A Bíblia:* tradução ecumênica. São Paulo: Loyola/Paulinas.

BOFF, Leonardo (1994). *Igreja: carisma e poder.* São Paulo: Ática.

BOISSET, Jean (1971). *História do protestantismo.* São Paulo: Difusão.

BONFILS, François (2006). *Dictionnaire des personnages de La Bible.* Paris: Librio Inédit.

BOURDIEU, Pierre. (1989). *O poder simbólico.* São Paulo: Bertrand Brasil.

_____. (1974). *A economia das trocas simbólicas.* São Paulo: Perspectiva.

BRAGA, Antonio M. da C. (2004). TV católica Canção Nova: "Providência e Compromisso" *X* "Mercado e Consumismo". In *Religião e Sociedade,* vol. 24, n. 1. Rio de Janeiro: ISER, out., p. 113-123.

CACCIA-BAVA, Augusto (et. all.) (2004). *Jovens na América Latina.* São Paulo: Escrituras.

CAMARGO, Cândido P. F. de (1973). *Católicos, protestantes e espíritas.* Petrópolis: Vozes.

CAMPOS, Leonildo S. (1997). *Teatro, templo e mercado*. Petrópolis/São Paulo/ São Bernardo do Campo: Vozes/Simpósio Editora/Editora da UMESP.

CAMPOS, Maria M. (1999). A qualidade da educação em debate. In *Estudos em Avaliação Educacional*, n. 22. São Paulo, Fundação Carlos Chagas.

CAMPOS Jr., Luís de C. (1995). *Pentecostalismo:* sentidos da palavra divina. São Paulo: Ática.

CAMURÇA, Marcelo A. (2006). A realidade das religiões no Brasil no Censo do IBGE-2000. In TEIXEIRA, Faustino & MENEZES, Renata (orgs.). *As religiões no Brasil: continuidades e rupturas*. Rio de Janeiro: Vozes.

CARDOSO, Irene (2005). A geração dos anos 1960: o peso de uma herança. In *Tempo Social*, vol 17, n. 2. São Paulo: USP, nov., p. 93-107.

CARDOSO, Ruth. & SAMPAIO, H. (1995). *Bibliografia sobre a juventude*. São Paulo: EDUSP.

CAROZZI, M. J. (et. all.) (1993). *Nuevos movimentos relilgiosos y ciências sociales*. Buenos Aires: Centro Editor de América Latina.

CARRANZA, Brenda (2000). *Renovação Carismática Católica:* origens, mudanças e tendências. Aparecida-SP: Santuário.

_____. (2004). Catolicismo em movimento. In *Religião e Sociedade*, vol. 24, n. 1. Rio de Janeiro: ISER, out., p. 124-146.

_____. (2009). Perspectivas da neopentecostalização católica. In CARRANZA, Brenda et. all. (orgs.). *Novas comunidades católicas:* em busca do espaço pós-moderno. Aparecida-SP: Idéias & Letras.

_____. & MARIZ, Cecília L. (2009). Novas comunidades católicas: por que crescem?. In CARRANZA, Brenda et. all. (orgs.). *Novas comunidades católicas:* em busca do espaço pós-moderno. Aparecida-SP: Idéias & Letras.

CNBB (1994). *Orientações pastorais sobre a Renovação Carismática Católica*. Documentos da CNBB n. 53. São Paulo: Paulinas.

COHN, Amélia (2004). O modelo de proteção social no Brasil: qual o espaço da juventude?. In NOVAES, Regina R. (org.). *Juventude e sociedade:* trabalho, educação, cultura e participação. São Paulo: Fundação Perseu Abramo.

COMISSÃO NACIONAL DE POPULAÇÃO E DESENVOLVIMENTO (1998). *Jovens acontecendo nas trilhas das políticas públicas.* Brasília-DF: vol. 1 e 2.

CRUZ, Eduardo R. da (2004). *A persistência dos deuses:* religião, cultura e natureza. São Paulo: EDUNESP.

DURKHEIM, Émile (1985). *As formas elementares da vida religiosa:* o sistema totêmico na Austrália. São Paulo: Paulinas.

DUNGA (2005). *Jovem, o caminho se faz caminhando.* Cachoeira Paulista-SP: Canção Nova.

_____. (2005b). *PHN:* sementes de uma nova geração. Cachoeira Paulista-SP: Canção Nova.

_____. (2008). *Abra-se à restauração.* Cachoeira Paulista-SP: Canção Nova.

DUNSTAN, J. Leslie (1964). *Protestantismo.* Rio de Janeiro: Zahar.

FERNANDES, Diego (2007). *Fala sério! É proibido ser diferente?* Cachoeira Paulista-SP: Canção Nova.

FONSECA, Dagoberto J. (2000). *Negros Corpos (I) Maculados:* Mulher, Catolicismo e Testemunho. São Paulo. Tese de Doutorado: PUC-SP, mimeo.

FORACCHI, Marialice M. (1972). *A juventude na sociedade moderna.* São Paulo: Pioneira.

_____. (1965). *O estudante e a transformação da sociedade brasileira.* São Paulo: Nacional.

FRESTON, Paul C. (1993). *Evangélicos no Brasil:* suas igrejas e sua política. Campinas-SP: Tese de Doutorado: UNICAMP, mimeo.

_____. (et. all.) (1994). *Nem anjos, nem demônios:* interpretações sociológicas do pentecostalismo. Petrópolis: Vozes.

FRIGÉRIO, Alejandro (org.) (1993). *Ciências sociales y religion en el Cono Sur.* Buenos Aires: Centro Editor de América Latina.

_____. (2008). O paradigma da escolha racional: mercado regulado e pluralismo religioso. In *Tempo Social,* vol 20, n. 2. São Paulo: USP, nov., p. 17-39.

FRIGOTTO, Gaudêncio (2004). Juventude, trabalho e educação no Brasil: perplexidades, desafios e perspectivas. In NOVAES, Regina R. (org.). *Juventude e sociedade:* trabalho, educação, cultura e participação. São Paulo: Fundação Perseu Abramo.

GABRIEL, Eduardo (2005). *A evangelização carismática católica na universidade:* o sonho do grupo de oração universitário. São Carlos-SP: Dissertação de mestrado, UFSCar, mimeo.

_____. (2009). Expansão da RCC brasileira: a chegada da Canção Nova em Fátima-Portugal. In CARRANZA, Brenda et. all. (orgs.). *Novas comunidades católicas:* em busca do espaço pós-moderno. Aparecida-SP: Idéias & Letras.

GONÇALVES, Hebe S. (2005). Juventude brasileira, entre a tradição e a modernidade. In *Tempo Social,* vol 17, n. 2. São Paulo: USP, nov., p. 207-219.

GRAMSCI, Antonio (2001). *Cadernos do Cárcere.* Rio de Janeiro: Civilização Brasileira, Vol. 4.

_____. (2001b). *Cadernos do Cárcere.* Rio de Janeiro: Civilização Brasileira, vol. 1.

GROPPO, Luís. A. (2000). *Juventude:* ensaios sobre sociologia e história das juventudes modernas. Rio de Janeiro: Difel.

Bibliografia

GUERRA, Lemuel D. (2003). *Mercado religioso no Brasil:* competição, demanda e a dinâmica da esfera da religião. João Pessoa: Ideia.

GUIMARÃES, Nadya A. (2005). Trabalho: uma categoria chave no imaginário juvenil?. In ABRAMO, Helena W. (org.). *Retratos da juventude brasileira:* análises de uma pesquisa nacional. São Paulo: Fundação Perseu Abramo.

HÉBRARD, Monique (1992). *Os carismáticos.* Porto: Perpétuo Socorro.

HERVIEU-LÉGER, Danièle (1999). *Le pelegrin et. le converti:* la religion en mouviment. Paris: Flammarion.

HOURTART, François (1994). *Sociologia da religião.* São Paulo: Ática.

IANNACCONE, L., FINKE, R. & STARK, R. (1997). Deregulating religion: the economics of church and state. In *Economic Inquiry*, 35, p. 350-364.

IBGE (2002). *Censo demográfico brasileiro de 2000.*

JACOB, César Romero [et. all.] (2003). *Atlas da filiação religiosa e indicadores sociais no Brasil.* São Paulo/Rio de Janeiro: Loyola/Ed. PUC-RJ.

KRISCHKE, Paulo J. (2005). Questões sobre juventude, cultura política e participação democrática. In ABRAMO, Helena W. (org.). *Retratos da juventude brasileira:* análises de uma pesquisa nacional. São Paulo: Fundação Perseu Abramo.

LASSANCE, Antonio (2005). Brasil: jovens de norte a sul. In ABRAMO, Helena W. (org.). *Retratos da juventude brasileira:* análises de uma pesquisa nacional. São Paulo: Fund. Perseu Abramo.

LAURENTIN, René (1977). *Pentecostalismo entre os católicos:* riscos e futuro. Petrópolis: Vozes.

LECCARDI, Carmen (2005). Por um novo significado do futuro: mudança social, jovens e tempo. In *Tempo Social,* vol 17, n. 2. São Paulo: USP, nov., p. 35-57.

LÉO, Padre (2007). *Jovens sarados.* Cachoeira Paulista-SP: Canção Nova.

LIBANIO, João B. (1999). *Cenários da Igreja.* São Paulo: Loyola.

LÖWY, Michel (1996). Marx e Engels como sociólogos da religião. In *Revista Idéias,* Unicamp.

_____. (2000). *A guerra dos deuses:* religião e política na América Latina. Petrópolis-RJ: Vozes.

MACEDO, Caroline H. (2003). As igrejas pentecostais no contexto urbano araraquarense: dados de uma pesquisa etnográfica. In *Cadernos do Campo,* UNESP/Araraquara.

MANNHEIM, K. (1968). *Ideologia e Utopia.* Rio de Janeiro: Zahar.

_____. (1967). *Diagnóstico de nosso tempo.* Rio de Janeiro: Zahar.

MACHADO, Maria das D. C. (1996). *Carismáticos e Pentecostais:* adesão religiosa na esfera familiar. Campinas e São Paulo: Autores associados e ANPOCS.

MAGNANI, José G. C. (2005). Os circuitos dos jovens urbanos. In *Tempo Social,* vol 17, n. 2. São Paulo: USP, nov., p. 173-205.

MARIANO, Ricardo (1999). *Neopentecostais:* sociologia do novo pentecostalismo no Brasil. São Paulo: Loyola.

_____. (2001). *Análise sociológica do crescimento pentecostal no Brasil.* São Paulo: Tese Doutorado, USP, mimeo.

_____. (2008). Usos e limites da escolha racional da religião. In *Tempo social,* vol 20, n° 2. São Paulo: USP, nov., p. 41-66.

MARIZ, Cecília L. (2005). Comunidades de vida no Espírito Santo: juventude e religião. In *Tempo Social,* vol 17, n. 2. São Paulo: USP, nov., pp. 253-273.

_____. (2001). Secularização e dessecularização: comentários a um texto de Peter Berger. *Religião & Sociedade,* 21 (1), abr., Rio de Janeiro: ISER, p. 25-39.

MARIZ, Cecília L. (2000). O demônio e os pentecostais no Brasil. In CIPRIANO, Roberto (org.). *Identidade e Mudança na Religiosidade Latinoamericana*. Petrópolis: Vozes.

_____. (2006). Catolicismo no Brasil contemporâneo: reavivamento e diversidade. In TEIXEIRA, Faustino & MENEZES, Renata (orgs.). *As religiões no Brasil:* continuidades e rupturas. Rio de Janeiro: Vozes.

_____. (2001b). Católicos da libertação, católicos renovados e neopentecostais. In: CERIS. Pentecostalismo, Renovção Carismática Católica e Comunidades Eclesiais de Base. Uma análise comparada. *Cadernos do CERIS*, Ano I, n. 2, out, p. 17-42.

_____. & AGUILAR, Luciana (2009). Shalom: construção social da experiência vocacional. In CARRANZA, Brenda et. all. (orgs.). *Novas comunidades católicas:* em busca do espaço pós-moderno. Aparecida-SP: Idéias & Letras.

MARX, Karl (1986). *A ideologia Alemã*. São Paulo: Hucitec.

_____. (2005). *Crítica da filosofia do direito de Hegel*. São Paulo: Boitempo.

MENDOLA, Salvatore La (2005). O sentido do risco. In *Tempo Social*, vol 17, n. 2. São Paulo: USP, nov., p. 59-91.

MENDONÇA, Antonio G. (1997). *Protestantes, pentecostais e ecumênicos:* o campo religioso e seus personagens. São Bernardo-SP: UMESP.

_____. & VELASQUES FILHO, Procópio (1990). *Introdução ao protestantismo no Brasil*. São Paulo: Loyola.

MONTERO, Paula (1999). *Religiões e dilemas da sociedade brasileira*. São Paulo: ANPOCS.

MOREIRA, Alberto da S. (1996). Novas igrejas e movimentos religiosos: o pentecostalismo autônomo. *Cadernos do IFAN*, Bragança Paulista: EDUSF, n° 15.

NEGRÃO, Lísias N. (1996). *Entre a cruz e a encruzilhada:* formação do campo umbandista em São Paulo. São Paulo: EDUSP.

_____. (2005). Nem Jardim encantado, nem clube dos intelectuais desencantados. In *Revista Brasileira de Ciências Sociais*, out., vol. 20, n. 59, p. 23-36.

_____. (1994). Intervenções. In: MOREIRA, Alberto e ZICMAN, Renée (orgs.). *Misticismo e novas religiões.* Petrópolis: Vozes, p. 130-135.

_____. (2008). Trajetórias do sagrado. In *Tempo Social,* vol 20, n. 2. São Paulo: USP, nov., p. 115-132.

_____. (2009) (org.). *Novas tramas do sagrado:* trajetórias e multiplicidades. São Paulo: EDUSP e FAPESP.

NOVAES, Regina R. (2000). Juventude e participação social: apontamentos sobre a reinvenção da política. In ABRAMO, H. W. et. all. (org.) *Juventude em debate.* São Paulo: Cortez.

_____. (2006). Os jovens, os ventos secularizantes e o espírito do tempo. In TEIXEIRA, Faustino & MENEZES, Renata (orgs.). *As religiões no Brasil: continuidades e rupturas.* Rio de Janeiro: Vozes.

_____. (2005). Juventude, percepções e comportamentos: a religião faz a diferença?. In ABRAMO, Helena W. (org.). *Retratos da juventude brasileira:* análises de uma pesquisa nacional. São Paulo: Fundação Perseu Abramo.

_____. (2004). Os jovens sem religião: ventos secularizantes, espírito da época e novos sincretismos. In *Estudos avançados,* set./dez., vol. 18, n. 52, São Paulo: USP, p. 321-330.

_____. & VANNUCHI, Paulo (org.) (2004). *Juventude e sociedade:* trabalho, educação, cultura e participação. São Paulo: Fundação Perseu Abramo.

OLIVEIRA, Pedro A. R. (1978). *RCC:* uma análise sociológica. Interpretações teológicas. Petrópolis: Vozes.

OLIVEIRA, Eliane M. de (2004). O mergulho no Espírito Santo: interfaces entre o catolicismo carismático e a Nova Era (o caso da Comunidade de Vida no Espírito Santo Canção Nova). In *Religião e Sociedade*, vol. 24, n. 1. Rio de Janeiro: ISER, out., p. 85-112.

_____. (2009). A vida no espírito e o dom de ser Canção Nova. In CARRANZA, Brenda et. all. (orgs.). *Novas comunidades católicas:* em busca do espaço pós-moderno. Aparecida-SP: Idéias & Letras.

Orientações teológicas e pastorais da Renovação Carismática Católica (1975). São Paulo: Loyola.

ORO, Ari P. (1996). *Avanço pentecostal e reação católica.* Petrópolis: Vozes.

ORTIZ, Renato (1980). *A consciência fragmentada.* Rio de Janeiro: Paz e Terra.

_____. (2006). Notas sobre Gramsci e as Ciências Sociais. *Revista Brasileira de Ciências Sociais,* out., vol. 21, n. 62, p. 95-103.

_____. (org.) (1994). *Pierre Bourdieu.* Coleção Grandes Cientistas Sociais. São Paulo. São Paulo, Ática.

PIERUCCI, Antonio F. de O. (2003). *O desencantamento do mundo:* todos os passos do conceito em Max Weber. São Paulo: Editora 34.

_____. (2001). Reencantamento e dessecularização: a propósito do autoengano em sociologia da religião. In SOBRAL, F. A. da F. (org.). *A contemporaneidade brasileira:* dilemas para a imaginação sociológica. Santa Cruz do Sul-SC: EDUNISC.

_____. (1999). Sociologia da religião: área impuramente acadêmica. In Micelli, S. *O que ler na ciência social brasileira (1970-1995).* São Paulo: Sumaré.

_____. (2004). Secularização e declínio do catolicismo. In SOUZA, Beatriz M. & MARTINO, Luís M. S. (orgs.). *Sociologia da religião e mudança social:* católicos, protestantes e novos movimentos religiosos. São Paulo: Paulus.

PIERUCCI, Antonio F. de O. & PRANDI, Reginaldo (1996). *A realidade social das religiões no Brasil:* religião, sociedade e política. São Paulo: Hucitec.

POCHMANN, Márcio (2004). Juventude em busca de novos caminhos no Brasil. In NOVAES, Regina R. (org.). *Juventude e sociedade:* trabalho, educação, cultura e participação. São Paulo: Fundação Perseu Abramo.

PORTELLI, Hugues (1984). *Gramsci e a questão religiosa.* São Paulo: Paulinas.

PORTELLA, Rodrigo (2009). Medievais e pós-modernos: a Toca de Assis e as novas sensibilidades católicas juvenis. In CARRANZA, Brenda et. all. (orgs.). *Novas comunidades católicas:* em busca do espaço pós-moderno. Aparecida-SP: Idéias & Letras.

PRANDI, Reginaldo (1998). *Um sopro do espírito:* a renovação conservadora do catolicismo carismático. São Paulo: EDUSP.

PREFEITURA MUNICIPAL DE ARARAQUARA (2007). *Mapa municipal da juventude.*

PROCÓPIO, Carlos E. (2009). A RCC na universidade: transformando o campo de conhecimento em campo de missão. In CARRANZA, Brenda et. all. (orgs.). *Novas comunidades católicas:* em busca do espaço pós-moderno. Aparecida-SP: Idéias & Letras.

QUEIROZ, Maria I. P. de (1991). *Variações sobre a técnica de gravador no registro da informação viva.* São Paulo: A T. Queiroz.

RAHM, Pe. Haroldo J. & LAMEGO, Maria (1972). *Sereis batizados no Espírito Santo.* São Paulo: Loyola.

RIBEIRO, Renato J. (2004). Política e juventude: o que fica da energia. In NOVAES, Regina R. (org.). *Juventude e sociedade:* trabalho, educação, cultura e participação. São Paulo: Fundação Perseu Abramo.

RINGER, Fritz K. (2004). *A metodologia de Max Weber:* unificação das ciências culturais e sociais. São Paulo: EDUSP.

Bibliografia

273

RIVERA, Paulo Barrera (2001). *Tradição, transmissão e emoção religiosa:* sociologia do protestantismo contemporâneo na América Latina. São Paulo: Olho d'agua.

ROLIM, Francisco Cartaxo (1995). *Pentecostalismo:* Brasil e América Latina. Petrópolis: Vozes.

_____. (1985). *Pentecostais no Brasil:* uma interpretação sociorreligiosa. Petrópolis: Vozes.

ROSADO-NUNES, Maria J. (2004). O catolicismo sob o escrutínio da modernidade. In SOUZA, Beatriz M. & MARTINO, Luís M. S. (orgs.). *Sociologia da religião e mudança social:* católicos, protestantes e novos movimentos religiosos. São Paulo: Paulus.

SALLAS, Ana L. F. & BEGA, M. T. S. (2006). Por uma Sociologia da juventude – releituras contemporâneas. In *Revista de Sociologia e Política*, abr., vol.5, n. 8. Florianópolis-SC, p. 31-58.

SINGER, Paul (2005). A juventude como coorte: uma geração em tempos de crise social. In ABRAMO, Helena W. (org.). *Retratos da juventude brasileira:* análises de uma pesquisa nacional. São Paulo: Fundação Perseu Abramo.

SMET, Walter (1987). *Comunidades Carismáticas:* o testemunho insólito da Renovação Cristã. São Paulo: Loyola.

SOFIATI, Flávio M. (2004). *Jovens em movimento:* o processo de formação da Pastoral da Juventude do Brasil. São Carlos-SP: Dissertação de Mestrado, UFSCar, mimeo.

_____. (2003). III Acampamento Intercontinental da Juventude. In *PJ a caminho*, n. 91. Porto Alegre-RS: IPJ, p. 3-11.

_____. (2007). Os conceitos de cultura e ideologia como instrumentos de análise nos estudos sobre religião. In *Revista Versões*, ano III, n. 4, jan-jun. São Carlos-SP: UFSCar, p. 61-78.

SOFIATI, Flávio M. (2009). Tendências Católicas: perspectivas do cristianismo da libertação. In *Estudos de Sociologia*, vol. 14, n. 26. Araraquara-SP: UNESP, p. 121-140.

SOUSA, Janice T. P. de (1999). *Reinvenções da utopia: a militância política de jovens dos anos 90*. São Paulo: Hacker.

_____. (2006). A sociedade vista pelas gerações. In *Revista de Sociologia e Política*, abril, vol. 5, n. 8. Florianópolis-SC, p. 9-30.

SOUZA, André R. (2002). A renovação popularizadora católica. In *Revista Plural*, 2ª sem., n. 9, p. 89-101.

SOUZA, Beatriz M. de & MARTINHO, Luís M. S. (orgs.) (2004). *Sociologia da Religião e mudança social:* católicos, protestantes e novos movimentos religiosos. São Paulo: Paulus.

_____. (org.). (1996). *Sociologia da religião no Brasil:* revisitando metodologias, classificações e técnicas de pesquisa. São Paulo: PUC.

_____. (1969). *A experiência da salvação:* pentecostais em São Paulo. São Paulo: Duas Cidades.

SPOSITO, Marilia P. (2005). Algumas reflexões e muitas indagações sobre as relações entre juventude e escola no Brasil. In ABRAMO, Helena W. (org.). *Retratos da juventude brasileira:* análises de uma pesquisa nacional. São Paulo: Fundação Perseu Abramo.

THOMPSON, Paul (1992). *A voz do passado:* história oral. Rio de Janeiro: Paz e Terra.

UNESCO (2004). *Juventudes brasileiras.*

WEBER, Max (2005). *A ética protestante e o espírito do capitalismo.* São Paulo: Cia. da Letras.

_____. (2004). *Economia e Sociedade:* fundamentos da sociologia compreensiva. Vol. I. Brasília: UNB.

WEBER, Max. (2002). *Ensaios de Sociologia.* Rio de Janeiro: LTC.

_____. (1992*). Metodologia das ciências sociais.* São Paulo: Cortez, Editora da UNICAMP, vol. 1 e 2.

_____. (1986). *Weber:* sociologia. In COHN, Gabriel (org.) Coleção Grandes Cientistas Sociais. São Paulo: Ática

Portais visitados

Blog do Dunga: <http://blog.cancaonova.com/dunga/>.

Canção Nova: <http://www.cancaonova.com>.

Diocese de São Carlos: <http://www.diocesesaocarlos.org.br>.

Editora Cléofas: <http://www.cleofas.com.br>.

Grupo de oração Plenitude: <http://groupe.plenitude.free.fr>.

MUR – Ministério Universidades Renovadas: <http://www.universidadesrenovadas.com>.

Padre Haroldo: <http://www.padreharoldo.org.br>.

RCC – Renovação Carismática Católica: <http://www.rccbrasil.org.br>.

Impressão e acabamento
GRÁFICA E EDITORA SANTUÁRIO
Em Sistema CTcP
Rua Pe. Claro Monteiro, 342
Fone 012 3104-2000 / Fax 012 3104-2036
12570-000 Aparecida-SP